KB204369

종교개혁과 신앙

종교개혁과 신앙

발 행 일   2023.10.16.

발 행 인   이정기

편 집 인   황대우

발 행 처   고신대학교 출판부

고신대학교 개혁주의학술원

kirs@kosin.ac.kr / www.kirs.kr

부산시 영도구 와치로 194   051) 990-2267

판　　권   고신대학교 개혁주의학술원 - 개혁주의 신학과 신앙 총서 17

제　　목   종교개혁과 신앙

저　　자   김용주, 유정모, 황대우, 류성민, 박상봉, 박재은, 양신혜, 권경철, 우병훈, 이신열

ISBN   979-11-91936-16-2

종교개혁과 신앙

개혁주의 신학과 신앙 총서 제17권을 펴내며

2023년에 출간되는 개혁주의학술원의 신학과 신앙 총서 제17권 주제는 "종교개혁과 신앙"입니다. 개혁주의학술원의 신학과 신앙 총서는 제11권부터 16-17세기 종교개혁자들과 개혁신학자들의 신학을 주제별로 다루고 있는데, 이런 형식으로 종교개혁자들과 개혁신학자들의 신학을 소개한 한글 책자 출간으로는 저희 학술원이 단연 독보적입니다. 이 책에서는 지난 16권의 "칭의"보다 조금 넓은 주제인 "믿음"의 문제를 10명의 전문연구가들이 잘 소개하고 있습니다. 순서대로 소개하면 아래와 같습니다. 아래의 옥고를 작성하여 제공하신 10분의 박사님들께 진심으로 감사드립니다.

1. 마틴 루터의 신앙론 – 김용주
2. 울리히 츠빙글리의 신앙론 – 유정모
3. 부써의 신앙론 – 황대우
4. 멜랑흐톤의 믿음 – 류성민
5. 하인리히 불링거의 믿음에 대한 이해 – 박상봉
6. 존 낙스의 신앙론 – 박재은
7. 베자의 신앙에 대한 이해 – 양신혜
8. 푸티우스의 신앙론 – 권경철
9. 청교도의 신앙론 – 우병훈
10. 프란시스 튜레틴의 신앙론 – 이신열

믿음의 교리 즉 신앙론은 종교개혁의 핵심이자 본질입니다. 공로가 아닌 믿음을 칭의의 유일한 근거라고 주장한 루터의 선언으로 종교개혁이라는 역사적 대전환이 발생할 수 있었기 때문입니다. 그래서 "오직 믿음으로"(Sola fide) 라는 구호가 종교개혁을 대변하는 원리가 된 것입니다. 이 구호의 근거는 루터가 번역한 독일어 성경 로마서 3장 28절인데, 그는 그 구절을 다음과 같이 번역합니다.

> 그러므로 이제 우리는 사람이 율법의 행위 없이, 오직 믿음으로 의롭게 되는 줄 인정하노라.
> So halten wir es nun, daß der Mensch gerecht werde ohne des Gesetzes Werke, <u>allein</u> durch den Glauben.

이 성경 번역에서 "오직"(allein)에 해당하는 단어는 헬라어 원문에 없습니다. 하지만 루터는 이 부사를 넣어서 번역해야 성경 본문의 의미를 바르게 이해할 수 있다고 주장했습니다. 오늘날 성경 번역자들은 한결같이 모두 "오직" 없이 번역하고 심지어 한글 번역에도 없습니다. 이와 같은 루터의 "오직 믿음으로"(allein durch den Glauben)라는 종교개혁의 유산을 물려받은 신앙인들이 바로 지금의 우리 개신교도들이라는 사실을 다시 한 번 마음 깊이 새길 수 있길 바랍니다.

개혁주의학술원장 **황대우**

차 례

마틴 루터의 신앙론

김용주

Martin Luther(1483-1546)

전남대학교 사범대학 독어교육과를 졸업하고 총신대 신대원에서 목회학 석사(M.Div.)과정을 졸업한 후 독일로 건너가 베를린 소재 훔볼트대학교에서 교회사 루터 전공으로 박사학위(Dr.theol.)를 받았다. 현재 분당두레교회 담임 목사로 섬기고 있다. 저서로는 『루터, 혼돈의 숲에서 길을 찾다』(익투스, 2012)와 『칭의, 루터에게 묻다』(좋은 씨앗, 2017), 『자유주의 신학이란 무엇인가?』(좋은씨앗, 2018)과 『신정통주의 신학이란 무엇인가』(좋은씨앗, 2019), 『정치신학이란 무엇인가』(좋은 씨앗, 2022), 『인간을 인간되게 하라』(솔로몬, 2022), 『밤에 찾아온 손님』(솔로몬, 2022)이 있다.

김용주

I. 서론

마틴 루터의 신학의 중심은 칭의론이라고 말할 수 있다. 그는 신학은 곧 칭의론이라고 말할 정도로 역사상 어떤 신학자들보다 칭의론에 전념했다. 죄인이 어떻게 의로워질 수 있는가에 대한 질문은, 그가 종교개혁을 시작하기 전 자신의 실존의 문제를 해명하기 위해 먼저 자신에게 던졌고, 초기의 강의들 (1513-18)을 통하여 이 질문에 대한 해답을 얻었고, 그런 다음 그 질문을 당시의 교회에게 던졌다. 루터의 칭의론은 요약하면, 죄인은 "행위들 없이 오직 믿음으로"(sola fide sine operibus) 의롭게 된다는 것이다. 그런데 여기서 문제가 되는 것은 그가 말한 행위가 어떤 행위를 말하는지, 그가 말한 믿음이 어떤 믿음인지에 관한 것이다. 루터는 바울과 어거스틴의 도움으로 이 문제에 대한 답을 얻었으며, 그가 얻은 답은 당시 스콜라 신학자들이 이해했던 믿음과 행위 이해와 다른 내용이었다는 것이 루터의 칭의론을 이해하는데 매우 중요한 지점이다.

루터는 비텐베르크 대학교의 신학 교수가 된 후에 곧바로 바울 연구에 전념했다. 그는 첫 강의였던 시편 강의(1513-15)에서 어거스틴의 도움으로 바울을 이해하려 애를 썼으며 나름대로 성과를 냈다. 그는 이런 성과에 고무되어서 시편 강의가 끝난 후 곧 바로 바울 연구에 전념한다. 그는 1515-16년에 로마서를 강의하면서 스콜라 신학자들이 가르치는 신앙 이해와 교부들과 어거스틴이 가르치는 신앙 이해가 상당히 다르다는 사실을 발견하게 되었고, 1516년의 갈라디아서 강의, 1517-18년의 히브리서 강의를 거치면서 그의 이 생각은 더욱 굳어지게 된다.

당시 로마 가톨릭교회를 이끌어가던 스콜라 신학자들은 대개 신앙을 습성적 은혜론(Habitualer Gnadenbegriff)의 틀 안에서 이해하였다.[1] 여기에서 신앙은 하나님의 은혜와 인간의 노력의 합동 작용으로 인해 인간 안에 장착된 습성(Habitus)이다. 하지만 이러한 신앙은 인간을 의롭게 만들지 못한다. 이 신앙에 사랑의 행위가 덧붙여져야 죄인은 의롭게 될 수 있다. 그러므로 인간을 의롭게 만드는 것은 사랑이지 신앙이 아니다. 신앙은 칭의의 질료(Material)일 뿐이며, 형상(Form)인 사랑이 와서 칭의를 완성해야 한다. 루터는 이들의 이런 잘못된 신앙 이해를 강하게 비판하였음과 동시에 그가 이해하는 신앙이 무엇인지를 분명히 말했다.

하지만 우리는 루터가 슐라이에르마허와 같이 신앙론 같은 책을 쓴 적이 없으며 신앙을 이론적으로 다루는 소책자조차도 남긴 것이 없음을 알아야 한다. 그는 다만 성경에 나오는 구절들 중에서, 특히 복음서들과 바울 서신들에 나오는 신앙과 관계된 구절들 중에서 신앙의 본질적 면들을 그때그때 주석을 통해 만들어냈을 뿐이다.[2] 하지만 루터가 신앙에 관한 이해를 말할 때, 언제나 그리스도에 대한 신앙을 전제하였으며, "이 그리스도에 대한 신앙을 먼저 그리스도론 내에서 그리고 칭의론 내에서 보이게 하고 있음"을 알아야 한다.[3] 그는 그가 썼던 여러 작품들을 통해 이런 구절들을 주해하면서 그 자신이 이해하고 있는 신앙에 대한 입장들을 소개해주고 있다.

이 소논문에서는 그가 초기 작품들 중에서 자신의 신앙 이해를 가장 잘 전달하고 있는 『그리스도인의 자유』(1520)에서 말하고 있는 신앙에 관한 이해를 다루고, 그가 박사학위수여를 위해서 작성했던 『신앙과 율법에 관한 토론』

---

1 Notger Slenczka, *Gnade und Rechtfertigung, Thomashandbuch*, Herausgegeben von Volker Leppin (Tübingen:Mohr Siebeck, 2016), 369ff.

2 Bernhard Lohse, *Luthers Theologie* (Göttingen: Vandenhoeck & Ruprecht, 1995), 218.

3 Paul Althaus, *Die Theologie Martin Luthers* (Güterslohh: Gütersloher Verlagshaus Gerd Mohn, 1962), 48.

(1535)을 통하여 좀 더 구체적으로 그의 믿음 이해를 포착한 다음, 마지막으로 그의 인생의 마지막 시간에 강의했던 『창세기 강의』(1535-45)에 나타난 신앙 이해를 살펴보았다. 루터의 초기 작품인 『그리스도인의 자유』(1520)를 다루기 전에, 먼저 스콜라 신학자들이 믿음을 어떻게 이해했는지를 개괄적으로 살펴보고자 한다. 왜냐하면 루터는 스콜라 신학자들이 아리스토텔레스 철학의 영향을 받아서 신앙을 사도 바울이 이해한 바와는 다르게 이해했다고 보았기 때문이다.

II. 스콜라 신학자들의 신앙 이해

초기 스콜라 신학을 주도했던 안셀름(Anselm)에게 있어 신앙은 죄인들을 계시된 진리에 연결해 주는 것을 의미한다. 하지만 그는 신앙은 지성적인 측면뿐만 아니라 사랑과 결합되어 있는 의지적 차원도 있다고 말한다. 휴고(Hugo von St. Victor) 역시 신앙을 인식(cognitio)뿐만 아니라 감정(affectus)으로 정의했다. 아벨라르(P. Abaelard)는 신앙을 일종의 지식(Scientia)으로 정의하지만, 이 지성 행위를 통하여 의지도 움직이므로 신앙 안에 의지의 모멘트도 포함되어 있다고 본다.[4]

13세기에 스콜라 신학이 절정기에 접어들면서, 신앙은 아리스토텔레스적인 형이상학에 의해 지탱되는 자연적인 지식 체계의 상부구조를 형성한다. 즉, 신앙은 일반적인 자연적인 지식을 초월하는 신에 대하여 아는 것이다. 어거스틴적이고 신플라톤주의적인 노선에 서있던 프란체스코 학파에서는, 인식론에

---

[4] Bengt Hägglund, *Geschichte det Theologie* (Berlin: Evangelische Veralgsanstalt, 1983), 129-130.

서 조명설(Illuminationstheorie)을 따르면서, 실제적인 신앙을 내면에 주어진 직접적인 확신, "주입된 혹은 영감된 신앙(fides inspirata)"이라고 주장했다.[5] 도미니칸 학파에서는 아리스토텔레스 철학의 강한 영향으로 인해 신앙을 철저히 지식과 관계시킨다. 이 학파의 대표자인 아퀴나스는 신앙을, 그의 추론적 신 인식론의 틀 속에서, 비록 자연적인 지식과는 다른 내용이라 하더라도, 하나의 지식(Scientia)이며, 지성을 통하여 사물의 본질에 참여하는 것과 비슷하게(analog) 신앙을 통해 신적인 것에 참여한다고 본다. 그는 신앙 자체만으로는 아직 불완전하다는 생각을 피력하면서, 신앙이 온전해지기 위해서는 신앙은 반드시 사랑과 연결되어야 한다고 말한다.[6] 아퀴나스의 주지주의적 인식론과 신앙론을 강하게 비판했던 스코투스(Duns Scotus)는 지성보다 의지를 강조하면서 신앙을 '실천적 인식'(cognitio practica)으로 규정하면서, 인간의 의지를 신의 의지 아래, 교회의 권위 아래 굴복시켜야 한다고 주장한다. 그는 신앙의 목적은 이론적인 지식이 아니라, 의지를 하나님의 의지와 일치하도록 변화시키는 것이며, 사랑 안에서 그 목적이 성취된다고 본다.[7]

멜랑흐톤은 루터가 칭찬을 아끼지 않았던 그의 『신학개요』(*Loci Communes*)[8]에서 대부분의 스콜라 신학자들의 신앙관을 비판한다. 그는 그들의 주장을 롬바르드(Petrus Lombardus)가 그의 『문장론주석』(*Sentenzenkommentar*)에서 잘 요약해 놓았다고 말하면서 그의 말을 인용하고 있다. "마귀들과 거짓된 그리스도인들도 가지는 믿음은 정신의 자질

---

5 Bengt Hägglund, *Geschichte der Theologie*, 135-136.
6 Bengt Hägglund, *Geschichte det Theologie*, 140-141.
7 Bengt Hägglund, *Geschichte det Theologie*, 143.
8 Philip Melanchthon, *Loci Communes(1521)* (Gütersloh: Gütersloher Verlaghaus Gerd Mohn, 1993): 루터와 함께 초기 개혁을 주도했던 멜랑흐톤이 그리스도인의 자유와 거의 같은 시기에 썼고 루터 자신이 매우 칭찬했던 이 책은 스콜라 신학자들의 신앙 이해를 개괄적으로 잘 요약해 주고 있다.

(qualitas mentis)이다. 하지만 이 믿음은 형성이 되지 않는 믿음(fides informis)인데, 이는 이런 믿음은 사랑이 없이 존재하기 때문이고, 악인들도 이런 믿음을 가지고 있기 때문이다. 즉 악인들은 하나님을 신뢰하지 않지만, 하나님께서 말씀하신 것은 참이라는 사실을 그리고 하나님께서 존재하신다는 사실을 믿고 있기 때문이다(Sent. lib. III dist. 23, 4)". 멜랑흐톤은 대부분의 스콜라 신학자들이 롬바르드의 이런 신앙 이해를 따르면서 신앙을 성경에 전승되어진 내용에 대한 동의, 혹은 악인들도 가지고 있는 영혼 안에 있는 중립적인 자질(eine neutrale Qualität)이라고 정의했다고 지적한다.9 그는 또한 스콜라 신학자들이 믿음을 "형성되지 않은 믿음"(fides informata)과 "형성된 믿음"(fides formata)으로 분류했는데, 전자는 사랑과 결합되지 않고 지식 안에서만 존속하고 있는 믿음이고, 후자는 사랑과 함께 결합된 믿음이라고 말한다. 그는 믿음에 관한 이런 정의를 내린 사람은 아퀴나스이며10, 루터가 본격적인 종교개혁을 시작하기 전인 로마서 강의(1515-16) 시절부터 이미 믿음에 대한 아퀴나스의 이런 정의를 비판했다고 말한다.11

멜랑흐톤은 더 나아가서 스콜라 신학자들이 신앙을 "획득된 믿음"(fides aquisita)과 "주입된 믿음"(fides infusa)으로 나누었다고 말하면서, 루터의 글들을 근거로 이런 믿음 이해를 비판하고 있다. 그는 루터가 이런 구분에 대하여 다음과 같이 비판하고 있다고 말하며 그의 말을 인용하고 있다. "획득된 믿음은 주입된 믿음 없이는 아무 것도 아니다. 주입된 믿음은 획득된 믿음 없이 모든 것이다."12 멜랑흐톤은 스콜라 신학자들이 비슷한 맥락에서 "일반적

---

9 Melanchthon, *Loci Communes*, 208-209.
10 Melanchthon, *Loci Communes*, 208-209. 각주 641. Summa Theol. II 2, qu. 4 art. 4 und 5.
11 Melanchthon, *Loci Communes*, 208-209. 각주 641.
12 "fides aquisita sine infusa nihil est, infusa sine aquisita est omnia. (*WA* 6, 85, 6f.)"

인 믿음"과 "특별한 믿음"에 대해서도 구분을 했다고 말하면서 그들의 이런 믿음 이해들을 비판한다.

루터를 비롯한 종교개혁자들은 이런 스콜라 신학자들의 믿음에 대한 복잡한 이해를 어떻게 극복하고 믿음을 어떻게 규정했을까? 펠만(Georg Pöhlmann)의 다음의 말은, 종교 개혁자들의 신앙관을 개괄적으로 알려준다고 볼 수 있다. "믿음은, 종교개혁적 가르침에 의하면, 획득된 믿음도 결코 아니고 주입된 믿음도 결코 아니며, 믿음은 선물이고 업적이 아니고 수용하는 행동이다. 믿음은 지식을 획득하는 행위가 아니고 신뢰이다."[13] 루터나 칼빈과 같은 종교개혁자들의 믿음 이해는 대체로 비슷하다. 하지만 루터 자신만이 가진 독특한 믿음관도 있다. 먼저 그가 개혁을 시작했던 시점에 쓰여진 작품들 중에서, 그가 1520년에 썼던 『그리스도인의 자유』라는 작품을 살펴보고자 한다. 이는 루터의 신앙이해가 스콜라신학과 분명하게 달라지는 지점은 로마서 강의라고 볼 수 있지만, 그는 로마서에서 파악했던 신앙 이해를 그 이후의 바울 연구를 통하여 계속 발전을 시켰고 초기의 신앙 이해를 어느 정도 종결을 지은 지점은 이 책으로 볼 수 있기 때문이다. 그러므로 초기 신앙이해의 요약이라고 볼 수 있는 이 책을 중심으로 그의 신앙 이해를 살펴보자.

III. 『그리스도인의 자유』(1520)에 나타난 신앙 이해

『그리스도인의 자유』라는 논문은, 제목대로 루터가 그리스도인의 자유를 논하고 있다. 하지만 그는 이 자유의 문제 역시 그 당시 그의 최대의 관심사였던

---

[13] Melanchthon, *Loci Communes(1521)*, 210-211.

칭의론과의 관계 속에서 다루고 있다. 그는 칭의를 인간의 행위에 근거 지으며 자유를 인간의 행위의 결과로 돌리는 스콜라 신학자들을 비판함과 동시에, 자유를 하나님의 은혜와 그리스도의 공적에 세울 때 비로소 인간은 자유로워진다고 주장한다. 이런 칭의론의 틀 속에서, 그는 그가 말하는 칭의 뿐만 아니라 그가 말하는 신앙 역시 스콜라 신학자들이 말하는 신앙과 다른 것임을 알려주고 있다. 그렇다면 그가 말하는 신앙은 무엇인가? 첫째, 신앙은 그리스도를 믿는 것이다. 그는 만일 우리가 계명들이 강요하고 요구하는 모든 계명을 성취하고 우리의 악한 욕망들과 죄들에서 풀려나려면, 그리스도를 믿어야 하는데, 이는 하나님은 그리스도 안에서 모든 은혜, 의, 평화, 자유를 약속하시기 때문이라고 말한다. 그는 "네가 그리스도를 믿는다면 너는 가지고 있다. 하지만 네가 그를 믿지 않는다면, 너는 가지고 있지 않다"라고 말하면서 우리의 믿음의 대상이 그리스도이심을 분명히 한다.14 하지만 그는 그리스도에 대한 믿음을 말할 때 항상 그리스도에 대한 믿음(Glaube an Christus)과 그리스도에 관한 믿음(Glaube von Christus)을 구분해야 한다고 강변한다. 그리스도에 관한 믿음은 마귀들도 알고 떠드는 믿음이고, 그리스도에 관한 지식만을 가진 믿음이지 그리스도를 인격적으로 신뢰하는 믿음이 아니다.15

둘째, 신앙은 율법의 요구를 성취한다. 그는 성경에 많이 나오면서도 결코 신자에게 유익을 줄 수 없는 계명들의 모든 행위들을 통하여 불가능한 것이, 신앙을 통해서는 쉽게 되어지고 급히 일어난다고 말하면서 신앙만이 율법의 성취를 가져올 수 있음을 주장한다. 셋째, 신앙은 신자들이 하나님의 모든

---

14 Martin Luther, *Von der Freiheit eines Christen Menschen*, Deutsch-Deutsche Studienausgabe, Band 1, Glaube und Leben, Herausgegeben von Dierich Korsch (Leipzig: Evangelische Veranstanstalt, 2012), 286-287.
15 Ulrich Asendorf, *Die Theologie Martin Luthers nach seine Predigten* (Göttingen: Vandenhoeck & Ruprecht, 1988), 359-360: Luther, *WA* 21, 148-149. 488.

복들을 가지도록 만든다. 하나님께서 모든 것들을 신앙 안에 가두어 두셨는데, 이는 신앙을 가진 자가 모든 것들을 가지고 복을 받도록 하기 위함이며, 반대로 신앙을 가지지 않은 자는 아무것도 가지지 말도록 하기 위함이다.[16]

넷째, 신앙은 말씀이 가져다주는 유익들을 영혼이 가지도록 하는 수단이다. 하나님의 모든 말씀들은 거룩하고 참되고 의롭고 평화를 만들어주고 모든 선으로 가득 차 있는 말씀들이므로, 우리 영혼이 이런 말씀들에 믿음으로 매달려 있기만 하면 된다. 그러면 우리 영혼은 이 말씀과 하나가 되어 지고, 말씀의 모든 속성들이 영혼의 것이 되고, 이렇게 신앙을 통하여 영혼은 하나님의 말씀을 통하여 거룩해지고 의롭고 참되고 평화롭고 자유롭고 모든 선으로 가득 채워지고, 하나님의 참된 자녀가 된다. 루터는 선행이 좋은 것이지만, 어떤 선행도 신앙이 이룰 수 있는 열매들을 가져다 줄 수 없는 이유는, 선행은 신앙과 같이 하나님의 말씀에 매달려 있지 않고 영혼 안에 있을 수 없기 때문이며, 단지 말씀과 신앙만이 영혼 안에서 통치하기 때문이라고 말한다.[17]

다섯째, 신앙은 하나님을 공경하게 한다. 인간이 하나님을 믿어드리지 않는 것보다 하나님에게 가할 수 있는 더 큰 불명예는 없다. 불신앙을 통하여 영혼은 하나님을 무능하고 거짓되고 경박한 분으로 여긴다. 영혼이 그의 진리를 인정하고 그의 진리 안에서 신앙을 통하여 그를 공경한다면, 거꾸로 하나님은 영혼을 존중하고, 그를 믿는 자들을 그들의 신앙 때문에 의롭고 참되다고 간주하신다. 그리고 영혼 역시 그런 신앙을 통하여 의롭고 참되다.[18] 여섯째, 신앙은 영혼과 그리스도를 연합시킨다. 신앙은 영혼이 하나님과 모든 말씀과 같이 되어 모든 은혜가 가득하고 자유롭고 복되도록 많은 것들을 줄 뿐만 아니라,

---

16 Luther, *Von der Freiheit eines Christen Menschen*, 288-289.
17 Luther, *Von der Freiheit eines Christen Menschen*, 288-289.
18 Luther, *Von der Freiheit eines Christen Menschen*, 290-291.

신앙은 역시 신부가 신랑과 연합함과 같이 영혼을 그리스도와 연합시킨다. 이런 맥락에서 루터는 소위 '기쁨의 교환'(Frölicher Wechsel)을 말한다. "그리스도께서 가진 것은 무엇이나 신앙 있는 영혼의 것이 되고, 영혼이 가진 것은 그리스도의 것이 된다. 그리스도께서 가진 모든 선들과 축복들은 영혼의 것이 된다. 여기에서 기쁨의 맞바꿈과 교환이 일어난다."[19] 신앙을 통하여 영혼은 모든 죄로부터 풀려나고 자유롭게 되고 영혼의 신랑인 그리스도의 영원한 의가 선물되어진다.[20]

일곱째, 신앙만이 제 일 계명을 성취한다. 인간이 비록 모든 계명을 다 지킬 수 있다 해도 이런 행위들을 통하여 하나님 앞에서 의롭거나 하나님께 어떤 영광도 돌리지 못하고 첫 번째 계명을 성취하지 못한다. 그 이유는 하나님의 의지 때문이다. 하나님은 인간이 그에게 진리와 모든 선을 돌리는 것 외에 다른 어떤 것들도 받지 않기 때문이다. 이런 일은 선행들이 아니라 오직 마음의 신앙만이 할 수 있다. 여덟째, 신앙만이 인간의 의이고 모든 계명의 성취이다. 왜냐하면 첫 번째 계명이면서, 우두머리 계명(Hauptgebot)을 성취하는 자는 누구나 모든 다른 계명도 확실히 그리고 쉽게 성취할 수 있기 때문이다. 루터는 행위들은 반드시 일어나야하고 하나님의 영광과 찬양을 위해서 행해져야 한다고 주장한다. 하지만 그는 이런 행위들을 통하여 하나님을 공경하거나 찬양할 수 없다고 분명히 말한다.[21] 아홉째, 믿음을 통해서만 그리스도의 장자권의 특권을 받는다.[22] 열 번째, 신앙을 통해 만물의 주인이 되어 만물을 통치한다. 열한 번째, 의인이 의로운 행위를 만든다.[23] 열두 번째, 신앙만이 순전한 은혜

---

19 Luther, *Von der Freiheit eines Christen Menschen*, 290-291.
20 Luther, *Von der Freiheit eines Christen Menschen*, 290-291.
21 Luther, *Von der Freiheit eines Christen Menschen*, 292-293.
22 Luther, *Von der Freiheit eines Christen Menschen*, 294-295.
23 Luther, *Von der Freiheit eines Christen Menschen*, 302-303.

로부터 그리스도와 그의 말씀을 통하여 인격을 완전히 의롭고 복되게 만든다.[24]

이 작은 논문인 그리스도인의 자유에 나타난 신앙을 살펴보면, 루터가 말하는 신앙은 스콜라 신학자들이 말하는 신앙과 확실히 대조된다. 신앙은 우리 자신을 믿는 것이 아니라, 그리스도를 믿는 것이다. 인간의 노력으로가 아니라, 신앙을 통해서만 율법의 요구를 성취한다. 하나님의 모든 복들을 인간이 가지도록 하는 수단은 인간의 공로가 아니라 신앙이다. 말씀이 가져다주는 유익들을 영혼이 가지도록 하는 수단은 사랑이 아니라 신앙이다. 하나님을 공경하게 만드는 것은 사랑이 아니라 신앙이다. 영혼과 그리스도를 연합시키는 것은 사랑이 아니라 신앙이다. 사랑으로가 아니라 신앙으로 제 일 계명을 성취한다. 사랑이 아니라 신앙이 인간의 의이고 모든 계명의 성취이다. 그리스도의 장자권의 특권을 받게 되는 것은 공적을 통해서가 아니라 신앙을 통해서이다.[25] 신앙을 통해 만물의 주인이 되어 만물을 통치하며, 신앙이 의인을 만들고 의인이 의로운 행위를 만든다.[26] 신앙만이 순전한 은혜로부터 그리스도와 그의 말씀을 통하여 인격을 완전히 의롭고 복되게 만든다.

우리는 루터가 이 논문을 통해서 스콜라 신학이 인간의 공로나 사랑에 돌렸던 것을 신앙에게 돌리고 있음을 확인할 수 있다. 이런 신앙관이 과연 그 이후의 신학에도 그대로 펼쳐지고 있을까? 우리는 그의 신학의 절정기에 그가 작성했던 토론문을 통해서 그의 신앙관을 확인할 수 있다.

---

24 Luther, *Von der Freiheit eines Christen Menschen*, 304-305.
25 Luther, *Von der Freiheit eines Christen Menschen*, 294-295.
26 Luther, *Von der Freiheit eines Christen Menschen*, 302-303.

VI. 신앙과 율법에 관한 토론에 나타난 신앙(1535)

『박사 학위 수여를 위한 신앙과 율법에 관한 토론』(*Disputatio pro licentia de fide et de lege*)은 히에르니무스 벨러와 니콜라우스 메들러의 박사학위수여를 위하여 당시 비텐베르크 대학교의 학장이었던 루터가 작성한 토론문이다. 루터는 1535년, 9월 11일과 14일에 열릴 토론을 위해, 로마서 3:28절을 중심으로 믿음과 율법에 관한 문항들을 작성하였다. 토론은 루터가 두 학생들에게 이 조항들에 대하여 질문하고, 해당 학생들은 그가 조항들을 통하여 묻는 질문들에 대하여 적합한 대답을 하는 식으로 이루어졌다. 이 토론 문에서 루터는 당시 스콜라 신학자들이 가르치고 있는 믿음이 어떤 믿음이었는 지를 소개하면서, 그들이 바울이 말한 믿음을 잘못 이해하고 있음을 비판함과 동시에, 참된 믿음이 무엇인지를 분명히 말해주고 있다.[27] 그가 볼 때, 스콜라 신학자들의 믿음 이해는 바울과 어거스틴의 가르침에 위배되는 잘못된 이해이 다.

1. 인간은 오직 믿음으로만 의롭게 된다.

믿음에 관한 토론 문항은 71항으로 이루어져 있는데, 루터는 이 조항들에서 거짓된 믿음이 무엇인지를 비판함과 동시에 참된 믿음이 무엇인지를 밝히고 있다. 그는 먼저 Th.1-9에서 참된 믿음이 어떤 믿음인지를 설명한다.

바울이 로마서 3:28절에서 말하는 믿음은 참된 믿음으로서 이 믿음은 성령 의 선물(donum spiritus Sancti)이다.[28] 루터는 스콜라 신학자들은 바울이

---

27 Martin Brecht, *Martin Luther*, Bd, 3, (Stuttgart: Calwer Verlag, 1987), 130-137.

말하는 이 믿음을 "획득된 믿음(fides acquisita)"으로, 혹은 "역사적 믿음"(fides historica)이라고 규정하려 시도하는데, 이는 완전히 헛된 수고라고 말한다.29 그의 이런 비판은 스콜라 신학자들이 신앙을 획득된 신앙과 주입된 신앙(fides infusa)으로 구분하여, 획득된 신앙은 성경의 외적 증거나 이성의 근거들에 대한 동의로서 교회를 통한 외적 전달을 통하여 획득된다고 말하고, 주입된 신앙은 은혜를 통하여 자질을 획득한 덕의 습성(Tugendhabitus)이고 하나님에 의하여 주입된 신앙이라고 말하면서, 획득된 믿음은 아직 이 주입된 신앙을 가지고 있지 못한 미흡한 신앙이라고 주장했기 때문이었다.

루터는 그들을 소피스트들이라고 부르면서, 그들이 이런 말들을 전혀 이해하지 못하면서, 그런 획득된 믿음은 의롭게 하지 못한다고 가르치고 있으며,30 심지어 성령을 통하여 주입된 신앙도 사랑을 통하여 형성되지 않으면(nisi formata fit Charitate) 의롭게 하지 못한다고 주장한다고 이들을 비판한다.31 스콜라 신학자들은 죄인은 형성되지 않은 신앙(fides informis)으로는 의롭게 될 수 없으며 오직 사랑에 의하여 지배되는 형성된 신앙(fides formata)을 통해서만 의롭게 되며, 또한 주입된 신앙(fides infusa)은 죽을 죄와 함께(cum peccato mortali) 설 수 있다고 주장하는데, 루터는 이런 가르침들은 모두 바울이 이해한 신앙을 잘못 이해하는데서 기인한다고 본다.32

루터는 바울이 말하는 신앙을 이런 식으로 이해한다면, 그리스도를 희미하게 혹은 우화로 설교하게 되는 결과가 따르며,33 이런 경우에 그리스도는 그를

---

28 Martin Luther, *Disputatio pro licentia de fide et de lege*, Studienausgabe (Berlin: Evangelische Verlagsanstalt, 1992), Th.1, 108.

29 Luther, *Disputatio pro licentia de fide et de lege*, Th.2, 108

30 Luther, *Disputatio pro licentia de fide et de lege*, Th.3, 108.

31 Luther, *Disputatio pro licentia de fide et de lege*, Th.4, 108.

32 Luther, *Disputatio pro licentia de fide et de lege*, Th.5, 108.

33 Luther, *Disputatio pro licentia de fide et de lege*, Th.6, 108.

믿는 사람들에게 악마들이나 정죄 받는 자들에게 주는 것보다 더 많이 도움이 되거나 유익을 줄 수 없다고 말한다.[34] 하지만 루터는 바울이 칭의를 신앙에 돌리기 때문에, 그가 신앙을 획득된(acquisita), 주입된(infusa), 형성되지 않은(informis), 형성된(formis), 명백한(explicita), 내포된(implicita), 일반적인(generali), 특별한(speciali) 신앙 등등으로 말하지 않는 것이 필요하다고 주장한다.[35]

　그는 스콜라 신학자들이 이런 획득된 신앙을 마귀들과 악인들에게도 용인하고 있지만,[36] 바울은 스콜라 신학자들이 말하는 신앙과 다른 신앙을 말하고 있다고 분명히 주장한다. 바울이 말하는 신앙은 그리스도를 우리 안에 효력 있게 만들어서 우리가 죽음과 죄와 율법에 대항하게 하는 신앙이다.[37] 이 신앙은 우리가 악마들이나 지옥으로 내려가는 사람들과 비슷하게 되는 것을 허락하지 않으며 천국으로 올라가는 아들들이나 천사들과 비슷하게 만든다.[38] 이런 신앙은 그리스도를 이해하는 신앙(fides apprehensiva Christi)으로서, 그가 우리 죄를 위해 죽으시고 우리의 의를 위해 부활하신 분으로 이해한다.[39] 이러한 신앙은 십자가에 못 박히신 그리스도에 관한 행적들이나 부활에 관한 서술들을 유대인들로부터 혹은 빌라도로부터만 듣지 않는다.[40] 이런 신앙은 우리 죄를 위하여 그리스도를 내어주심을 통하여 우리를 구속하시고 구원하시기를

---

34 Luther, *Disputatio pro licentia de fide et de lege*, Th.7, 108.
35 Luther, *Disputatio pro licentia de fide et de lege*, Th.8, 108-109: 토마스 아퀴나스는 믿음을 형성된 혹은 살아있는 신앙(fides formata seu vivens)과 형성되지 않은 혹은 죽은 신앙(fides informis seu moutua)과 구분하며, 또한 형성된, 살아있는 사랑에 의하여 지배되는 신앙과 사랑이 없는 형성되지 않은 죽은 신앙과 구분한다.(S. th. 2,2 qu. art. 5 ad 1; L 8, 142)
36 Luther, *Disputatio pro licentia de fide et de lege*, Th.9, 109.
37 Luther, *Disputatio pro licentia de fide et de lege*, Th.10, 109.
38 Luther, *Disputatio pro licentia de fide et de lege*, Th.11, 109.
39 Luther, *Disputatio pro licentia de fide et de lege*, Th.12, 109.
40 Luther, *Disputatio pro licentia de fide et de lege*, Th.13, 109.

원하시는 하나님 아버지의 사랑을 이해한다.[41]

루터는 바울은 이런 신앙을 설교하며, 성령도 듣는 이의 마음속에 복음의 소리를 듣도록 선물하시고 섬기시며,[42] 이러한 신앙이야말로 참으로 주입되며, 인간의 힘들을 통하여 결코 획득될 수 없다고 말해져야 한다고 주장한다.[43] 그는 소피스트들의 획득된 신앙 혹은 주입된 신앙도 그리스도를 말하고, "나는 하나님의 아들이 죽으시고 부활하셨다고 믿는다"고 말하지만, 거기서 그친다고 그들을 비판한다.[44] 하지만 참된 신앙(vera fides)은, "나는 하나님의 아들이 고난당하시고 부활하셨다"고 믿을 때, 이것은 전적으로 나를 위하여(pro me), 나의 죄들을 위하여(pro peccatis meis) 일어났다는 것을 확신하며,[45] 그리스도가 온 세상의 죄를 위하여 죽으셨고 그러므로 내가 그런 세상의 일부임이 가장 확실하므로, 그는 나의 죄를 위하여 죽으셨다는 것도 가장 확실함을 안다.[46]

획득된 믿음은 그리스도의 수난의 목적과 용도에 대하여 단순한 추론만 가지지만, 참된 믿음은 그리스도의 수난의 목적과 용도가 생명과 구원임을 알고 자기의 것으로 취한다.[47] 획득된 믿음이 게으른 사람이 겨드랑이 밑에 그 손을 숨기고 서 있으면서 "그것은 나와 아무 관계없다"고 말하는 것과 같은 반면에, 참된 믿음은 기쁘게 팔을 벌려 자기 자신을 위해 주신바 된 하나님의 아들을 안으면서 "그는 내 사랑하는 자요, 나는 그의 것이다"라고 말한다.[48] 참된 믿음

---

41 Luther, *Disputatio pro licentia de fide et de lege*, Th.14, 109.
42 Luther, *Disputatio pro licentia de fide et de lege*, Th.15, 109.
43 Luther, *Disputatio pro licentia de fide et de lege*, Th.16, 109.
44 Luther, *Disputatio pro licentia de fide et de lege*, Th.17, 109.
45 Luther, *Disputatio pro licentia de fide et de lege*, Th.18, 109.
46 Luther, *Disputatio pro licentia de fide et de lege*, Th.19, 109.
47 Luther, *Disputatio pro licentia de fide et de lege*, Th.20, 109.
48 Luther, *Disputatio pro licentia de fide et de lege*, Th.20-21, 110.

은 바울이 "그는 나를 사랑하사 나를 위하여 자기 몸을 버리셨다"고 말한 것처럼, 만일 "나를 위하여(pro me) 혹은 우리를 위하여"(pro nobis)가 믿어진다면, 그런 참 믿음은 자신을 단지 행해진 것을 듣기만 하는 모든 다른 믿음으로부터 구별한다.[49]

루터는 이 믿음이 바로 율법과 행위들 없이, 오직 그리스도 안에서 보여준 하나님의 자비를 통하여서만 우리를 의롭게 하는 그 믿음임을 강조하면서,[50] 그러므로 두 가지 칭의의 방식이, 즉 그리스도가 우리 죄를 속하기 위하여 자신을 내어줌이 되셨다는 것과 우리 자신이 율법을 통하여 의롭게 되는 두 가지의 칭의의 방식이 서로 다툴 수밖에 없다고 말한다.[51] 그가 우리 죄를 위하여 내어줌이 되지 않았든지, 아니면 우리가 율법을 통하여 우리 죄로부터 의롭게 되지 않게 되든지, 둘 중 어느 하나가 되어야 한다.[52] 그는 하지만 성경이 우리가 범한 모든 죄가 그에게 지워졌고, 그는 하나님의 백성의 죄를 위하여 핍박을 당하고, 그의 매 맞음으로 우리가 나음을 입었다고 소리치고 있다고 주장한다.[53]

2. 참된 믿음에는 반드시 선행이 따른다.

루터는 이어지는 조항들에서 이런 믿음은 반드시 선행의 열매를 가지고 온다는 사실을 강변하고 있다. "그러므로 우리는 은혜로 의롭게 된 후에(iustificati gratis) 선행을 행한다(facimus opera). 정말로(immo) 그리스도 자신이 우

---

49 Luther, *Disputatio pro licentia de fide et de lege*, Th.23-24. 110.
50 Luther, *Disputatio pro licentia de fide et de lege*, Th.25. 110.
51 Luther, *Disputatio pro licentia de fide et de lege*, Th.26. 110.
52 Luther, *Disputatio pro licentia de fide et de lege*, Th.27. 110.
53 Luther, *Disputatio pro licentia de fide et de lege*, Th.28, 110.

리 안에서 모든 것들을 행하신다."[54] 그는 '행위들이 따르지 않는다면 그리스도에 대한 믿음이(fidem Christi) 우리 안에 거하지 않으며 도리어 죽은 (mortuam), 즉 획득된 믿음(acquistiam fidem)이 거하고 있는 것이 확실하다.'[55]고 말하며, 행위들이 따르지 않는 믿음은 단지 죽은 믿음일 뿐임을 강조하고 있다.

그는 이런 참된 믿음은 말씀을 들음을 통하여 생긴다는 사실을 강조한다. "그것들의 소리가 온 땅에 퍼졌도다."(롬 10:18, 시 19:4)라고 기록된 것처럼, 말씀의 소리가 모든 사람들에게 들려졌다.[56] 하지만 이사야가 "우리의 전한 것을 누가 믿었느뇨."(사 53:1)라고 기록한 것처럼, 그런 믿음은 모든 사람에게 속한 것이 아니다.[57] 하나님 앞에서 의롭게 되기 위하여 행위들을 자랑하는 자들은 그리스도에 관하여 그리고 신앙에 관하여 아무것도 이해하지 못하고 있음을 스스로 드러내고 있는 것이다.[58]

이제 루터는 믿음과 행위의 관계에 대하여 신앙고백을 하는 것처럼 확실하게 표현한다. "우리는 고백한다. 선한 행위가 반드시 믿음을 따라야 한다. 정말로 의무적으로가 아니라 자발적으로 따라야 한다. 이것은 마치 좋은 나무가 좋은 열매를 의무적으로 만들지 않고 자발적으로 만드는 것처럼 말이다.[59] 이는 좋은 열매가 좋은 나무를 만들지 못하는 것처럼, 선한 행위들이 사람을 의롭게 만들지 못한다.[60] 그러나 선행이 이미 믿음을 통하여 의롭게 된 사람으로부터 만들어진다. 이는 마치 선한 열매가 이미 자연을 통하여 선한 나무로부터 만들

---

54 Luther, *Disputatio pro licentia de fide et de lege*, Th.29, 110.
55 Luther, *Disputatio pro licentia de fide et de lege*, Th.30, 110.
56 Luther, *Disputatio pro licentia de fide et de lege*, Th.31, 110.
57 Luther, *Disputatio pro licentia de fide et de lege*, Th.32, 110.
58 Luther, *Disputatio pro licentia de fide et de lege*, Th.33, 110.
59 Luther, *Disputatio pro licentia de fide et de lege*, Th.34, 110.
60 Luther, *Disputatio pro licentia de fide et de lege*, Th.35, 110.

어지는 것과 같다."[61]

루터는 이 토론문을 통해서 참된 믿음은 성령의 선물(donum spiritus Sancti)이며, 그리스도의 복음을 이해하고 그 복음이 나를 위하여(pro me) 일어난 것임을 믿는 믿음임을 강조하고 있다. 그는 또한 참된 믿음과 복음을 불가분의 연결 관계로 만들어 복음적 신앙이해를 정립시키고, 이 복음이 나를 위하여 일어난 사건임을 알고 예수님을 믿어 구원을 얻도록 하도록 권고하고 있다. 그는 또한 참된 믿음은 반드시 선행을 동반한다는 사실을 강조하면서, 인간은 믿음만으로는 구원을 받지 못하며 반드시 사랑의 보충 행위를 통하여 구원을 획득할 수 있다고 주장하는 스콜라 신학자들의 잘못된 신앙관과 칭의론을 비판하고 있다.

V. 창세기 강의(1535-45)[62]에 나타난 신앙 이해

창세기 강의는 루터가 그의 말년의 마지막 11년 동안 집중적으로 전념했던 강의였다. 이 강의는 지금까지의 그의 신학의 요약이라고 말할 수 있으며, 칭의론에 있어서도 완성된 형태를 제공하고 있다고 말할 수 있다. 그는 창 12장 4절과 15장 6절의 강의에서 칭의론을 집중적으로 다루고 있는데, 여기에서 믿음에 관하여서도 그의 심화된 이해를 제공하고 있다.

1. 12장 4절의 주경에 나타난 신앙 이해

---

61 Luther, *Disputatio pro licentia de fide et de lege*, Th.36, 110.
62 *D. Martin Luthers Werke*, 42. Band (Weimar: Hermann böhlaus Nachfolger, 1911). 이후 약자인 *WA* 42로 표기함.

루터는 먼저 12장 4절에 대한 주경에서 신앙에 대한 몇 가지 중요한 성격을 정리하고 있다.

첫째, 신앙(fides)과 약속(promissio)은 자연적으로 그리고 분리될 수 없게 서로 매달려 있다. 그는 믿는 자가 없는데 약속이 무슨 필요가 있으며, 반대로 약속이 없다면 믿음이 무슨 유익이 있겠느냐고 반문한다. 그러므로 신앙과 약속은 밀접한 관계가 있으며, 아브라함이 가졌던 믿음은 약속을 붙잡는 믿음이다.[63] 둘째, 신앙의 적은 이성과 의심이다. 하나님께서 어떤 것을 약속할 때, 이성은 즉 육체와 피는 간단히 하나님의 약속은 불가능하다고 판단한다. 이로 인하여 인간 안에는 약속의 성취에 대한 의심이 생긴다. 그러므로 신앙은 약속이 올 때 이런 이성과 의심과 싸우면서 그 약속을 받아들여야 한다.[64]

셋째, 소피스트들은 신앙이 텅 빈 내용을 가진 어떤 것이라고 생각하지만, 신앙이란 본성전체의 변화와 갱신(mutatio et renovatio totius naturae)이다. 신앙을 가진 사람의 눈, 귀 그리고 마음은 모든 다른 인간들에게는 전적으로 모순되게 보이는 것을 듣고 보고 느낀다.[65] 넷째, 신앙은 살아있고(vivens) 능력 있는(potens) 것이다. 신앙은 단지 공허한 상상이 아니다. 그리고 마음에 타고난 어떤 것도 아니다. 성령의 눈인 신앙은 다른 정신과 다른 느낌을 만들며 전적으로 새로운 인간을 만든다.[66]

다섯째, 신앙은 반드시 효과를 낸다. 신앙은 능동이라기보다는 수동이고 정신과 감각을 변화시키고, 이성은 현재하는 것들에 의존하지만, 신앙은 보이

---

63 Luther, *WA* 42, 451-452.
64 Luther, *WA* 42, 452.
65 Luther, *WA* 42, 452.
66 Luther, *WA* 42, 452.

지 않는 것을 이해하고 신뢰하는 것이다. 그는 소수의 사람들만이 이런 신앙을 가지고 있다고 본다. 대부분의 사람들은 말씀에 의존하기보다 도리어 그들이 만지고 자랑하는 현재의 것들을 신뢰한다.[67] 여섯째, 신앙이 붙잡은 하나님의 약속과 사탄의 약속은 전적으로 다르다. 참되고 신적인 약속의 특징은 이성과 싸운다는 것이다. 하지만 악마적인 약속은 이성과 조화한다. 이성은 이런 신적인 약속을 인정하지 않으려 한다. 반대로 인간의 이성과 조화를 꾀하는 악마의 약속들은 쉽게 그리고 의심 없이 이성으로부터 인정을 받는다. 그러나 사탄의 약속과 신적 약속의 결정적인 차이는 십자가의 유무이다. 사탄의 약속들은 비록 거짓일지라도 처음에는 화려하기 때문에 육체에게 환영을 받는다. 그러나 신적이고 참된 약속들은 항상 먼저 십자가를 보여주고 십자가 후에 오는 은혜를 약속한다. 그러나 이성은 볼 수 없고 멀리 떨어져 있는 것은 없다고 생각하며 십자가를 인정하지 않으려 한다.[68]

이상과 같은 루터의 신앙 이해를 살펴볼 때, 그가 믿음으로 의롭게 된다고 말할 때, 그는 무엇보다 신앙과 약속의 불가분의 관계를 강조한다. 신앙은 자기 생각을 믿는 것이 아니라 하나님의 약속을 믿는다. 또한 신앙은 이성과 조화하지 못하고 의심과 싸운다. 또한 신앙은 텅 빈 내용이 아니라, 본성전체를 변화시키고 갱신시킨다. 신앙은 살아있고(vivens) 능력 있는(potens) 것이다. 공허한 상상이나 마음에 타고난 어떤 것도 아니다. 성령의 눈인 신앙은 다른 정신과 다른 느낌을 만들며 전적으로 새로운 인간을 만든다. 신앙은 이성이 이해 할 수 없는 보이지 않는 것들을 믿고 이해하고 붙잡고 산다. 이 신앙은 이성과 의심과 끊임없이 싸운다. 그리고 보이지 않는 하나님의 약속을 붙잡고 그 말씀에 따라 살고 움직이고 전투한다. 이런 신앙은 내가 능동적으로 만드는

---

67 Luther, *WA* 42, 452.
68 Luther, *WA* 42, 452-453.

것이 아니라 수동적으로 하나님께로부터 주어진다.

루터는 사탄의 약속과 신적 약속의 결정적인 차이에 주목한다. 참된 약속에는 십자가가 따르나 사탄의 약속에는 십자가가 없다. 사탄의 약속들은 비록 거짓일지라도 처음에는 화려하고 십자가가 없기 때문에 육체에게 환영을 받는다. 그러나 신적이고 참된 약속들은 항상 먼저 십자가를 보여주고 십자가 후에 오는 은혜를 약속한다. 하나님의 약속을 붙잡는 참된 신앙은 십자가를 환영하고 십자가를 지고자 한다. 그러나 이성은 볼 수 없고 멀리 떨어져 있는 것은 없다고 생각하며 십자가를 인정하지 않으려 한다.

2. 15장 6절에 대한 주경에서의 신앙 이해

루터는 15장 6절에 대한 주경에서도 신앙이 무엇인지에 대하여 알려주고 있다. 그는 스콜라 신학자들의 성경 고찰방식을 비판한다. 그들은 성경을 아리스토텔레스적으로 고찰(Aristotelice tractare scripturas)하려 했지만, 성경은 (바울) 사도적으로 고찰(Apostolice tractare scripturas)해야 한다. 그는 바울은 성경해석의 근본원칙을 오직 믿음을 통한 칭의로 정하는데, 이 원칙은 아리스토텔레스의 도움으로 신학을 하는 스콜라 신학자들이 받아들일 수 없는 원칙이라고 말한다. 그는 바울이 말하는 이신칭의를 설명하는 과정에서 신앙이 무엇인지에 대하여서 가르치고 있다.

그는 아브라함에 관한 기록에 나오는 약속들과 경고들은 모두 신앙을 요구하는 신앙의 말씀들(verba fidei)이라고 말한다. 그는 여기에서도 신앙은 하나님의 약속들을 믿는 것임을 강조하면서 이 약속들을 믿는 자들이 의롭다고 말한다. 신앙은 하나님의 약속들과 규정들에, 그것들이 참이기 때문에, 동의하는 것(promissionibus divinis assentiri)이다. 아브라함은 하나님을 믿었기 때문에(quia credit Deo), 좀 더 구체적으로 약속하시는 하나님을 믿음으로(credere promittenti Deo) 의롭게 되었다. 그는 또한 그리스도를 믿는 자들이 의롭다고 말하면서 신앙은 그리스도를 믿는 것(credentes in Christum)이라고 말한다.[69]

그는 이 말을 통하여 당시 스콜라 신학자들은 신학의 근본원칙을 어기고 있다는 것을 암시하고 있다. 그에게 있어 신학의 전제는 이신칭의 교리이다. 이런 원칙 위에서 그는 인간이 어떻게 의롭게 되는지에 대하여 분명한 원리를 제시한다. 그는 의롭게 되는데 있어서 신앙만으로(sola fide) 족하다고 강변하면서, 스콜라 신학자들이 의롭게 되기 위해서 믿음에 덧붙여야 한다는 부수조항들을 비판한다. 의롭게 되는데 있어서 은혜에 이르기 위한 어떤 준비도(nulla ad gratiam praeparatio), 행위를 통하여 형성된 어떤 믿음도(nulla fides formata operibus), 어떤 선행하는 습성(nullus habitus praecedens)도 덧붙일 필요가 없다. 아브라함은 죄의 한복판에서도 의심과 두려움과 온 영혼이 혼란에 빠진 가운데서도 약속하시는 하나님을 믿었고 오직 그 믿음으로 의롭다 인정되었다. 그는 이런 시련 속에서도 하나님께서 말씀하신 약속뿐만 아니라 말씀하시는 하나님(loquenti Deo)을 믿었다.[70]

그는 더 나아가 신앙은 나에 대한 하나님의 은혜로운 생각을 이해하는 것(apprehendere cogitatio Dei)이라고 말한다. 이 하나님의 생각은 무오류의 진리(infallibilis veritas)이기 때문에, 내가 의견이나 의심이 아니라 이 하나님의 은혜로운 생각을 견고하게 붙잡으면 의롭다. 그는 신앙은 견고하고 확실한 생각, 혹은 하나님에 관한 견고하고 확실한 신뢰라고 주장하면서, 신앙이

---

69 Luther, *WA* 42, 562.
70 Luther, *WA* 42, 563.

확고하게 믿는 내용은 그리스도에 관한 내용으로서, 내가 그리스도를 통하여 하나님과 화해가 되었으며, 하나님께서는 그리스도를 통하여 우리에 관하여 학대나 진노가 아니라 평화로운 생각을 가지고 계신다는 사실이다.

우리가 약속하시는 하나님을 믿으면 하나님께서 우리를 의롭다고 여겨주며 그리고 이 전가(reputatio)때문에 우리에 관한 하나님의 은혜로운 생각만이 이것을 만든다고 주장한다. 우리는 오직 이 전가 때문에(sola reputatio), 믿음이 파악하는 하나님의 생각 때문에(propter cogitatio Dei), 오직 하나님의 자비를 통해서만(sola misericordia), 오직 아들을 이해하는 믿음 때문에 (propter fidem, quae apprehendit filium) 의롭다.[71]

루터는 이 창세기를 통하여 믿음의 여러 측면 중에서 지성적 측면을 특히 강조하고 있음이 분명하다. 믿음은 하나님의 약속을 이해한다. 그는 믿음이 약속과 결합되어서 우리를 의롭게 한다는 사실을 다음의 문장에서 다시 한 번 강조한다. "약속은 교리의 머리이고 으뜸이다. 믿음은 이 약속과 결합되어서 이 약속을 이해한다."[72] 믿음은 또한 약속하시는 하나님을 믿으며 그 약속의 내용인 예수 그리스도를 믿는다. 하나님께서 그리스도를 통하여 우리와 화목하시고 우리의 죄를 용서해주시고 우리를 구원해주셨다는 사실을 믿고 그를 믿는 자를 구원해주신다고 약속해주셨다. 그러므로 우리는 이 하나님의 은혜스러운 생각을 믿고 그의 아들 예수님을 믿으면 구원을 받는다. 믿음이란 바로 이 하나님의 우리에 대한 은혜로운 생각 즉 복음을 믿는 것이다. 우리가 이 약속을 믿을 때 하나님 앞에서 의롭다고 여겨진다. 인간의 어떤 행위나 스콜라 신학자들이 말하는 모든 종류의 보충행위들은 아무런 도움이 되지 못한다. 스콜라 신학자들은 믿음을 은혜로우신 하나님과 그의 생각 그리고 그리스도 예수님과

---

71 Luther, *WA* 42, 564.
72 Luther, *WA* 42, 565.

그의 속죄행위로부터 떼어내서 인간 안에 머무르는 습성 정도로 만들어 놓았다.

VI. 결론

루터의 신앙관을 이해하려 할 때, 우리는 그가 그 당시 스콜라 신학자들의 잘못된 신앙관을 비판하는 측면이 있음과 동시에 자신의 독특한 신앙관에 대하여서도 피력하고 있음을 주목해야 한다. 당시 스콜라 신학자들은 아리스토텔레스의 영향을 받아 신앙을 하나님 중심으로가 아니라 인간중심으로 파악하려 했으며, 비록 은혜의 도움을 받고 시작하지만, 인간이 반복적인 행동을 통하여 획득한 인간 안에 생겨난 자질 정도로 파악하였다. 하지만 그들은 인간이 의로워 지는데 있어서 신앙이라는 자질을 갖추는 것만으로 부족함으로 반드시 사랑의 행위가 덧붙여져야 의롭게 된다고 주장하였다.

하지만 루터는 어거스틴의 도움으로 바울을 이해하려 했으며 이로 인해 스콜라 신학자들의 습성적 은혜관을 극복하고 은혜를 복음을 믿는 자에게 값없이 베풀어주시는 하나님의 호의로 이해하였다. 그는 이런 은혜관의 틀 속에서 칭의를 이해하게 되었고 믿음도 칭의론의 틀 속에서 이해하였다.

그의 신앙이해는 철저히 그리스도 중심적이다. 그가 말하는 믿음은 그리스도에 대한 믿음이다. 그리스도에 관한 사실을 아는 것만으로 부족하다. 그리스도가 "나를 위해서", "나의 죄를 위해서" 죽으시어 나의 죄를 용서하셨다는 사실을 믿는 것이 참된 믿음이다. 이 복음은 말씀을 통해서 교회에서 선포된다. 성례는 이 선포된 복음에 대한 확증일 뿐이다. 믿음은 교회에서 설교자들을 통하여 선포되는 이 말씀을 붙잡고 이해하고 동의하는 것이다. 믿음의 지적 측면 역시 루터의 믿음관에 있어서 중요하다. 그 역시 마음(affectio)의 신뢰를 말하지만 참된 믿음은 반드시 복음이 무엇인지 알고 이해하고 동의해야 한다. 그리고 그에게 있어 참된 믿음은 반드시 선한 행위라는 열매를 가져온다. 선행의 열매를 가져오지 못하는 믿음은 죽은 믿음이다. 또한 참된 믿음은 제 일 계명을 성취함과 동시에 그리스도와 나를 연합시키어 하나님의 모든 복을 내 것으로 가지게 만든다.

루터가 말하는 신앙은 무엇인가? 복음의 말씀을 이해하고 동의하고 믿는 것이라고 대답할 수 있을 것이다. 반면, 스콜라 신학자들은 믿음을 복음과 연결시키지 못하고 여전히 인간의 율법행위와 연결시키는데 머물고 있다.

〈참고문헌〉

1. 루터의 책

Luther, Martin. Genesisvorlesung, *D. Martin Luthers Werke*, 42. Band, Weimar, Hermann böhlaus Nachfolger, 1911.

_____. *Disputatio pro licentia de fide et de lege*, Studienausgabe, Evangelische Verlagsanstalt Berlin, 1992.

_____. *Von der Freiheit eines Christen Menschen*, Deutsch-Deutsche Studienausgabe, Band 1, Glaube und Leben, Herausgegeben von Dierich Korsch, Evangelische Veranstanstalt Leipzig, 2012.

2. 루터에 관한 책

Althaus, Paul. *Die Theologie Martin Luthers, Gütersloher Verlagshaus Gerd Mohn*, Güterslohh 1962,

Asendorf, Ulrich. *Die Theologie Martin Luthers nach seine Predigten*, Vandenhoeck & Ruprecht, Göttingen 1988.

Brecht, Martin. *Martin Luther*, Band 3, Calwer Verlag Stuttgart, 1987.

Grane, Lief. *Die Confessio Augustana*, UTB Vandenhoeck & Ruprecht in Göttingen 1990.

Hägglund, Bengt. *Geschichte der Theologie*, Evangelische Veralgsanstalt Berlin 1983.

Lohse, Bernhard. *Luthers Theologie*, Vandenhoeck & Ruprecht,

Göttingen 1995.

Melanchthon, Philip. *Loci Communes*(1521), Gütersloher Verlaghaus Gerd Mohn, Gütersloh 1993.

Thomashandbuch. *Herausgegeben von Volker Leppin*, Mohr Siebeck, Tübingen 2016.

울리히 츠빙글리의 신앙론

유정모

Huldrych Zwingli(1484-1531)

경희대학교에서 영어영문학으로 문학사(B.A.)를, 한국침례신학대학교에서 목회학석사 (M.Div.)를 취득한 후, Calvin Theological Seminary에서 Richard A. Muller 교수의 지도하에 교회사/역사신학 전공으로 신학석사(Th.M.)와 철학박사(Ph.D.) 학위를 받았다. 이후 The Southern Baptist Theological Seminary의 Andrew Fuller Center에서 박사 후 연구원(Post-Doctoral Research Fellow)으로 활동했다. 현재는 횃불트리니티신학대학원대학교에서 교회사 교수로 섬기고 있다.

유정모

Ⅰ. 서론

16세기 종교개혁이 일어나기 전 중세 후기 로마 가톨릭의 교회는 복음을 왜곡하고 성경이 말하는 바른 진리에서 멀어져 가고 있었다. 특히 구원에 이르는 참된 믿음의 본질이 무엇인지를 올바로 제시하지 못함으로써 당시의 사람들은 영적으로 방황했고 면벌(免罰)부의 구매와 같이 비성경적인 방법을 통해 영혼의 구원을 얻고자 하였다. 이러한 교리적 문제는 자연스럽게 교회의 영적 침체로 이어졌고 교회가 중세 후기의 어려운 시대적 상황 속에서 세상의 빛과 소금의 역할을 감당하기보다 오히려 세상을 더 부패하고 혼란스럽게 만드는 주요 원인이 되게 하였다.[1]

따라서 16세기 개신교 종교개혁가들에게 무엇보다 중요한 과제는 올바른 기독교 신앙이 무엇인지를 규명하는 것에 있었다. 이는 스위스 취리히의 종교개혁자였던 울리히 츠빙글리(Ulrich Zwingli, 1484-1531)에게도 예외는 아니었다. 츠빙글리는 자신의 신학을 체계적으로 정리하지 않았고 이 주제만을 다루는 독립적인 저술도 남기지 않았다. 하지만 츠빙글리는 기독교 교리의 핵심이라고 할 수 있는 구원에 이르는 신앙의 성격을 성경적으로 밝혀주는 일의 중요성을 잘 인식하고 있었다. 그러므로 그가 남긴 여러 저술에는 참된 믿음의 본질이 무엇인지에 대해 자세한 논의가 담겨 있다. 특히 그의 대표적인 논문인 『하나님의 섭리에 관하여』(*On the Providence of God*)에서 츠빙글리는 "믿음에 관하여"(Regarding Faith)라는 제목으로 한 부분을 할애하여 기독교 신앙의 특성을 설명하고 있다.[2]

---

1 중세 후기의 신학과 영적 상황에 대한 개관으로는 다음을 참고하라. Timothy George, *Theology of the Reformers*, 이은선 & 피영민 역, 『개혁자들의 신학』 (서울: 요단 출판사, 1993), 30-63; Alister E. McGrath, *Reformation Thought: An Introduction*, 3rd edition (Oxford: Blackwell Publishers, 2001), 26-38.

2 Cf. 『하나님의 섭리에 관하여』의 원제는 다음과 같다. Ulrich Zwingli, *Ad illustrissimun Cattorum principem Philippum, sermonis De providentia Dei anamema* (Tiguri, 1530).

이런 점들을 고려할 때 취리히 개신교회의 주요 지도자로 스위스 종교개혁을 이끌었던 츠빙글리의 신앙론에 관한 연구는 16세기 스위스 종교개혁의 성격을 이해하는데 뿐만 아니라 츠빙글리의 신학을 더욱 깊이 있게 조명하는 데 많은 도움을 줄 수 있다고 생각된다. 하지만 기대와는 달리 국내외 학계에서 츠빙글리의 신앙론에 관한 연구는 충분히 진행되지 못한 상황이다.[3] 특히 국내에서 츠빙글리의 신앙론을 다루고 있는 전문연구는 아직 발표되지 못하였다.

그러므로 본 연구는 츠빙글리에 관한 기존 연구의 공백을 메우고 츠빙글리의 신학을 더욱 세밀하게 조명하기 위해 츠빙글리의 신앙론을 살펴보고자 한다. 특히 구원에 이르는 믿음의 성격이라는 주제에 초점을 맞추어 츠빙글리가 생각한 참된 믿음과 신앙의 본질이 무엇인지를 규명하고자 한다. 이를 위해 본 연구는 구체적으로 신앙의 내용과 성격, 칭의에서 믿음의 역할, 믿음과 구원의 확신, 그리고 믿음과 행위의 관계에 관한 츠빙글리의 사상을 차례대로 정리해 볼 것이다.

II. 본론

1. 신앙의 정의

믿음이란 무엇인가? 기독교 신앙의 성격에 대한 츠빙글리의 이해는 『하나님의 섭리에 관하여』의 "믿음에 관하여"라는 장에 구체적으로 잘 나타나 있다. 여기에서

---

3 예수케(W. C. Jaeschke)가 그의 박사학위 논문에서 츠빙글리의 구원론을 다루면서 그의 신앙의 성격에 대해 약간의 논의를 하는 것이 거의 유일한 연구이다. Wolf Christian Jaeschke, "The Application of Redemption in the Theology of Huldrych Zwingli: A study in the Genesis of Reformed Soteriology" (Ph.D. diss., Westminster Theological Seminary, 1992).

그는 소위 믿음 장으로 알려진 히브리서 11장 1절의 말씀에 대한 헬라어 원문의 주해를 통해 믿음의 성격을 상세하게 설명한다. 먼저 츠빙글리는 1절의 전반부에 나오는 "$\dot{\epsilon}\lambda\pi\iota\zeta o\mu\dot{\epsilon}\nu\omega\nu\ \dot{\upsilon}\pi\acute{o}\sigma\tau\alpha\sigma\iota\varsigma$"(개역개정에 "바라는 것들의 실상"으로 번역된 부분)를 해석하는데 라틴어 "실체"(substantia)는 의미가 매우 모호하다고 하며 "$\dot{\upsilon}\pi\acute{o}\sigma\tau\alpha\sigma\iota\varsigma$"를 "실체"(substantia)가 아닌 "본질"(essentia)이라고 번역하는 것이 최선이라고 주장한다. 하지만 츠빙글리는 "실체"라고 번역하는 것도 허용하면서 믿음은 바라는 것들의 "본질" 또는 "실체"라고 해석한다.4 즉, 믿음은 "결정을 못하거나, 지금은 이것이라고 다른 때는 다른 것이라고 믿거나, 생각하는 마음에 가볍게 떠오르는 변덕스러운 개념이 아니라 영혼에 본질적인 것"이다.5 결국, 츠빙글리에 따르면 "$\dot{\epsilon}\lambda\pi\iota\zeta o\mu\dot{\epsilon}\nu\omega\nu\ \dot{\upsilon}\pi\acute{o}\sigma\tau\alpha\sigma\iota\varsigma$"은 바라는 것들의 "본질적인 사실" 또는 "본질"이라는 말로 가장 정확하게 해석될 수 있다.

한편 츠빙글리는 히브리서 11장 1절에 나오는 "바라는 것들"이란 우리가 "유일하게 소망을 둘 수 있는 최고의 신적 존재에 대한 완곡한 표현(periphrasis)"이라고 설명한다.6 "바라는 것들"이라고 복수로 표현한 이유는 독일어의 경우처럼 "의미의 확장"(amplificandum et augendum)을 위해 복수를 사용하는 히브리어의 방식을 따른 것이다. 마치 이것은 히브리인들이 유일한 하나님을 언급할 때에 '엘로힘'(אלהים)이라는 복수형 단어를 쓰는 것과 같은 방식이다. 츠빙글리는 이 표현이 여러 신이 있다는 개념을 소개하려는 것이 아니라 그들 언어의 표현양식에 따라 신의 이름을 존중하고 높이려는 의도로 쓰인 것이라고 설명한다.7

---

4 Huldrych Zwingli, "On the Providence of God," in *The Latin works and the correspondence of Huldreich Zwingli*, vol. 2, ed. William John Hinke, trans. Samuel M. Jackson (Philadelphia, The Heidelberg Press, 1922), 192-93; Huldrych Zwingli, *Opera*, vol. 4, part II (Zurich : F. Schulthess, 1841), 118.
5 Zwingli, "On the Providence of God," 193; Zwingli, *Opera*, 4-II, 118.
6 Zwingli, "On the Providence of God," 193; Zwingli, *Opera*, 4-II, 118.
7 Zwingli, "On the Providence of God," 193; Zwingli, *Opera*, 4-II, 118.

다음으로 츠빙글리는 1절의 후반부에 나오는 "$\pi\rho\alpha\gamma\mu\acute\alpha\tau\omega\nu\ \acute\epsilon\lambda\epsilon\gamma\chi\circ\varsigma\ o\grave{\upsilon}\ \beta\lambda\epsilon$ $\pi o\mu\acute\epsilon\nu\omega\nu$"(개역개정에 "보지 못하는 것들의 증거"로 번역된 부분)를 주석한다. 먼저 그는 "$\acute\epsilon\lambda\epsilon\gamma\chi\circ\varsigma$"의 번역을 위해서 "증거"(evidentiam)라는 단어를 사용한다. 츠빙글리는 이 단어가 헬라어 저술가들에 의해 이성의 확고한 근거로부터 오는 "증명, 증거, 그리고 확실성"이라는 뜻으로 사용되었음을 밝히며 이 단어를 "우리에게 분명하고 당연하고 명백한 확실성" 즉, "영혼의 명백한 빛과 확신"이라는 의미로 번역한다. 츠빙글리는 흔들리지 않는 증거와 확실성이라는 특성은 믿음이 본질적이고 실체적이라는 앞에 언급된 믿음에 대한 정의를 잘 보완하여 설명한다고 주장한다.[8]

이처럼 츠빙글리는 믿음이 허구가 아니라 신자 안에 진실로 존재하는 어떤 것임을 주장하며 믿음을 실재하는 "것"(res, thing)이라고 칭한다. 그에 따르면 "기독교인의 믿음은 육체의 건강처럼 신자의 영혼에서 느껴지는 것(res, thing)"이다.[9] 츠빙글리는 믿음의 '실재성'(tangibility)을 그의 저술 여러 곳에서 강조한다. 『하나님의 섭리에 관하여』에서도 그는 믿음이 "참되고 실체적인 것"(rem veram et essentialem)이라고 설명한다.[10] 즉, "믿음은 사실의 문제이지 지식이나 의견이나 상상의 문제가 아니다. 그러므로 사람은 그의 마음속에 있는 믿음을 느낀다."[11]

마지막으로 츠빙글리는 "$\pi\rho\alpha\gamma\mu\acute\alpha\tau\omega\nu\ o\grave{\upsilon}\ \beta\lambda\epsilon\pi o\mu\acute\epsilon\nu\omega\nu$"을 "보이지 않는 것들"이라고 해석한다. 그에 따르면 이 단어들은 많은 사람에 의해서 오해되고 있다. 예를 들어 어떤 사기꾼들은 터무니없는 이야기를 하면서도 자신들의 말을 믿어야

---

8 Zwingli, "On the Providence of God," 193; Zwingli, *Opera*, 4-II, 119.

9 Huldrych Zwingli, "Commentary on True and False Religion," in *The Latin works of Huldreich Zwingli*, vol. 3. ed. Clarence Nevin Heller (Philadelphia, The Heidelberg Press, 1929), 130.

10 Zwingli, "On the Providence of God," 193; Zwingli, *Opera*, 4-II, 119.

11 Zwingli, "On True and False Religion," 182.

하는 이유는 우리가 믿는 것은 보이지 않기 때문이라고 말한다. "성례전주의자들"(Sacramentarii)도 이 말씀을 왜곡하여 성례 자체에 능력이 있는 것처럼 주장한다. 가령, 성만찬에서 교황주의자는 빵이 실제로 예수의 몸으로 변하는 것은 눈에 보이지 않지만 믿음은 보이지 않는 것을 다루기 때문에 이 사실을 믿어야 한다며 화체설을 가르친다. 하지만 츠빙글리는 본문에 나오는 "보이지 않는 것들"은 유일신인 하나님에 대한 히브리적인 표현 중 하나라고 설명한다. 유대인들은 하나님을 복수 형태인 '보이지 않는 것들'이라고 부른다. 그에 따르면 골로새서 1장 15절, 디모데전서 1장 17절, 고린도후서 4장 17~18절 같은 성경 본문에서도 보이지 않는 것들은 하나님 자신과 그의 능력을 가리킨다. 따라서 츠빙글리는 "바라는 것들"과 마찬가지로 본문의 "보이지 않는 것들"은 하나님에 대한 "완곡한 표현"(periphrasis)이라고 설명한다.[12]

이상의 주해를 바탕으로 츠빙글리는 믿음을 다음과 같이 정의한다. "믿음은 오직 그분 안에만 올바르게 소망을 둘 수 있는 인간에게 부여된 진정하고 한결같은 것이다. 그것은 인간이 보이지 않는 하나님을 굳게 그리고 확실하게 신뢰하는(fidit) 것이다."[13] 그는 또한 믿음은 "영혼 안에 있는 확고하고 진실한 것으로 우리 영혼이 그것에 의해 하나님께로 인도받고 하나님 안에서 실망의 두려움 없이 소망하게" 하는 것이라고 설명한다.[14] 이와 유사하게 츠빙글리는 "믿음은 우리 소망과 기대의 대상이신 하나님께서 주신 영혼 안에 있는 진실하고 확고한 것"으로도 풀이될 수 있음을 밝힌다.[15] 요컨대, 그에 따르면 믿음은 "영혼의 확고하고 본질적인 확신

---

12 Zwingli, "On the Providence of God," 196; Zwingli, *Opera*, 4-II, 120-21.

13 Zwingli, "On the Providence of God," 196. "Fides est res vera et constans a numine, in quod solum recte speratur, homini data, qua certe et firmiter fidit invisibili deo." Zwingli, *Opera*, 4-II, 121.

14 Zwingli, "On the Providence of God," 193. "Fides est illud firmum et essentiale animi, quo fertur in deum, in quem speratur infallibiliter." Zwingli, *Opera*, 4-II, 119.

(fiduciam)"이며 인간은 언제나 이 확신 속에 "바라는 것(하나님을)을 전적으로 신뢰한다(fidit)." 그리고 오직 이 믿음에 의해서만 인간은 어떠한 실망의 두려움도 없이 하나님을 소망할 수 있다.16

『하나님의 섭리에 관하여』의 "믿음에 관하여"에서 츠빙글리는 히브리서 11장 1절 말씀 외에도 믿음과 관련된 다른 성경 본문 말씀을 통해서도 믿음을 정의하려고 노력한다. 츠빙글리는 히브리서 10장 22절의 "πληροφορία"의 의미를 근거로 믿음을 "하나님에 대한 분명하고 명백하고 확실한 지식(cognitio)이며 그분 안에서의 소망"이라고 정의한다.17 또한, 그는 하박국 2장 4절과 로마서 1장 17절에 나오는 "의인은 믿음으로 말미암아 살리라"라는 말은 의로운 사람의 생명은 하나님을 믿는 믿음에 있다는 것을 보여주는 것이라고 설명한다. 왜냐하면, 믿음은 "참으로 효력있고 현존하며 생명을 주는 약이어서 그것을 마시는 모든 사람은 구원을 받고 안전할 것이기 때문"이다.18

그렇다면 이상의 논의에서 나타나는 믿음에 관한 츠빙글리 사상의 특성은 무엇인가? 그것은 츠빙글리가 인간의 구원이라는 문제를 위해 가장 중요하게 생각하고 있는 신앙의 성격이 바로 "신뢰"(fiducia)라는 것이다.19 일반적으로 개혁파 신학

---

15 Zwingli, "On the Providence of God," 193. "Fides est essentiale ac firmum istud in animis nostris quod ab eo datum est, qui est spei nostrae res et expectatio." Zwingli, *Opera*, 4-II, 119.

16 Zwingli, "On the Providence of God," 193. "Sed firmam animi atque essentialem fiduciam, qua totus quantuscunque est fidit rebus sperandis, hoc est ei rei in quam unam ac solam infallibiliter speratur." Zwingli, *Opera*, 4-II, 118.

17 Zwingli, "On the Providence of God," 196. "...... evidens, plena et firma dei cognitio et in illum spes." Zwingli, *Opera*, 4-II, 121.

18 Zwingli, "On the Providence of God," 196-97; Zwingli, *Opera*, 4-II, 121. Cf. 『하나님의 섭리에 관하여』의 "믿음에 관하여" 장에 나오는 신앙에 대한 츠빙글리의 정의는 '믿음의 내용으로서의 신앙'(fides quae creditur) 보다는 '믿는 행위로서의 신앙'(fides qua creditur)에 주로 관계된 것임을 확인하게 된다. Christof Gestrich, *Zwingli als Theologe: Glaube und Geist beim Zürcher Reformator* (Zurich: Zwingli Verlag, 1967), 63. 물론 츠빙글리는 『67개조 논제에 대한 해설』(*Auslegung und Begründung der Thesen oder artikel*, 1523)과 같은 다른 저술에서는 '믿음의 내용으로서의 신앙'에 대해서도 상세하게 다룬다.

자들은 믿음이 '지식'(notitia), '동의'(assensus), '확신 또는 신뢰'(fiducia)라는 세 가지 요소로 구성되어 있다고 설명한다.[20] 이 점은 츠빙글리도 마찬가지다. 그에게 있어서 믿음의 본질은 개혁파 신학에서 말하는 지식, 동의, 그리고 확신 또는 신뢰라는 요소들을 모두 포함하고 있다.[21] 하지만 츠빙글리가 지식, 동의, 신뢰라는 믿음의 세 가지 본질에서 신뢰의 측면을 보다 강조하고 있다는 점은 그가 믿음의 성격을 설명할 때에 지식과 동의라는 요소에 대해서는 별다른 논의를 펼치지 않지만 앞서 살펴보았듯이 확신과 신뢰의 측면을 반복적으로 강조하여 언급하고 있다는 사실에서 분명하게 확인된다. 예를 들어, 츠빙글리는 "참으로 믿음은 그리스도를 믿는 것이고 그에게 확고한 믿음과 전적인 신뢰를 두는 것"이라고 역설한다.[22] 또한, 츠빙글리가 개인적 신앙을 가리킬 때 항상 사용하는 독일어

---

19 Robert W. A. Letham, "Saving Faith and Assurance in Reformed Theology: Zwingli to the Synod of Dort," vol. 1. (Ph.D. Thesis: University of Aberdeen, 1979), 35.

20 Heinrich Heppe, *Reformed Dogmatics: Set out and illustrated from the Sources*, ed. Ernst Bizer (Grand Rapids: Baker Book House, 1978), 527-33; Richard A. Muller, *Dictionary of Latin and Greek Theological Terms*, Second Edition (Grand Rapids: Baker Book House, 2017), 121.

21 츠빙글리는 다음과 같이 신앙에는 지식과 신뢰라는 두 가지 요소가 있다고 언급한다. "믿음은 하나님을 알고 그에게 전적인 신뢰를 두고, 그를 경외하며 예배하는 것이다. 그러므로 이 믿음에서 비롯되고 실현되는 어떤 미덕이든 참되고 견고하다. 왜냐하면, 믿음은 신의 인식 또는 지식과 그를 의심없이 믿고 의지하는 두 가지를 포함하기 때문이다." "Fides nihil aliud est quam deum cognoscere & ei tota fiducia haerere, eum metuere, revereri, colere. Quaecunque ergo virtutes ex hac fide nascuntur & fiunt, verae & solidae sunt. Nam duo complectitur fides, cognitionem vel scientiam dei, & illi indubitato fidere & haerere." Zwingli, *Opera*, 4-II, 219. 여기에서 츠빙글리는 동의의 요소에 관해 직접적인 언급을 하지는 않는다. 하지만 이러한 츠빙글리의 설명이 믿음의 본질에서 동의의 요소를 제외하고 있는 것은 아니다. 츠빙글리는 구원하는 믿음의 지식 안에 이미 감정적 요소인 동의가 포함되어 있기에 동의를 지식과 따로 구분하여 강조하지 않는다고 보는 것이 더 타당하다. 즉, 츠빙글리는 동의를 지식과 따로 구별하여 강조하지는 않았으나 동의가 이미 인격적 지식 안에 포함된 믿음의 본질로 여긴 것이다.

22 "Hoc enim est in Christum credere, tota se fiducia & firma fide in eum coniicere……" Zwingli, *Opera*, 4-II, 292. 또 다른 실례로 츠빙글리는 믿음이 우리의 시선을 우리의 구원자이신 그리스도에게로 향하는 것이며 우리의 신뢰와 소망을 그리스도에 두는 것이라고 설명한다. Huldrych Zwingli, "Expositio et Confirmatio Articulorum Sive Cconclusionum" in *Opera*, vol. 1, (Zurich : F. Schulthess, 1829), 347.

"glauben"은 단순한 의미로 "믿는다"(to believe)라는 의미가 아니라 개인적이고 의지적인 헌신의 의미를 담은 "믿는다"(to confide in), "의지하다"(to lean on), "신뢰하다"(to trust)의 의미를 담고 있다는 점도 이를 뒷받침한다.23

그런데 좀 더 세밀하게 말해서 츠빙글리가 말하는 신뢰는 단순한 신뢰가 아니라 '확신을 동반한 신뢰' 또는 '확신에 찬 신뢰'이다.24 앞으로 "믿음과 구원의 확신" 부분에서 상세히 논의하겠지만 츠빙글리는 하나님의 은혜에 대한 신뢰의 믿음은 필연적으로 확신을 동반하게 된다고 본 것이다. 물론 이는 츠빙글리만의 고유한 사상이 아니다. 일반적으로 16~17세기 개혁파 신학자는 구원의 확신을 부정하는 로마 가톨릭의 가르침에 대항하여 하나님에 대한 신뢰가 개인적 신앙의 확신을 수반한다는 사실을 역설하였다.25 결과적으로 츠빙글리가 믿음을 어떤 개인이 하나님께 확신에 찬 신뢰를 두는 것으로 이해했다는 점에서 그에게 믿음은 '개인적'(individual)이고 '적극적'(active)이며 '의지적'(volitional)인 성격을 갖는다고 할 수 있다.26

정리하건대, 츠빙글리에게 '신뢰'(fiducia)는 신앙에서 가장 본질적인 특성이다.27 그에게 진정한 구원적 신앙은 최대한의 개인적 헌신을 통해 하나님께 의존하

---

23 Letham, "Saving Faith and Assurance in Reformed Theology," 34.

24 Zwingli, "On the Providence of God," 193. "Sed firmam animi atque essentialem fiduciam, qua totus quantuscunque est fidit rebus sperandis, hoc est ei rei in quam unam ac solam infallibiliter speratur." Zwingli, *Opera*, 4-II, 118.

25 믿음과 확신과 신뢰의 관계에 대한 개혁주의 입장에 관해서는 다음을 참고하라. Louis Berkhof, *Systematic Theology*, 권수경 & 이상원 역, 『조직신학』, 하권 (서울: 크리스천 다이제스트, 2000), 756; Herman Bavinck, *Gereformeerde dogmatiek*, 박태현 역, 『개혁교의학』, 4권 (서울: 부흥과 개혁사, 2011), 149.

26 Huldrych Zwingli, "Concerning Choice and Liberty Respecting Food-Concerning Offence and Vexation-Whether Any One Has Power to Forbid Foods at Certain Times Opinion of Huldreich Zwingli," in *The Latin works and the correspondence of Huldreich Zwingli*, vol. 1, ed. Samuel M. Jackson, trans. Henry Preble, Walter Lichtenstein, and Lawrence A. McLouth (New York & London: The Knickerbocker Press, 1912), 79.

는 것이다.[28] 참된 신앙은 유일하게 참된 하나님을 예배하고 하나님께 붙어있고 하나님을 의지하는 오직 하나님에 대한 신뢰이다.[29] 형통할 때는 하나님을 고백하다가 시험이 오면 하나님을 버리고 배반하는 믿음은 진실한 믿음이 아니다. 상황과 상관없이 신실하게 하나님만 바라보는 신앙이 곧 참된 신앙의 특성이 되는 것이다.[30] 믿음의 성격에 대한 츠빙글리의 이러한 이해는 믿음을 객관적 기독교 진리들에 대한 인지적 동의로 정의하던 당시 로마 가톨릭의 입장과는 분명하게 구분된다.[31]

그렇다면 우리가 하나님께 신뢰를 둘 수 있는 근거는 무엇인가? 츠빙글리는 그가 참된 하나님이기에 그 안에 우리의 신뢰와 소망을 둘 수 있다고 설명한다. 더욱이 예수 그리스도께서 참된 인간이 되셨고 하나님을 우리와 화해시키고 하나님의 공의를 만족시키기 위해 십자가에서 돌아가셨다. 그러므로 츠빙글리는 우리는 하나님의 유일한 독생자의 보증을 통하여 분명한 신뢰와 함께 하나님의 은혜와 자비의 보좌로 더 가까이 나아갈 수 있게 되었고 하나님의 은혜는 그리스도를

---

27 이는 개혁파 신학 전통의 일반적인 입장으로 개혁파 신학자들은 'fiducia'를 믿음의 의지적 요소이자 믿음의 본질로 본다. Berkhof, 『조직신학』, 505; Heppe, *Reformed Dogmatics*, 532-33; Muller, *Dictionary of Latin and Greek Theological Terms*, 120-21, 123.

28 Huldrych Zwingli, *Opervm D. Hvldrichi Zvinglii, Vigilantissimi Tigvrinae Ecclesiae Antistitis, Partim Qvidem Ab ipso Latine conscriptorum, partim uero e uernaculo sermone in Latinum translatorum Pars ...* vol. 2 (Tiguri, 1581), 484B.

29 Zwingli, *Opervm D. Hvldrichi Zvinglii*, 2, 370B, 484B, 506B.

30 Zwingli, "On the Providence of God," 200.

31 이러한 사상은 트렌트 공의회(Concilium Tridentinum, 1545-1563)의 선언에서 분명하게 나타나는데 트렌트 공의회는 그리스도를 믿음으로써 죄의 용서를 받는다는 관점에서 신앙의 성격을 이해하는 종교개혁가들의 주장을 거절한다. 그 대신 믿음을 기독교 교리들에 대한 단순한 인지적 동의라고 규정하는데 이 믿음은 심지어 구원하는 은혜가 부재한 상태에서도 가능하다고 선언하였다. *The Westminster Handbook to Theologies of the Reformation*, ed. R. Ward Holder (Louisville, KY: Westminster John Knox Press, 2010), 69. Cf. 중세의 믿음에 대한 교리를 위해서는 다음을 참고하라. *The Westminster Handbook to Medieval Theology*, ed. James R. Ginther (Louisville, KY: Westminster John Knox Press, 2009), 64-66.

통해 우리에게 확실한 것이 되었다고 주장한다.[32]

　요컨대 츠빙글리에 따르면 참된 믿음은 신자의 영혼 속에서 실재하는 '것'으로서 그리스도를 구주로 믿음으로써 하나님을 아버지로 고백하게 하는 구원의 믿음이다. 이때 가장 중요한 믿음의 특성은 그리스도의 공로와 이에 근거한 하나님의 사랑과 자비하심에 대한 개인적인 신뢰이다. 이러한 신뢰의 믿음을 가질 때 인간은 그리스도를 통해 하나님께 나아갈 수 있고 하나님과 올바른 관계를 회복할 수 있다. 따라서 하나님에 대한 어떤 사변적인 지식이나 실제 삶과는 상관없는 추상적인 생각은 믿음과 상관이 없다. 성경 말씀을 단순히 동의하는 수준의 믿음도 죄인을 구원하는 참된 믿음이라고 할 수 없다. 확신을 동반하는 신뢰의 믿음만이 참된 믿음이며 이 믿음을 통해 구원 즉, 하나님과의 관계 회복에 이를 수 있다. 물론 믿음에 대한 츠빙글리의 이러한 이해가 반지성적인 경향을 내포하는 것은 절대 아니다. 츠빙글리는 믿음의 요소로서 하나님에 대한 지식을 분명하게 포함하고 있다. 핵심은 츠빙글리가 믿음의 중심을 마음의 확신과 신뢰에서 찾으려고 한다는 점이다.

　한편 신뢰의 중요성을 강조하는 믿음에 대한 츠빙글리의 이해는 마틴 루터(Martin Luther, 1483-1546), 존 칼빈(John Calvin, 1506-1564) 등과 같은 다른 종교개혁가들의 주장에서도 쉽게 발견된다. 16세기 종교개혁자에게 구원하는 믿음은 단순한 지식이나 인지적 동의가 아니라 그리스도의 십자가 공로 덕분에 인간의 죄가 용서받는다는 사실에 대한 개인적이고 주관적인 확신과 신뢰다.[33] 가령 칼빈에 따르면 진정한 구원적 신앙은 복음의 약속에 대한 지식적 동의로만 보지 않는다. 믿음은 온 마음으로 그리스도를 신뢰하는 것이고 그리스도를 통해서 하나님을 신뢰하는 것이다. 그리고 신자는 믿음으로 의롭다고 여김을 받고, 거룩해지며, 영화롭게 된다.[34] 따라서 조엘 비키(Joel Beeke)는 칼빈에게 믿음은 "구원에

---

32 Zwingli, "On the Providence of God," 197.
33 *The Westminster Handbook to Theologies of the Reformation*, 69.

이르게 하는 확실한 지식과 구원에 이르게 하는 확신에 찬 신뢰가 결합되어 있는 것"이라고 정리한다.[35] 이같이 16세기 종교개혁자들에게 기독교 신앙은 예수 그리스도를 통해 신실하신 사랑과 값없는 은혜를 베풀어 주시는 하나님에 대한 전적인 신뢰이다. 이들은 맹목적인 믿음에 맞서 '믿음은 지식'이라고 하였고, 믿음을 지식의 단순한 동의라고 한 것을 반박하여 '믿음은 확신에 찬 신뢰'라고 하였다. 다시 말해 이 믿음은 교회의 가르침이나 일련의 종교적 신앙과 행습에 대한 맹목적인 순응과는 다른 것으로, 복음에 나타난 하나님의 약속을 자유롭고 온 맘을 다해 신뢰하는 것이라고 할 수 있다.

2. 신앙과 칭의[36]

츠빙글리는 복음을 "오직 그리스도를 믿는 믿음으로 구원을 받는다는 좋은 소식"으로 정의한다.[37] 따라서 믿음을 갖는다는 것은 복음의 약속들을 받아들이는 것을 통해서 생명을 얻는다는 것을 의미한다. 우리는 여기에서 그가 오직 믿음만이 인간의 구원과 의로움의 "근거"(causa)가 된다는 종교개혁의 원리를 충실하게 따르고

---

34 John Calvin, *Institutes of the Christian Religion*, vol. 1, ed. John T. McNeill trans. Ford Lewis Battles (Philadelphia: The Westminster Press, 1960), III. ii.6, III.ii.12, III.ii.15, III.ii.16.

35 Joel R. Beeke, "Does Assurance Belong to the Essence of Faith? Calvin and Calvinists," *The Master's Seminary Journal*, 5/1 (Spring, 1994), 49.

36 "신앙과 칭의"에서 앞부분의 논의는 필자의 선행 연구인 유정모, "울리히 츠빙글리의 칭의론," 개혁주의학술원 편, 『종교개혁과 칭의』(부산: 고신대학교출판부, 2023), 44-47에 많은 빚을 지고 있음을 밝혀둔다.

37 Huldreich Zwingli, "Defence Called Archeteles, in which Answer is Made TO AN Admonition that the Most Reverend Lord Bishop of Constance (being Persuaded thereto by the Behaviour of Certain Wantonly Factious Persons) Sent to the Council of the Great Minster at Zurich Called the Chapter," in *The Latin works and the correspondence of Huldreich Zwingli*, vol. 1, ed. Samuel M. Jackson, trans. Henry Preble, Walter Lichtenstein, and Lawrence A. McLouth (New York & London: The Knickerbocker Press, 1912), 275.

있음을 확인할 수 있다. 이에 관하여 츠빙글리는 『아르케텔레스라 불리는 변호』 (*Defence Called Archeteles*)에서 다음과 같이 진술한다.

> 참으로 우리는 우리를 위해 흘리신 그리스도의 보혈을 자랑한다... 그리스도께 서 그 자신의 피로 교회를 구원하셨다는 선언에... 꼭 붙어있으라. 왜냐하면, 그것이 구원의 공식이기 때문이다. 그러므로 그것을 확신있게 믿는 사람은 누구 든지 그가 자신의 피로 사신 그리스도의 교회에 속한다. 왜냐하면, 오직 믿음만 이 구원의 근거(causa)이기 때문이다. 믿는 자는 영원히 죽음을 보지 않을 것이다.[38]

이처럼 죄인인 인간이 의롭다함을 받는 유일한 길이 오직 예수 그리스도를 믿는 믿음에 있다는 츠빙글리의 사상은 그의 저술 여러 곳에서 발견된다. 특히 1522년 이후에 발간된 저술에서 그의 이신칭의 사상은 반복적으로 분명하게 나타난다.[39] 예를 들어, 츠빙글리는 1523년 출간된 『간추린 기독교 입문』(*A Short Christian Introduction*)에서 로마서 8장 10절을 주해하면서 다음과 같이 역설한다.

> 이 칭의는 오직 어떤 사람을 하나님의 은혜에 두고 그 은혜에 헌신시키는 것이 다. 이것이 참된 믿음이다. 따라서 바울의 의견은 우리의 육신이 항상 죽었고 사망과 죄의 행위를 낳게 되었다는 것이다. 하지만 만약 우리가 믿음 안에서 의로워지고 그래서 주 예수 그리스도를 통해서 하나님의 은혜를 확실하게 신뢰 한다면 이러한 죄들은 우리를 정죄할 수 없다.[40]

---

[38] Zwingli, "Defence Called Archeteles," 281-82.
[39] 박상봉은 루터와 비교할 때 츠빙글리의 칭의에 대한 논의는 덜 구체적이고 칭의나 의롭게 됨이라는 용어 자체도 매우 제한적으로 사용했으나 "기본적으로 루터의 입장을 존중하며 칭의를 정의"했고 "츠빙글리의 칭의와 루터의 칭의는 근본적으로 일치"한다고 주장했다. 박상봉, "그리 스도의 능동적 순종과 의의 전가에 대한 종교개혁자들의 견해: 루터, 츠빙글리, 칼빈을 중심으 로", 「신학정론」제39권 2호 (2021), 137.

한편 츠빙글리의 저술 중 이신칭의 교리가 가장 분명하게 논의되는 곳은 1530년에 출간된 『하나님의 섭리에 관하여』이다.[41] 여기에서 츠빙글리는 로마서 8장 30절의 "의롭다 하시고"가 "용서하시고"로도 번역될 수 있다고 가르치면서 칭의를 죄용서의 관점에서 해설한다.[42] 그러면서 츠빙글리는 죄인인 인간은 오직 믿음으로 죄 용서함과 의롭다 함을 받는다고 주장한다.

> 지금, 믿음의 칭의 말고 어떤 다른 칭의가 있는가? 그리스도와 사도들은 믿음의 칭의 말고는 다른 어떤 칭의(iustificationem) 또는 죄사함(absolutionem)이 없다는 사실을 보여주는 것을 그들 가르침의 전체 목표로 삼았다... 그리고 믿음을 가진 사람은 의롭게 된다. 즉 죄사함을 받는다(iusti, hoc est: absoluti sunt). 따라서 의롭게 된 사람은 어떤 정죄도 받지 않게 된다. 하지만 이것은 마치 믿음이 하나의 공로가 되어서 죄용서가 이에 따른 적절한 보상이 되는 것을 의미하는 것은 아니다. 하나님을 믿는 사람들은 의심의 여지가 없이 그의 아들을 통해 하나님과 화목하게 되었고 그들의 죄의 기록은 도말되었기 때문이다.[43]

츠빙글리에 따르면 오직 믿음으로 인간이 의롭게 된다는 사실이 그리스도와 사도들이 그들의 가르침에서 말하고자 했던 핵심내용이었다.[44] 따라서 츠빙글리는

---

40 Huldrych Zwingli, "A Short Christian Introduction," in *Huldrych Zwingli Writings*, vol. 2, *In Search of True Religion: Reformation, Pastoral and Eucharistic Writings*, trans. H. Wayne Pipkin (Eugene, OR: Pickwick Publications, 1984), 59.

41 유정모, "울리히 츠빙글리의 칭의론," 45.

42 Zwingli, "On the Providence of God," 197-98. Cf. 츠빙글리에게 칭의는 예수 그리스도의 대속사역과 분리되지 않는다. 가령 츠빙글리는 『67개 논제에 대한 해설』 2조 항에서 그리스도의 속죄 사역을 하나님의 은혜로 값없이 얻은 칭의의 근거로 이해했다. Zwingli, *Opera*, 1, 201-02.

43 Zwingli, "On the Providence of God," 198.

인간의 행위가 인간을 의롭게 하지 못한다는 주장을 일관되게 펼친다.[45] 특히 로마 가톨릭의 가르침에 대항하여 세례나 성례 자체가 인간을 의롭게 하는 것도 아님을 강조한다. 예를 들어, 1530년 발표된 『에크의 모욕에 관련하여』(*Regarding the Insults of Eck*)에서 인간의 죄용서는 오직 십자가에서 흘리신 그리스도의 보혈에 의해서만 가능하고 성례는 사람을 의롭게 하거나 구원할 수 없다고 단언한다.[46] 믿음과 칭의는 어떤 외면적 예식 자체에서 오는 것이 아니고 오직 인간을 자신에게로 이끄시는 하나님이 주시는 믿음에 의해서 의롭다함을 받는다는 것이다.[47]

그렇다면 그리스도의 구속 사역에 대한 믿음을 통하여 의롭게 될 때 인간에게 구체적으로 어떤 일이 일어나는가? 츠빙글리는 그리스도의 의가 죄인에게 전가된다고 가르친다. 그는 『참 종교와 거짓 종교에 대한 주해』에서 다음과 같이 진술한다.

우리는 육체의 연약함으로 인하여 율법의 행위를 통해 구원을 받을 수 없을 때, 하나님께서 죄의 질병을 제외하고는 모든 면에서 우리 연약한 육체와 같은 육체를 취하신 그의 아들을 보내셨다. 그는 매일 우리 안에서 수없이 많은 죄를 불러일으키는 이 병을 정죄하셨다. 그 아들은 자신의 육체를 통해 이 병을 정죄했는데, 즉 그분은 인간적인 연약함을 따라 우리를 위해 죽음을 겪으셨다. 누구도 성취할 수 없는 율법의 의로움이 그분의 도움을 통하여 우리 안에서 성취되었

---

44 Zwingli, "On the Providence of God," 198.

45 *Zwingli and Bullinger: Selected Translations with Introductions and Notes,* The Library of Christian Classics, vol. 24, ed. & trans. G. W. Bromiley (Philadelphia: The Westminster Press, 1953), 138-39. Cf. 물론 츠빙글리는 성례에의 참여가 구원받은 사람의 신앙을 성장하게 하는 유익을 준다는 사실을 부인하지 않는다. *Zwingli and Bullinger,* 263.

46 Zwingli, "Regarding the Insults of Eck," 111.

47 물론 츠빙글리는 성례에의 참여가 구원받은 사람의 신앙을 성장하게 하는 유익을 준다는 사실을 부인하지 않는다. *Zwingli and Bullinger,* 263.

다. 왜냐하면, 그리스도께서 행하시고 짊어지신 모든 것은, 그분이 우리를 위해 담당하신 것이기 때문이다. 그러므로 우리가 육체대로 살지 않고, 영으로 산다면 그리스도의 의가 우리의 의가 된 것이다.[48]

츠빙글리에게 칭의는 오로지 값없이 주어지는 죄 사함과 고결한 그리스도의 의의 전가에 있다. 그에 따르면 이신칭의는 로마 가톨릭의 가르침과 달리 그리스도의 의가 인간에게 주입되는 것이 아니라 전가되는 것이다. 그는 칭의를 "오직 하나님의 은혜 안에서 예수 그리스도의 대속사역에 근거하여 값없이 주어지는 죄사함과 의의 전가로 이해했다."[49]

요컨대 츠빙글리의 칭의론은 1522년 이후 발표된 저술들에서 명확하게 나타나는데 그 핵심내용은 칭의는 오직 믿음으로 가능하다는 것이다.[50] 그리고 이 칭의는 인간의 선행이 아닌 오직 그리스도의 십자가 공로를 의지하는 자를 하나님께서 용서하시고 의롭다고 선언하시는 '법정적인'(forensic) 성격을 강하게 반영한다.[51] 따라서 츠빙글리에게 복음의 핵심은 인간이 자신의 의로움이 아닌 오직 그리스도의 의가 인간에게 돌려지기 때문에 죄책에서 면죄되고 의롭다고 간주되는 것에 있다. 믿음과 칭의에 대한 츠빙글리의 이러한 이해는 칭의는 오직 믿음이 칭의의 "토대"(foundation)가 된다는 의미에서만 믿음에 의해서이고 하나님께서 기독교인들에게 행하라고 능력을 주신 "믿음 소망 그리고 선행과 개념적으로 분리된 오직

---

48 Zwingli, "Commentary on True and False Religion," 147-48.

49 박상봉, "그리스도의 능동적 순종과 의의 전가에 대한 종교개혁자들의 견해," 147

50 Huldrych Zwingli, "Letter of Huldreich Zwingli to the Most Illustrious Princes of Germany Assembled at Augsburg, Regarding the Insults of Eck," in in *The Latin works and the correspondence of Huldreich Zwingli*, vol. 2, ed. William John Hinke, trans. Samuel M. Jackson (Philadelphia, The Heidelberg Press, 1922), 113.

51 Jaeschke, "The Application of Redemption in the Theology of Huldrych Zwingli," 128; 132, 139, 288, 302-03, 366; Walther Eisinger, "Gesetz und Evangelium bei Huldrych Zwingli" (Dr.theol. diss., University of Heidelberg, 1957), 221; Gestrich, *Zwingli als Theologe: Glaube und Geist beim Ziircher Reformator*, 162.

믿음은 죄인을 의롭게 하지도 구원을 가져오지도 못한다."라고 하였던 트렌트 공의회의 선언과는 분명히 구분되는 것이었다.[52]

이상과 같은 믿음과 칭의의 관계에 대한 츠빙글리의 이해는 다른 16세기 종교개혁자의 사상에서도 동일하게 발견된다. 가령 칼빈은 1543년 『기독교 강요』에서 인간은 오직 믿음으로 죄용서를 받고 의롭다함을 받는다고 주장하며 다음과 같이 칭의의 성격을 설명한다. "그러므로 우리는 칭의를 하나님이 자신의 호의를 따라 우리를 의인으로 받아들이는 받아 주심으로 설명할 수 있다. 그리고 칭의는 죄 사함과 그리스도의 의의 전가에 있다고 말할 수 있다."[53] 칼빈은 1559년 『기독교 강요』에서도 의의 전가를 통한 법적인 칭의의 성격에 대해 다음과 같이 분명하게 진술한다. "우리가 하나님 앞에서 의롭게 되는 것은 오직 그리스도의 의의 중재로 말미암아서 이루어진다는 것이 분명하다. 이것은 사람이 자신 안에서 스스로 의롭게 된 것이 아니라 그에게 그리스도의 의가 전가됨으로 말미암아서 의롭게 되는 것과 같다."[54] 이와 같이 칼빈은 그의 저술 여러 곳을 통해 죄인인 인간은 실제로 의롭게 되는 것이 아니라 그리스도의 의의 전가를 통하여 의롭게 된 것으로 간주된다는 칭의의 법적 성격을 강조한다.[55] 이처럼 루터, 마틴 부써(Martin Bucer,

---

[52] *The Westminster Handbook to Theologies of the Reformation*, 69. Cf. 중세 이후 로마 가톨릭은 믿음에 사랑이 덧붙여지지 않은 '형성되지 않은 믿음'(unformed faith) 사랑이 덧붙여진 '형성된 믿음'(formed faith)을 구분하면서 전자는 단순히 구원 과정의 시작이고 구원에 이르는 믿음은 오직 사랑에 의해서 형성된 믿음이라고 가르쳤다. 이러한 바탕 위에서 트렌트 공의회는 신인협력적 구원론을 선언했다. *The Westminster Handbook to Theologies of the Reformation*, 69.

[53] Herman Selderhuis ed, *The Calvin Handbook*, 김귀탁 역, 『칼빈 핸드북』 (서울: 부흥과 개혁사, 2008), 580에서 인용.

[54] Calvin, *Institute*, III.ii.23. "알다시피 우리의 의는 우리 안에 있는 것이 아니고 그리스도 안에 있는 것이다. 따라서 우리가 의를 소유하는 것은 우리가 오직 그리스도 안에 참여한 자들이 기 때문이다." Calvin, *Institute*, III.ii.23.

[55] 칼빈은 칭의를 전적으로 법적인 측면에서 해석한다. J. van Genderen & W. H. Velema, *Concise Reformed Dogmatics* (Phillipsburg, New Jersey: P&R Publishing Company, 2008), 628.

1491-1551), 테오도르 베자(Theodore Beza, 1519~1605), 하인리히 불링거 (Heinrich Bullinger, 1504-1575)와 같은 종교개혁자들은 로마 가톨릭과 달리 칭의를 실제로 거룩하게 되거나 의롭게 되는 변화의 과정으로 보지 않았다. 이들은 츠빙글리와 연속성을 가지고 성경에 기술된 그리스도를 통한 구원의 약속을 믿고 신뢰할 때에 그리스도의 의가 그 사람에게 전가되고 하나님께서는 그리스도의 전가된 의에 근거해 하나님 앞에 나아오는 자들을 의롭고 간주하시고 구원받기에 합당하게 여기신다고 가르쳤다.

3. 신앙의 결과

츠빙글리는 그리스도를 의지하는 신앙의 결과가 구체적으로 무엇이라고 설명하는가? 그에 따르면 모든 인간은 하나님의 법을 어겨서 하나님과의 관계성을 잃어버렸고 죄의 노예가 되어 영원한 죽음의 형벌을 받게 되었다. 하지만 절망스러운 상황에 있는 인간에게 예수 그리스도께서 구원의 소망이 되셨다. 우리를 위해 구속 사역을 감당하신 그리스도를 믿음으로 말미암아 죄용서를 받고 의롭게 되는 길이 열린 것이다. 따라서 어떤 사람이 믿음을 가지게 되면 그 사람은 의롭다 함, 즉, 죄 사함을 받고 따라서 어떠한 형벌도 받지 않는다.[56] 하나님을 믿는 사람은 의심의 여지가 없이 그의 아들을 통해서 하나님과 화목하게 되고 골로새서 2장 14절에서 말하는 것처럼 그들의 죄의 기록은 완전히 도말된다. 하나님과 인간 사이를 내고 영생에 들어가는 것을 방해하는 것은 오직 인간의 죄다. 그런데 믿는 자는 우리 죄를 용서받음으로써 마치 수문이나 댐이 열리면 물이 한꺼번에 그 밑으로 흐르는 것처럼 하나님의 은혜에 도달하게 되는 것이다.[57] 이러한 죄용서의 결과에 대해

---

[56] Zwingli, "On the Providence of God," 198.
[57] Zwingli, "On the Providence of God," 198.

츠빙글리는 다음과 같이 말한다.

아무도 하나님의 선택받은 사람을 고소할 수 없다. 우리는 이미 죄에서 자유롭게 되었다. 믿음의 빛은 우리에게 죄가 있다는 말을 거부하고 우리를 변호할 것이다. 또한, 우리가 솔직하게 죄를 지었다고 고백하고 우리의 행위를 회개하면 무한히 선한 하나님은 우리를 용서해 줄 것이다.[58]

이처럼 츠빙글리에 따르면 칭의는 죄사함을 포함한다. 하지만 칭의는 하나님의 은혜의 관점에서 단순히 죄를 용서해주고 또한 죄에 대한 책임을 법적으로 면제해주는 것 이상을 의미한다. 그것은 의롭다고 선언된 사람이 하나님과 화목한 관계를 맺는 것과 더불어 그의 신분이 죄인에서 의인으로 변화되는 것과도 연결된다. 그러므로 이 칭의는 하나님과의 관계가 올바로 회복되었다는 것을 함의한다. 한마디로 믿음을 소유한 죄인은 하나님 자녀의 신분으로 회복되는 것이다. 이제 신앙인은 죄의 대속을 통해 죄와 결별하고 하나님 아버지의 소유된 백성으로 그분과 동행하는 삶을 산다. 결국, 하나님의 은혜로 신앙을 갖게 된 인간은 하나님께 전적으로 헌신된 인생으로 변화된다. 이에 대해 츠빙글리는 다음과 같이 진술한다.

하나님이 인간에게 은혜를 베푸셔서 하나님의 아들이 우리의 죄 때문에 희생 제물이 되셨다는 것을 믿게 되면 인간의 영혼은 하나님의 선하심을 맛보는 것에 매혹당하고 죄의 해로운 영향을 오직 그리고 유일하게 제거하는 하나님을 신뢰하게 된다. 인간의 영혼은 오직 그리고 유일하게 하나님께 헌신하게 되고 하나님을 위해 살고 죽으려는 준비가 된다. 그렇게 되면 인간의 영혼을 정죄할 수 있는 것은 없다.[59]

---

58 Zwingli, "On the Providence of God," 199.
59 Zwingli, "On the Providence of God," 198.

이외에도 츠빙글리에 따르면 믿음은 신자에게 다음의 두 가지 유익을 가져온다고 설명한다. 첫째, 믿음은 성도들에게 "영혼의 빛이며 안전"이 된다. 즉, 이 믿음에 의해서 우리는 한 분 참 하나님이 "영혼의 구원이며 풍요의 뿔"이 되신다는 사실을 알게 된다. 그리고 이 믿음에 의해서 성도는 하나님이 "참으로 부요하셔서 모든 것을 가지고 계시고 모든 것을 할 수 있으시고 참으로 자비하시고 친절하셔서 우리에게 모든 것을 기꺼이 주시며 주시기를 기뻐하신다"는 것을 깨닫게 된다. 왜냐하면, 하나님은 독생자를 우리에게 주셨고 이로써 우리가 그분의 부요함에 참여할 수 있게 되었기 때문이다. 둘째, 성도들에게 믿음은 "영혼의 빛과 양식"이며 "생명과 힘"이 된다. 따라서 성도는 이 믿음을 가지고 하나님을 경외하면서 역경 속에서 자신을 보호하고 모든 어려움을 이겨 낼 수 있다.[60] 특히 성도는 믿음으로 마귀를 대적하고 영적 싸움에서 승리할 수 있다.

> 믿음은 가장 강력한 무장을 하고 우리를 도와주러 달려와서 사탄과 원수를 몰아내고 무찌를 뿐만 아니라 도망가게 만든다. 사탄이 매번 일곱 마리의 악령을 데리고 돌아와 공격하려고 해도 사탄은 믿음을 이길 수 없다. 진정한 믿음을 가진 사람은 주님을 신뢰하고 자신에게 가해지는 육체의 모든 공격을 절대로 두려워하지 않기 때문이다.[61]

요컨대 츠빙글리에 따르면 인간은 믿음으로 모든 죄를 용서받음으로써 사단의 정죄에서 자유롭게 된다. 그리고 하나님을 신뢰하며 믿음으로 의롭게 된 인간은 이제 하나님과의 화평한 관계 속에서 하나님의 풍성한 은혜를 누리고 하나님의

---

60 Zwingli, "On the Providence of God," 197.
61 Zwingli, "On the Providence of God," 199.

보호하심 가운데 안전히 거하게 된다. 궁극적으로는 믿음의 결과로 하나님의 자녀가 된 신자는 천국에서 하나님의 "영원한 영광의 상속자"가 된다.[62]

4. 하나님의 선물로서의 믿음

츠빙글리에 따르면 믿음은 인간에게 구원의 유일한 도구적 원인이 되고 믿음을 통해 인간은 하나님의 풍성한 은혜의 유익을 누리게 된다. 그런데 그는 이 믿음은 인간에게서 나오는 것이 아니라 하나님의 선물이라고 강조한다.

> 하지만 이 능력은 인간에게서 나오지 않는다(왜냐하면, 그렇지 않다면 모든 사람이 가능한 가장 큰 믿음을 가지길 소망할 것이기 때문이다). 왜냐하면 모든 사람이 믿음을 갖지 않기 때문이다. 믿음은 오직 하나님에게서 오기 때문이다. 바울은 믿음은 성령에게서 온다고 말했다(갈 5:22). 땅에 속한 사람은 땅의 생각을 가지고 살고 위로부터 거듭난 사람은 하늘의 생각을 가지고 산다. 땅의 것을 내려놓아라. 만약 사람이 오직 땅의 것만 생각하고 사모한다면 사람이 어디에서 믿음을 얻을 수 있겠는가? 따라서 믿음은 하나님이 주시는 선물이다.[63]

믿음은 인간의 이성이나 지식의 결과가 아니다. 믿음은 하나님께서 역사하신 결과이고 신자의 마음속에 믿음을 불러일으키는 것은 성령이시다. 그러므로 인간이 믿음으로 구원을 받는다는 것은 마치 "믿음이 하나의 공로이고 그 보상으로 죄 용서가 마땅하다는 의미가 아니다."[64] 믿음은 오직 하나님의 선물이다. 요한복음

---

62 Zwingli, "On the Providence of God," 198.
63 Zwingli, "On the Providence of God," 197.
64 Zwingli, "On the Providence of God," 198.

6장 44절은 아무도 하나님께서 이끌지 아니하면 내게 올 자가 없다고 하셨다. 그렇다면 누구에게 이 믿음이 주어지는가? 츠빙글리는 다음과 같이 믿음은 인간에게서 나오는 것이 아니고 하나님께서 미리 선택된 자에게 주시는 하나님의 선물임을 역설한다.

> 믿음은 선택되었고 영원한 생명으로 작정된 사람에게 주어진다. 그래서 선택이 앞서고 믿음은 선택의 상징으로 선택을 따라온다. 로마서 8장 30절은 그리하여 하나님께서 이미 정하신 사람들을 부르시고, 또한 부르신 사람들을 의롭게 하시고, 의롭게 하신 사람들을 또한 영화롭게 하셨다고 말한다. 바울의 이 진술은 우리의 논지에 놀랍게도 명백한 빛을 던져준다. 왜냐하면, 바울은 하나님의 결정과 작정이 우리가 영원한 영광이 되는 것의 기원과 원인이 된다는 것을 보여주길 소망하기 때문이다.[65]

츠빙글리에 따르면 영원 전에 하나님의 기뻐하시는 뜻에 따라 예정을 입은 자들에게 믿음이 선물로 주어진다. 따라서 "영생을 주시기로 작정된 자는 다 믿더라"라는 사도행전 13장 48절 말씀처럼 영생으로 결정되고 선택된 사람은 믿음을 갖게 된다. 한 마디로 선택은 믿음을 앞선다. 영생의 축복을 주는 근거는 하나님의 선택이고 이것은 절대적으로 공짜이기 때문에 우리의 행위나 공로를 전혀 고려하지 않는다.[66]

하지만 츠빙글리는 성령께서 택자에게 믿음을 주실 때에 "선행되는 설교 또는 선포된 말씀 또는 그리스도의 복음 없이" 주시지 않는다는 사실도 분명히 한다. 왜냐하면, 믿음은 들음에서 나기 때문이다. 츠빙글리는 이에 관해 다음과 같이

---

65 Zwingli, "On the Providence of God," 197-98.
66 Zwingli, "On the Providence of God," 200.

진술한다. "왜냐하면, 가서 말씀을 전하라는 것과 믿음은 들음에서 나고 들음은 그리스도의 말씀에서 온다는 것을 성경이 말하고 있기 때문이다. 그렇지 않다면 말씀의 사역은 폐지될 것이다."67 그러므로 복음의 메시지를 듣고 그것을 받아들이는 사람은 영원한 형벌로 결정되지 않은 사람이다. 그 반대로 복음이 전해지고 들었음에도 그리스도 자신이 말한 것처럼 믿지 않는 사람은 마가복음 16장 15절 말씀처럼 무섭게 심판을 받을 것이다. 츠빙글리에 따르면 믿음이 선택이 표지인 것처럼 불신앙은 심판의 분명한 표지이다.68

택자에게 주시는 선물로서의 믿음의 성격에 대한 츠빙글리의 이해는 루터 및 다른 개혁파 종교개혁가들의 사상에서도 동일하게 발견된다. 예를 들어 루터는 다음과 같이 진술한다. "여기에서 우리는 아무것도 일하지 않으며, 하나님께 아무것도 드리지 않습니다. 우리는 단지 다른 누군가가 우리 안에서 일하도록 허용하고 받아들이는 것뿐입니다. 그 누군가는 바로 하나님입니다."69 그에 따르면 인간이 구원의 은혜를 받는 것은 마치 마른 땅이 비를 받듯이 전적으로 수동적인 사건이다.70 특히 루터는 믿음이 선물이며 복음의 선포를 통해 우리에게 주어지는 전적인 하나님 역사의 결과라고 역설한다. 다시 말해 죄인은 믿음으로 칭의라는 구원의 선물을 받지만, 그 믿음 자체도 선물이라는 것이다. 이처럼 여러 16세기 종교개혁가는 믿음으로 그리스도의 의로움이 우리 것이 되지만 믿음은 여전히 하나님에게서 오는 선물이기 때문에 우리의 구원은 공로로 얻는 것과는 정반대의 성격을 가진다고 주장했다.71

---

67 Jaeschke, "The Application of Redemption in the Theology of Huldrych Zwingli," 261에서 인용.

68 Zwingli, "On the Providence of God," 200.

69 Martin Luther, *Lectures on Galatians 1535 Chapters 1-4*, Luther's Works, vol. 26 ed. Jaroslav Pelikan (Saint Louis: Concordia Publishing House, 1963), 4-5.

70 Luther, *Lectures on Galatians 1535*, 6.

71 루터의 칭의론에 관해서는 다음을 참고하라. Paul Althaus, *The Theology of Martin*

한편 전적인 은혜와 선물로서 구원의 성격을 강조하는 츠빙글리의 신앙에 대한 논의는 츠빙글리가 신앙의 시작부터 마지막까지 인간이 무엇을 해야 하는가보다 삼위 하나님이 인간을 위해서 어떤 사역을 하셨고 또 지금도 행하시는지를 밝혀주는 것에 집중하고 있다는 점에서도 분명하게 나타난다. 먼저 신앙의 궁극적인 목적은 성부 하나님을 신뢰하고 그분과 올바른 관계를 회복하는 것이다. 그리고 신앙은 우리를 구원하시기 위해 성자 예수 그리스도를 보내신 성부 하나님의 사랑과 자비와 긍휼을 확신하는 것이다. 또한, 신앙은 성자 그리스도의 희생과 사랑과 공로에 근거하여있다. 즉, 성자 그리스도께서 우리를 대신하여 십자가에서 돌아가시고 부활하신 것을 신뢰하는 믿음이 신앙인 것이다. 그런데 이 신앙은 성령에 의해서 우리에게 조명되지 않으면 우리는 이 신앙의 내용을 깨달을 수 없고 믿을 수 없다. 따라서 참된 구원의 신앙은 영원 전에 선택된 사람에게 주어지는 성령의 역사에 의해서만 가능하다. 결론적으로 츠빙글리에게 신앙이란 성령 하나님의 조명과 인도하심을 따라 성자 예수 그리스도를 통하여 성부 하나님께로 나아감을 의미한다. 이러한 삼위 하나님의 구원 사역은 우리의 모든 죄를 용서받게 하며 거듭나서 하나님의 양자가 된 우리가 마지막 날에 하나님 나라에 들어가는 구원과 영생에 참여하게 하는 것을 가능하게 한다. 한 마디로 츠빙글리에게 신앙은 경륜적 삼위일체 하나님이 주도권을 가지시고 능동적으로 행하신 사역의 결과이다.

5. 믿음과 예정 그리고 구원의 확신

츠빙글리는 칼빈이나 다른 종교개혁가들에 비해 당시 로마 가톨릭과의 논쟁에서

Luther, 이형기 역, 『마르틴 루터의 신학』(서울: 크리스천 다이제스트, 2017). 60-89; Bernhard Lohse, *Martin Luther's Theology: Its Historical and Systematic Development* (Minneapolis, MN: Fortress Press, 1999), 200-203; 254-266.

주요 쟁점이 되었던 주제 중 '신앙과 지성의 관계' 그리고 '신앙과 의지의 관계'와 같은 내용에는 상세한 논의를 펼치지 않았다. 츠빙글리의 관심은 오히려 '신앙과 구원의 확신' 그리고 '믿음과 예정의 관계'와 같은 주제에 있었다. 이는 츠빙글리가 믿음이라는 주제를 하나님의 영원한 예정과 관련하여 좀 더 근원적인 면에서 다루기 원했던 의도가 있었음을 보여준다.

(1) 믿음과 예정의 관계

1520년대 중반까지 츠빙글리 신학 저술에서는 예정론을 중심으로 한 하나님의 주권에 대한 논의가 두드러졌다. 하지만 이후 츠빙글리 저술의 초점은 점차 그리스도인의 믿음에 관한 관심으로 옮겨간다.[72] 에이징어(Eisinger)는 츠빙글리가 루터와의 성만찬 논쟁을 통해 믿음에 대한 신학을 정리할 수 있었다고 주장한다.[73] 실제로 1530년 츠빙글리는 그의 『하나님의 섭리에 관하여』에서 "믿음에 관하여"라는 별도의 장을 할애함으로써 믿음에 관한 자신의 사상을 정리하고 있다. 하지만 여전히 츠빙글리 신학의 기초와 기본전제가 하나님의 주권에 있다는 사실에는 큰 변화가 없다.[74] 따라서 츠빙글리는 믿음도 하나님의 주권 속에서 이해하고자 한다. 이러한 경향은 가령 『하나님의 섭리에 관하여』에서 츠빙글리가 섭리와 예정에 대한 논의를 다룬 후에 이를 바탕으로 믿음에 대한 논의를 펼치고 있는 것에서도 잘 확인된다.

츠빙글리는 무엇보다 신앙과 예정의 선후 관계를 명확히 한다. 그에 따르면 선택이 먼저이고 믿음은 그 다음이다.[75] 믿음은 우리가 분명히 구원 받았다는 선택

---

72 Jaeschke, "The Application of Redemption in the Theology of Huldrych Zwingli," 271.

73 Eisinger, "Gesetz und Evangelium bei Huldrych Zwingli," 319.

74 W. P. 스티븐스, 『츠빙글리의 생애와 사상』, 박경수 역 (서울: 대한기독교서회, 2007), 30.

75 Zwingli, "On the Providence of God," 197-98.

의 표시이다. 하나님의 선택이 없었다면 믿음은 절대 오지 않는다.[76] 즉, '구원의 서정'(ordo salutis)에서 믿음의 위치는 예정 이후에 온다. 츠빙글리 신학에서 구원의 서정은 1525년 이후에 출판된 저술들에서 분명하게 나타난다. 가장 두드러진 곳은 1527년에 출간한 『아나뱁티스트에 반대하여』(*Refutation of the Tricks of the Baptists*)라는 논문이다. 여기에서 츠빙글리는 구원의 서정을 뒤에서부터 나열한다.

> 우리는 행위가 아니라 믿음에 의해서 구원을 받는다. 믿음은 인간의 능력이 아니라 하나님의 능력이다. 그러므로 하나님은 그가 부르신 사람에게 믿음을 주신다. 하지만 그는 구원하시기로 미리 정하신 사람을 부르신다. 그리고 그는 그가 선택하신 사람을 위하여 이것을 정하신다. 하지만 그는 그가 의지하신 사람을 선택하신다.[77]

한편, 같은 논문에서 츠빙글리는 구원의 서정을 앞에서부터 열거하기도 한다.

> 우리는 첫 번째가 하나님의 숙고(deliberation) 또는 선택의 목적(purpose of election), 두 번째가 그의 예정 또는 계획(marking out), 세 번째가 부르심 (calling), 네 번째가 칭의라고 본다.[78]

---

76 Zwingli, "On the Providence of God," 203.

77 Huldrych Zwingli, "Refutation of the Tricks of the Baptists," in *Selected Works of Huldreich Zwingli (1484-1531)*, ed. Samuel Macauley Jackson, trans. Lawrence A. McLouth, Henry Preble, and George W. Gilmore (Philadelphia: University of Pennsylvania, 1901), 237. Cf. "믿음을 가진 사람은 부르심을 받고, 부르심을 받은 사람은 예정되었고, 예정된 사람은 선택되었고(elected) 선택된 사람은 미리 결정(foreordained)되었다." Zwingli, "Refutation of the Tricks of the Baptists," 240.

78 Zwingli, "Refutation of the Tricks of the Baptists," 239.

이처럼 구원의 서정에 대한 츠빙글리의 신학에서 믿음은 영화 다음으로 마지막에 위치한다.[79] 요컨대 츠빙글리의 사상에서 구원의 서정은 작정, 선택과 예정, 부르심, 믿음과 칭의, 영화의 순서이다. 이는 예정이 믿음을 앞서며 믿음은 선택된 사람들에게 주어진다는 츠빙글리의 사상을 분명하게 보여준다.[80]

(2) 믿음과 구원의 확신

구원의 확신에 대한 논의는 츠빙글리의 저술에서 항상 강조되었던 신학적 주제였다. 여기에서 그에게 중요한 질문은 '인간은 자신이 하나님께 택함을 받은 사람인지 아닌지를 어떻게 아는가?'라는 것이었다. 이에 관해 츠빙글리는 다음과 같이 언급한다.

> 믿음의 방패로 보호받는 사람은 그의 믿음에 근거한 확신(securitas)에 의해서 자신이 하나님의 선택을 받은 사람임을 안다. 이것이 바로 성령이 우리의 영혼을 그 자신에게 묶는 맹세이기에 우리는 하나님 한 분에게 우리의 사랑과 공경과 신뢰를 드린다. 이 사람이 먹는 빵은 결코 굶주리거나 목마르게 하지 않을 것이다. 그가 마시는 물은 영원히 그 사람을 새롭게 하고 살릴 것이다. 이 확신(certitudo)을 가지지 않은 사람은 …… '당신의 나라가 임하옵서,' 그리고 '주여 우리에게 믿음을 더하여 주옵소서'라고 매일 기도해야 한다. 왜냐하면, 이 믿음의 빛과 능력을 소유한 사람들은 죽음이나 생명이 그들에게서 그들이 모든 것을 희생하여 얻은 보물을 빼앗을 수 없음을 확신한다. 그리고 그들의

---

79 Zwingli, "Refutation of the Tricks of the Baptists," 241.

80 Zwingli, "On the Providence of God," 198. Cf. 츠빙글리는 성도의 견인도 예정의 관점에서 설명한다. 그는 만약 우리가 택함을 입은 사람이고 하나님의 선택이 변하지 않는다면 우리는 시간이 흐른 뒤에도 믿음을 가지고 있을 것이고 궁극적으로 구원을 얻을 것이라고 주장한다. 즉, "한번 택함을 받으면 언제나 선택된 자로 남아있다."라는 것이 츠빙글리의 주장이다. Zwingli, "On the Providence of God," 204.

택함 받았다는 사실은 하나님뿐만 아니라 선택받은 자신들도 안다.[81]

츠빙글리에 따르면 믿음은 택자에 속하였다는 '징표'(sign)이다. 따라서 그는 "만약 당신이 마음으로부터 믿는다면, 당신이 영원한 생명으로 부르심을 받았고 예정을 받았고 선택되었다는 것을 잊지 말라."고 권면한다.[82] 『하나님의 섭리에 관하여』에서도 츠빙글리는 "하나님을 믿는 사람은 어떤 의심의 여지도 없이 하나님께서 그의 아들을 통하여 그들과 화목하게 되셨고 그들의 죄의 기록이 도말되었다는 사실을 안다."라고 말한다.[83]

믿는 사람이 자신이 선택된 자임을 확신할 수 있는 이유는 실패할 수 없는 성령에 의해서 인치심을 받았기 때문이다. 이에 관해 츠빙글리는 다음과 같이 진술한다.

그럼에도 불구하고, 교회의 회원들은 참으로 그들이 신앙을 가질 때 그들이 선택을 받았고 교회의 회원이라는 사실을 안다. 하지만 그들 자신 외에 다른 사람에 대해서는 알지 못한다. 왜냐하면, 사도행전에 다음과 같이 쓰여있기 때문이다. "영생으로 작정된 사람들은 다 믿더니." 그러므로, 믿는 사람은 영생으로 작정되었다. 하지만, 아무도 믿는 자신을 제외하고는 참으로 믿는지 알지 못한다. 그러므로, 이 사람은 지금 그들이 하나님께 선택받았다고 확신한다. 왜냐하면, 그들은 보증으로 성령을 받았기 때문이다. 사도의 말에 따르면 성령에 의해서 보증이 되고 인침을 받은, 그들은 그들이 참으로 자유롭게 되었고 노예가 아니라 그 가정의 아들이 되었다는 것을 안다. 성령은 속일 수가 없다. 그리고 만약 성령이 우리에게 하나님이 우리의 아버지라고 말씀하신다면 그리고 우리가 확신 있게 두려움 없이 하나님을 우리의 아버지라고 부른다면 우리는

---

81 Zwingli, "On the Providence of God," 199.
82 Zwingli, "Refutation of the Tricks of the Baptists," 243.
83 Zwingli, "On the Providence of God," 198.

영원한 생명을 얻을 것이고 성령이 우리의 마음에 부어졌다는 것이 확실하다. 그러므로 그렇게 안전하고 보호받는 사람은 선택받은 것이 확실하다. 믿는 사람은 영생으로 작정되었다.[84]

구원하는 신앙의 통전적 요소인 확신을 내적으로 주는 것은 성령이다. 다른 사람의 선택은 우리에게 감추어져 있다. 하지만 성령은 우리 각 개인에게 우리 자신의 선택과 구원의 확실성을 준다.[85] 또한, 신자의 확신은 선택에 대한 하나님의 자유롭고 영원한 목적에 근거한다. 하나님 언약의 약속은 확실하다. 왜냐하면, 그것은 하나님의 영원한 의지로 세워진 것이고 따라서 신자의 마음속에 의심의 여지가 없는 것이기 때문이다. 더욱이 신자의 확신은 그리스도 사역의 "최종성"(finality)과 "완전한 충족성"(complete sufficiency)에 근거하고 있다. 그리스도 사역의 최종성과 충족성은 믿음과 구원의 확신이 "동의어가 되도록" 만든다.[86] 결국, 우리는 그리스도를 통해서 구원받고 모든 것은 그리스도와 함께 우리에게 주어지기에 믿음은 구원의 증거가 된다. 따라서 우리는 믿음에 의해서 예수 그리스도를 통해서 구원받았다는 것을 분명하게 알 수 있다.[87] 이에 관해 츠빙글리는 다음과 같이 진술한다.

확실하게 단언하고 말할 수 있는 것은 우리의 믿음에 대해서이다. 우리는 진정하고 확실하며 본질적이며 생명을 주는 믿음에 관해 이야기하고 있으며, 이로써 하나님의 아들로 밝혀진 사람은 의심할 여지없이 자신이 하나님의 자녀임을

---

84 Zwingli, *Opervm D. Hvldrichi Zvinglii*, 2, 540A-B.

85 Huldrych Zwingli, *Huldrych Zwingli Writings*, vol. I, *The Defense of the Reformed Faith* (Eugene, OR: Wipf and Stock Publishers, 1984), 146.

86 Letham, "Saving Faith and Assurance in Reformed Theology," 36.

87 "Fide enim perspectum habemus nos salvos fieri per lesum Christum ..." Zwingli, *Opervm D. Hvldrichi Zvinglii*, 2, 347.

이해하게 된다.⁸⁸

 츠빙글리는 신앙을 가진 사람은 구원의 확신을 가질 수 있다고 주장한다. 결과적으로 츠빙글리는 믿음을 그리스도 또는 하나님에 대한 신뢰의 행위로서 이해할 뿐만 아니라 구원의 확신과도 연결 지어 이해한다.

 물론 구원의 여부가 신자의 주관적인 확신에 좌우되는 것은 아니다. 믿는 사람은 그들이 은혜를 받았다는 사실을 안다. 하지만 언약의 성취는 은혜에 대한 인간의 주관적 반응에 의해 멈추어지지 않기 때문에 그리고 그리스도께서 이미 그것을 열매화 하였기 때문에 신앙은 조건에 대한 인간의 성취에 근거하는 확신을 기다리지 않는다. 그러므로 선택받았지만 믿음의 지식에 이르지 못한 사람들도 유아들처럼 영원한 생명을 얻을 것이다.⁸⁹ 하지만 츠빙글리는 이러한 확신이 없는 사람은 그리고 이 확신이 "자신의 영혼의 동맥에서 흘러서 놀라지 않고 흔들리지 않는 것을 느끼지 못하는 사람은" 다시 말해 그 확신을 잃어버린 사람은 매일 같이 "당신의 나라가 임하옵시며!" 그리고 "나에게 믿음을 주옵소서"라고 기도해야 한다고 권면한다.⁹⁰

 또한, 츠빙글리는 신앙에 대한 완전한 확신이 처음부터 반드시 경험된다고 가르치지도 않는다. 그는 확신은 믿음의 필수적인 요소이지만 연약하고 힘겹게 나아가는 신앙도 있다고 주장한다. 그리고 츠빙글리는 믿음도 성장하는 특성을 갖는다고 주장한다.⁹¹ 하지만 그는 "하나님께서 왜 어떤 사람에게는 명확하고 강한 신앙을

---

88 "illud certo certius colligere & affirmare possumus, qoud fides nostra (de vera, certa, essentiali & vivificante fide loquimur, qua homo illuminatus se filium dei esse indubie intelligit)" Zwingli, *Opervm D. Hvldrichi Zvinglii*, 2, 506.

89 Zwingli, "On the Providence of God," 199.

90 Zwingli, "On the Providence of God," 199.

91 Zwingli, *Huldrych Zwingli Writings*, I, 146.

주시는 반면 다른 사람에게는 그것을 점진적으로 주시는지는" 하나님의 경륜에 속한 것이기 때문에 우리는 그 이유를 알지 못한다고 말한다.[92]

한편 츠빙글리는 어떤 사람이 신앙이 있는지 없는지는 다른 사람은 알 수 없고 오직 본인만이 분별할 수 있는 문제라고 설명한다.

> 비록 개별 신자들은 그들이 구원받았다는 사실을 잘 알지만, 왜냐하면, 복음에 대한 믿음은 다름 아닌 바로 하나님에 대한 그러한 확신이기 때문에, 그리스도를 통하여 사람이 구원받는다는 사실을 확신한다. 그러나 아무도 다른 사람에 대해서는 그가 구원을 받았는지 그렇지 않은지 확신할 수 없다. 왜냐하면, 많은 사람이 믿는다고 주장하지만, 그들은 그렇지 않기 때문이다. 하지만 하나님의 자녀들은 그들이 하나님의 것이라는 사실을 안다.[93]

츠빙글리는 신자는 자신이 믿음을 가졌다는 사실을 알 수 있고 또 알아야 한다고 주장한다. 하지만 "믿음은 어떤 사람 안에 있는 것이기에 밖으로는 감지될 수 없다."[94] 아무도 누가 참으로 구원받았는지를 말할 수 없다.[95]

결론적으로, 츠빙글리의 신학에서 예정은 믿음보다 앞선다. 하나님이 선택하셨기 때문에 그 결과로 믿음을 갖게 된다. 그리고 선택의 여부는 다름 아닌 믿음에 의해서 입증된다. 다시 말해 신앙은 신자에게 자신이 택함을 받은 백성임을 확신하게 한다. 따라서 츠빙글리에게 신앙이란 확신을 동반한 신뢰라고 설명될 수 있다.

---

92 Zwingli, *Huldrych Zwingli Writings*, I, 147.

93 Jaeschke, "The Application of Redemption in the Theology of Huldrych Zwingli," 278-79에서 인용

94 Zwingli, *Huldrych Zwingli Writings*, I, 4.

95 Huldrych Zwingli, "An Account of the Faith of Huldreich Zwingli Submitted to the German Emperor Charles V, at the Diet of Augsburg" in *The Latin works and the correspondence of Huldreich Zwingli*, vol. 2, ed. William John Hinke, trans. Samuel M. Jackson (Philadelphia, The Heidelberg Press, 1922), 43.

하지만 츠빙글리는 이러한 확신을 통해 자신의 선택과 구원 여부는 확인할 수 있지만 다른 사람의 신앙은 본인이 아니면 판단할 수 없는 문제라고 주장한다.

6. 믿음과 행위와의 관계

츠빙글리는 오직 믿음에 의한 구원을 강조한다. 하지만 이 사실이 츠빙글리가 선행이나 성화를 무시한다는 말은 아니다. 그에 따르면 율법은 하나님의 뜻의 현현이기 때문에 영속적인 유효성을 갖는다. 믿음이 우리가 선택된 자임을 증명하는 반면 선행은 믿음의 임재와 실재를 증거한다. 성화는 처음부터 믿음과 함께 이미 현존하는 구원의 확신을 확증하는 이차적인 역할을 가지고 있다. 하지만 선행은 믿음의 열매다. 믿음이 없이 선행은 존재할 수 없다.

츠빙글리는 인간의 공로가 행위에 귀속되지만, 인간의 행위로는 구원에 이를 수 없음을 분명히 한다.[96] 그는 신앙이 인간의 공로를 의지하는 것이 아니라 그리스도의 공로를 의지하는 것이라고 주장한다. 따라서 츠빙글리는 "믿음은 어떤 사람이 그리스도의 공로를 의존함으로써 갖는 어떤 특정한 확신이다."라고 설명한다.[97] 신앙의 기초는 인간의 행위가 아니라 언제나 그리스도의 공로이다.

그렇다면 문자적으로 볼 때 행위로 인한 구원을 암시하는 듯한 누가복음 10장 28절과 마태복음 19장 17절은 어떻게 해석할 것인가? 츠빙글리는 이 구절들이 수사학적으로 볼 때 제유법(synecdoche), 즉 사물의 원인보다 사물의 결과가 먼저 우선인 것처럼 말하는 표현이다.[98] 따라서 츠빙글리는 다음과 같이 진술한다.

---

96 Zwingli, "On the Providence of God," 201.
97 Zwingli, *Huldrych Zwingli Writings*, I, 147.
98 Zwingli, "On the Providence of God," 201-02.

그것은 비록 칭의와 구원이 믿음에 돌려지는 것처럼, 실제로 칭의와 구원은 오직 하나님의 선택과 자비에 속한다. 그러나 믿음은 하나님의 선택 후에 나오는 것이다. 그래서 믿음을 가진 사람은 그들이 하늘의 도장과 보상으로 선택받았음을 안다. 마찬가지로 믿음의 행위를 하는 사람들은 자기 자신분만 아니라 다른 사람에게 그들이 결코 자신의 헛된 영광을 위해서가 아니라 오직 하나님을 사랑하고 이웃을 사랑하는 마음에서 자비롭게 행동함으로써 그들이 믿음을 가지고 있다는 것을 증명한 것이다.[99]

한마디로 선행은 믿음의 열매로서 믿음을 뒤따라온다. 즉, 불이 용광로에서 켜질 때 용광로가 온기를 발산하는 것처럼 믿음이 있는 곳에는 선행도 따라오게 되어 있는 것이다.[100]

만약 그들이 믿음이 얼마나 큰 하나님의 선물이며, 그 힘의 효과가 얼마나 강력하며, 끊임없이 활동적인지를 알았다면, 그들은 그들이 갖지 않는 믿음을 멸시하지 않았을 것이다. 하나님에게 온전히 의지하는 그 믿음으로 인해, 사람은 영혼의 모든 능력을 가지고 신령한 것을 생각하거나 행할 수 있고 더욱이 하나님을 기쁘시게 하는 것을 행하거나 생각하지 않을 수 없다. 사실 믿음은 신성한 영으로부터 영감을 받은 것이기 때문에, 그 영은 영원한 활동성을 지니고 있으므로 어떻게 나태하거나 나태한 안락함에 안주할 수 있을까? 그러므로 마치 불이 있는 곳에는 열기가 있는 것처럼 참된 믿음이 있는 곳에는 행함도 있다. 그러나 믿음이 없는 곳에는 행함이 아니라 행함의 텅빈 모방일 뿐이다.[101]

---

99 Zwingli, "On the Providence of God," 202.

100 Zwingli, "On the Providence of God," 202.

101 Huldrych Zwingli, "A Short and Clear Exposition of the Christian Faith Preached by Huldreich Zwingli," in *The Latin works and the correspondence of Huldreich Zwingli*, vol. 2, ed. William John Hinke, trans. Samuel M. Jackson (Philadelphia, The Heidelberg Press, 1922), 268.

츠빙글리는 "공로"(merit)라는 개념도 실은 일종의 이름일 뿐이지 실재하는 것이 아니라고 설명한다. 왜냐하면, 우리의 자유의지나 공로도 실제로는 우리의 것이 아니기 때문이다.

> 원래 이것들은 모두 오직 하나님께 속한 것인데 일종의 하나님의 은혜로운 적응(accommodationes)으로 우리에게 주어진 것이다. 모든 일과 결과가 오직 하나님께 속한 것인데도 불구하고 마치 우리가 한 것처럼 인정해 주는 것이다. 하나님은 죄용서와 기적도 겉으로 보기에는 사도들이 하는 것처럼 만들어준다. 따라서 사도들이 우리의 선행에 마치 어떤 보상이 따르는 것처럼 약속하는 것은 놀라운 일이 아니다. 그러나 사람의 무엇인가를 움직이게 하는 것은 바로 하나님 자신이다.[102]

츠빙글리에 따르면 사실 공로도 하나님께 속한 것이기에 공로라는 표현이 적합한 것이 아니고 하나님의 은혜요 선물이라고 해야 정확한 표현이다. 하지만 무한히 너그러운 하나님이 이러한 하늘의 선물을 인간의 공로에 대한 하나님의 보상으로 표현하도록 허락하는 것이다. 따라서 마태복음 19장 17절이나 마태복음 12장 50절 같이 우리의 공로를 인정하는 듯한 말이나 약속들은 실제로 그런 것이 아니라 과장법을 사용한 표현이라고 볼 수 있다.[103] 예를 들어 츠빙글리는 "내 아버지의 뜻을 실천하는 사람이 내 형제입니다"라는 마태복음 12장 50절의 말씀은 우리의 행위로 그리스도의 형제가 된다는 말이 아니라고 주장한다. 이 구절은 우리가 그렇게 행동할 때 "결과적으로만 참"(per consequentiam vera)이기 때문이다.

---

102 Zwingli, "On the Providence of God," 202. Zwingli, *Opera*, 4-2, 124.
103 Zwingli, "On the Providence of God," 202-03.

왜냐하면, 우리는 우리의 행위를 통해서 그리스도의 형제가 되는 것이 아니라, 우리가 하나님의 선택 받음을 통해서 그리스도를 인정하고 사랑할 때 그의 형제가 되는 것이기 때문이다. 누가 원인이나 목적이 없이 어떤 것을 하겠는가? 믿음은 행위로 얻어지는 것이 아니고 믿음에 의해 행함이 생긴다. 하나님의 뜻을 행하는 사람은 그들의 행위로 인해 다시 말하면 행위의 열매를 통해서 그가 하나님으로 채워져 있음을 보여주는 것이다. 만약 당신이 말보다 본질을 생각해 본다면 이러한 종류의 약속은 과장(hyperbolae)임을 알게 될 것이다.[104]

결론적으로 츠빙글리는 인간이 행위로 의롭다 함을 받는 것을 지지하는 것처럼 보이는 성경의 구절들은 우리가 말 자체보다 본질을 생각해 본다면 이러한 종류의 약속이 "과장"(hyperbolae)이라는 것을 깨닫게 될 것이라고 말한다.[105]

그러나 츠빙글리는 믿음과 행함을 따로 분리해서 생각해서도 안 된다고 주장한다. 왜냐하면, 믿음과 행함은 궁극적으로 불가분의 관계에 있기 때문이다. 즉, 신앙이 있는 곳에 하나님이 계시고, 하나님이 계신 곳에 선행이 있다는 것이 그의 견해이다. 결과적으로 소망과 사랑과 분리된 믿음은 존재하지 않는다. 츠빙글리는 요한일서 4장 16절을 주해하면서 믿음과 소망과 사랑의 관계에 관해 다음과 같이 설명한다.

참된 믿음이 있는 곳마다 (사랑과 분리되지 않은 믿음, 왜냐하면, 어떤 소망과 사랑이 없으면 믿음은 존재하지 않기 때문에) 하나님이 거하신다. 하지만 하나님이 계신 곳에 사람들이 죄를 지을 수 있고 무책임하게 될 수 있는지 아닌지를

---

104 Zwingli, "On the Providence of God," 203. Zwingli, *Opera*, 4-2, 124.
105 Zwingli, "On the Providence of God," 203. Zwingli, *Opera*, 4-2, 124.

어떻게 내가 감히 염려할 수 있겠는가?106

『참 종교와 거짓 종교에 대한 주해』에서도 츠빙글리는 "믿음, 소망, 사랑은 같은 것"이라고 진술한다.107 하지만 츠빙글리는 자신의 주장이 이 세 가지 미덕을 혼합하려는 의도는 아님을 분명히 밝힌다.108

츠빙글리의 이러한 가르침은 오직 믿음을 통하여 은혜로 구원을 받는다는 그의 가르침과 배치되는 것이 아니다. 그가 궁극적으로 말하고자 하는 것은 믿음을 통하여 구원의 확신을 가진 사람만이 참으로 선한 행위들을 행할 수 있고 그러한 의미에서 선행은 구원의 과정에서 배제되지 않는다는 것이다. 16세기의 다른 종교개혁가들도 이 점에서 츠빙글리와 동의한다. 이들에 따르면 인간은 오직 믿음을 통하여 은혜로 구원을 받는다. 하지만 이러한 믿음은 선한 행위와 불가분의 관계로 연결되어 있다. 물론 종교개혁자들은 믿음은 교회의 가르침에 대한 단순한 인지적 동의이고 따라서 우리의 믿음은 사랑의 행위로 완전하게 되어야 한다는 로마 가톨릭의 가르침을 분명하게 반대한다. 하지만 종교개혁자들은 마치 건강한 나무가 좋은 열매를 맺는 것처럼, 참된 믿음은 반드시 하나님과 이웃을 향한 사랑과 선행의 열매를 맺게 되어 있다고 주장한다. 가령 칼빈은 선행은 칭의의 원인이 아니라 칭의의 결과, 즉 의롭다함을 받은 것의 자연적 결과 또는 산물이라고 설명한다.109 16세기 종교개혁자들은 인간의 구원 문제에서 행위를 배제하고자 의도하지 않았다. 이들은 단지 행위를 합당한 자리에 두고자 의도한 것이다. 이들에 따르면 구원을 공로로 얻기 위한 인간의 노력은 그리스도의 십자가 공로가 아닌 헛되고 부질없는 자기 능력에 대한 신뢰일 뿐이고 어떠한 인간의 노력도 악한 것으로 만드는

---

106 Zwingli, *Huldrych Zwingli Writings*, I, 29.
107 Zwingli, "Commentary on True and False Religion," 276.
108 Zwingli, "Commentary on True and False Religion," 276.
109 Calvin, *Institute*, III.xiv.18.

결과를 가져올 뿐이다. 반면 종교개혁자들은 인간의 행위와 상관없이 값없이 주시는 하나님의 은혜에 의해서 발생하는 참된 믿음은 하나님께서 기쁘게 받으시는 선한 행위를 만들어내는 것에 실패하지 않는다고 믿었다.

Ⅲ. 결론

츠빙글리에게 믿음은 그리스도의 공로를 의지하여 하나님께 나아가는 것을 의미한다. 이때 핵심적인 믿음의 성격은 신뢰이다. 우리의 죄를 위해 돌아가신 그리스도와 이에 근거한 하나님의 무한하신 사랑과 자비하심을 개인적으로 신뢰하는 것이 구원에 이르는 참된 믿음의 성격이다. 그는 중세 후기 로마 가톨릭 신학자들과는 달리 단순히 역사적이고 맹목적이고 지적인 동의에 그치는 신앙을 거부하고 신뢰와 확신의 신앙이 참된 신앙의 특성이라고 보았다. 이러한 확신을 동반한 신뢰의 믿음을 통해 인간은 우리의 죄를 용서하고 우리를 의롭다고 하시는 하나님의 은혜를 경험하게 된다. 즉, 신뢰의 믿음을 가질 때 인간은 그리스도를 통해 하나님과 올바른 관계를 회복할 수 있다. 이처럼 츠빙글리의 신앙론은 믿음의 중심 자리를 의지 안에서 찾는 주의주의적 성격이 두드러진다. 하지만 츠빙글리는 이러한 확신과 신뢰의 믿음이 인간에게서 나오는 것이 아니라 하나님께서 인간에게 주시는 선물임을 분명히 한다. 그리고 이러한 선물은 아무에게나 주시는 것이 아니라 영원 전에 하나님께서 당신의 기뻐하시는 뜻을 따라 미리 택하신 자에게 주시는 것이라고 주장한다. 따라서 츠빙글리의 신학에서 예정은 믿음보다 앞서고 인간은 하나님의 선택의 결과로 믿음을 갖게 된다. 또한, 츠빙글리는 인간은 행위로는 구원에 이르지 못함을 분명히 한다. 그에 따르면 비록 믿음과 행위가 분리된 것은 아니지만, 행위는 믿음의 결과이자 열매이고 인간은 오직 믿음에 의해서만 죄용서와 의롭다 칭함을 받는다. 츠빙글리는 칭의를 오직 하나님의 은혜 안에서 예수 그리스도의 대속사역에 근거하여 값없이 주어지는 죄사함과 의의 전가로 이해했다.

이상과 같은 츠빙글리의 신앙에 대한 이해는 루터나 칼빈과 같은 다른 16세기 종교개혁자들과 별다른 차이 없이 상당한 연속성을 보인다. 즉, '오직 믿음'과 '오직 은혜'라는 종교개혁의 핵심 사상이 다른 종교개혁가들의 사상에서처럼 츠빙글리에게서도 분명하게 잘 나타난다. 하지만 다른 종교개혁가들과 비교해 볼 때 츠빙글리의 신앙론은 칼빈이나 다른 종교개혁가들과는 달리 '신앙과 지성의 관계' 그리고 '신앙과 의지의 관계'와 같은 주제에는 별다른 관심을 보이지 않는다. 그 대신 츠빙글리의 관심은 '신앙과 예정' 그리고 '신앙과 구원의 확신' 부분에 좀 더 집중되어 있다. 츠빙글리는 칭의의 근원적 원인인 하나님의 예정에 근거한 믿음을 통해 사람이 구원을 받는다는 것에 관심을 기울였다. 이러한 특성은 하나님의 절대주권을 강조하는 신학적 구조 안에서 츠빙글리가 신앙론을 논의하려 하기에 나타나는 자연스러운 현상이라고 판단된다. 좌우간 이들 주제에서 그가 말하고자 하는 핵심은 하나님의 예정과 선택 여부는 다름 아닌 믿음에 의해서 입증된다는 것이다. 따라서 그리스도에 대한 신앙이 있는 신자는 자신이 택함을 받은 백성임을 확신해도 된다는 것이 츠빙글리의 주장이다. 하지만 츠빙글리는 이러한 확신을 통해 자신의 선택과 구원 여부는 확인할 수 있지만 다른 사람의 신앙은 본인이 아니면 판단할 수 없는 문제라고 설명한다.

〈참고문헌〉

1차문헌

츠빙글리, 훌트라이히. 『츠빙글리 저작선집 1-4』. 임걸, 공성철 역. 서울: 연세
　대 출판문화원, 2017.

＿＿＿＿＿＿＿＿＿. 『츠빙글리와 벌링거』. 기독교 고전총서 11권. 서원모,
　김유준 역. 서울: 두란노 아카데미, 2011.

Calvin, John. *Institutes of the Christian Religion*. 2 Vols. Edited by
　John T. McNeill. Translated by Ford Lewis Battles.
　Philadelphia: The Westminster Press, 1960.

Luther, Martin. *Lectures on Galatians 1535 Chapters 1-4*. Luther's
　Works, Vol. 26. Edited and Translated by Jaroslav Pelikan.
　Saint Louis: Concordia Publishing House, 1963.

Zwingli, Huldrych. *Huldrych Zwingli Writings*. Vol. I. *The Defense
　of the Reformed Faith*. Eugene, OR: Wipf and Stock
　Publishers, 1984.

＿＿＿＿＿＿＿＿＿. *Huldrych Zwingli Writings*. Vol. 2. *In Search of
　True Religion: Reformation, Pastoral and Eucharistic
　Writings*. Translated by H. Wayne Pipkin. Eugene, OR:
　Pickwick Publications, 1984.

＿＿＿＿＿＿＿＿＿. *Huldreich Zwinglis Sämtliche Werke. Corpus
　Reformatorum*. Vol. 1. Berlin: Schwetschke, 1905.

＿＿＿＿＿＿＿＿＿. *On Providence and Other Essays*. Edited by

William John Hinke. Eugene, OR: Wipf and Stock Publishers, 1999.

Zwingli, Huldrych. *Opera.* Vol. 1. Zurich : F. Schulthess, 1829.

_____. *Opera.* Vol. 4. Part II. Zurich: F. Schulthess, 1841.

_____. *Opervm D. Hvldrichi Zvinglii, Vigilantissimi Tigvrinae Ecclesiae Antistitis, Partim Qvidem Ab ipso Latine conscriptorum, partim uero e uernaculo sermone in Latinum translatorum Pars* ... Vol. 2. Tiguri, 1581.

_____. *Selected Works of Huldreich Zwingli (1484-1531).* Edited by Samuel Macauley Jackson. Translated by Lawrence A. McLouth, Henry Preble, and George W. Gilmore. Philadelphia: University of Pennsylvania, 1901.

_____. *The Latin works and the correspondence of Huldreich Zwingli.* Vol. 1. Edited by Samuel M. Jackson. Translated by Henry Preble, Walter Lichtenstein, and Lawrence A. McLouth. New York & London: The Knickerbocker Press, 1912.

_____. *The Latin works and the correspondence of Huldreich Zwingli.* Vol. 2. Edited by William John Hinke. Translated by Samuel M. Jackson. Philadelphia, The Heidelberg Press, 1922.

_____. *The Latin works of Huldreich Zwingli.* Vol. 3. Edited by Clarence Nevin Heller. Philadelphia, The

Heidelberg Press, 1929.

_____. *Zwingli and Bullinger*. Edited and translated by G. W. Bromiley. Philadelphia: The Westminster Press.

2차문헌

강경림 외 10명.『한 권으로 읽는 츠빙글리의 신학』. 조용석 편. 서울: 세움북스, 2019.

강경림. "츠빙글리 67개 조항: 개혁파 프로테스탄트 종교개혁 선언서,"「신학지평」. 제31집 (2018), 5-30.

박상봉. "그리스도의 능동적 순종과 의의 전가에 대한 종교개혁자들의 견해: 루터, 츠빙글리, 칼빈을 중심으로."「신학정론」제39권 2호 (2021), 105-64.

유정모. "하나님의 주권과 인간의 자유에 대한 울리히 츠빙글리의 이해,"「대학과 선교」제52권 (2022), 179-210.

_____. "울리히 츠빙글리의 칭의론." 개혁주의학술원 편.『종교개혁과 칭의』. 부산: 고신대학교출판부, 2023, 35-64.

주도홍.『개혁신학의 뿌리: 츠빙글리를 읽다』. 서울: 세움북스, 2020.

Althaus, Paul. *The Theology of Martin Luther*. 이형기 역.『마르틴 루터의 신학』. 서울: 크리스천 다이제스트, 2017.

Bavinck, Herman. *Gereformeerde dogmatiek*. 박태현 역.『개혁교의학』. 4권. 서울: 부흥과 개혁사, 2011.

Berkhof, Louis. *Systematic Theology*. 권수경 & 이상원 역.『조직신학』. 하권. 서울: 크리스천 다이제스트, 2000.

George, Timothy. *Theology of the Reformers*. 이은선 & 피영민 역. 『개혁자들의 신학』. 서울: 요단 출판사, 1993.

McGrath, Alister E. *Iustitia Dei: A History of the Christian Doctrine of Justification*. 한성진 역. 『하나님의 칭의론: 기독교 교리 칭의론의 역사』. 서울: CLC, 2008.

Stephens, W. P. *An Introduction to His Thought*. 박경수 역. 『츠빙글리의 생애와 사상』. 서울: 대한기독교서회, 2007.

The Calvin Handbook. Edited by Herman Selderhuis. 김귀탁 역. 『칼빈핸드북』. 서울: 부흥과 개혁사, 2008.

Beeke, Joel R. "Does Assurance Belong to the Essence of Faith? Calvin and Calvinists." *The Master's Seminary Journal*, 5/1 (Spring, 1994), 43-71.

Eisinger, Walther. "Gesetz und Evangelium bei Huldrych Zwingli." Dr.theol. diss., University of Heidelberg, 1957.

Genderen, J. van & W. H. Velema, *Concise Reformed Dogmatics*. Phillipsburg, New Jersey: P&R Publishing Company, 2008.

Gestrich, Christof. *Zwingli als Theologe: Glaube und Geist beim Ziircher Reformator*. Zurich: Zwingli Verlag, 1967.

Heppe, Heinrich. *Reformed Dogmatics: Set out and illustrated from the Sources*. Edited by Ernst Bizer. Grand Rapids: Baker Book House, 1978.

Jaeschke, Wolf Christian. "The Application of Redemption in the Theology of Huldrych Zwingli: A study in the Genesis of

Reformed Soteriology." Ph.D. diss., Westminster Theological Seminary, 1992.

Letham, Robert W. A. "Saving Faith and Assurance in Reformed Theology: Zwingli to the Synod of Dort." Vol. 1. Ph.D. Thesis: University of Aberdeen, 1979.

Lohse, Bernhard. *Martin Luther's Theology: Its Historical and Systematic Development.* Minneapolis, MN: Fortress Press, 1999.

McGrath, Alister E. *Reformation Thought: Introduction.* Third Edition. Oxford: Blackwell, 2001.

Seeberg, Reinhold. *Text-Book of the History of Doctrines.* 2 vols. Translated by Charles E. Hay. Grand Rapids: Baker, 1952.

The Westminster Handbook to Reformed Theology. Edited by Donald K. Mckim. Louisville, KY: Westminster John Knox Press, 2001.

The Westminster Handbook to Theologies of the Reformation. Edited by R. Ward Holder. Louisville, KY: Westminster John Knox Press, 2010.

The Westminster Handbook to Medieval Theology. Edited by James R. Ginther. Louisville, KY: Westminster John Knox Press, 2009.

부써의 신앙론
그의 로마서와 에베소서 주석을 중심으로

황대우

Martin Bucer(1491-1551)

고신대학교 신학과(Th. B.)와 신학대학원(M. Div.), 그리고 대학원 신학과(Th. M.)를 거쳐 네덜란드 Apeldoorn 기독개혁신학대학교에서 "Het mystieke lichaam van Christus. De ecclesiologie van Martin Buceren Johannes Calvijn"(2002)라는 논문으로 신학박사(Th. D.) 학위를 받았다. 현재 고신대 학부대학 소속 교회사 교수, 고신대 개혁주의학술원 원장 및 책임연구원, 한국칼빈학회 명예회장이다. 저술로는 『기독교 사용 설명서 1: 종교개혁』, 『교회연합운동의 선구자 부써』, 『종교개혁과 교리』, 『칼빈과 개혁주의』가 있고, 편저로는 『고신교회의 태동:원자료와 논문』, 『삶, 나 아닌 남을 위하여』, 『라틴어: 문법과 구문론』, 번역서로는 『루터: 약속과 경험』, 『문답식 하이델베르크 신앙교육서』, 『기도, 묵상, 시련』이 있다.

황대우

I. 서론

믿음으로 의롭게 된다는 신앙득의(信仰得義)와 이신득의(以信得義) 즉 이신칭의(以信稱義)로 더 잘 알려진 교리는 종교개혁의 정수다. 이신칭의는 믿음으로 구원을 얻는다는 이신득구(以信得求)를 의미한다. 삼위일체론과 기독론은 초대교회에서 이미 수많은 논쟁을 거쳐 일단락되었으나, 구원론은 종교개혁자들, 특히 루터의 신앙 개념을 통해 16세기 종교개혁에서야 비로소 일단락되었다. 물론 신학 논쟁으로 재론의 여지없이 최종 결론에 이른 기독교 교리는 사실상 단 하나도 없다. 그 가운데 최종 결론을 내기 가장 어려운 교리가 바로 삼위일체라는 신론과 그리스도의 양성이 핵심인 기독론이다.

종교개혁자 루터(Luther)에 의해 정립된 이후 20세기까지 성경의 구원론으로 확고하게 자리를 잡은 이신칭의 교리는 최근 예수 시대의 유대주의에 대한 집중적인 연구 덕분에 형성된 새관점(New Perspective) 학파 신약신학자들 중심으로 제기된 이의와 도전 때문에 거의 전복될 위기에 직면해 있다. 16세기 종교개혁자 루터가 발견한 구원론, 즉 인간의 공로가 아닌 믿음으로 구원을 받는다는 교리가 무너지면 종교개혁이 무너진다고 해도 과언이 아니다. 종교개혁적인 신앙론은 아프리카 북부 히포(Hippo)의 감독 아우구스티누스(Augustinus)가 주장한 은혜론과 일맥상통하는 구원론이다.

루터의 이신칭의 교리를 거부한 종교개혁자는 없다. 종교개혁자들의 신앙 교리는 종교개혁을 인문주의와 구분하는 시금석이기도 하다. 종교개혁자들에게 구원이 오직 믿음으로만 이루어진다는 교리는 성경의 확고한 진리였으나, 인문주의자들은 이러한 교리를 수용하지도 인정하지도 않았다. 로마교회의 공로사상을 철저하게 거부했던 종교개혁자들과 달리 인문주의자들은 공로사상을 어느 정도 인정했는데, 이러한 인문주의적 열매로는 종교개혁 직후에 나타난 아르미니우스주의(Arminianism)를 들 수 있다. 종교개혁자들의 신앙 교리는 심지어 믿음의 결실로서의 행위를 일종의 공로로 간주하려는 시도조차도 거부한다.

16세기 후반부터 발생한 루터파와 개혁파의 갈등은 신학적 논쟁으로 결국 루터파를 칭의론자들로, 개혁파를 성화론자들로 간주하는 오해를 불러일으켰는데, 이 오해는 신앙론에 관한 것으로 19세기까지 지속되었다.[1] 루터 자신의 신학적 일관성에도 불구하고 개신교 교리가 하나의 통일체가 아닌 이유는 종교개혁의 다양성에 있다. 종교개혁은 루터에게서 출발하자마자 곧 루터를 떠나 종교개혁자들의 수만큼 다양한 견해로 분출되었기 때문에 획일적인 하나의 강으로 수렴되기 어렵다.

그렇다고 종교개혁을 하나로 만들기 위한 노력이 전혀 없었던 것은 아니다. 종교개혁의 일치와 연합을 위해 열심히 노력했던 종교개혁자들은 16세기 교회연합운동의 대표자들로 알려진 멜랑흐톤(Melanchthon)과 부써(Bucer), 그리고 칼빈(Calvin) 등이다. 부써는 루터와의 연합에 성공했고 칼빈은 불링거(Bullinger)와의 연합에 성공했다. 하지만 이러한 성공에도 불구하고 종교개혁은 통일성이 아닌 다양성으로 역사에 뿌리를 내렸다. 그래서 그와 같은 성공을 과연 성공이라 부를 수 있는지 의문을 제기하기도 한다. 이와 관련하여 종교개혁시대 최고의 교회연합운동가 부써를 역사적으로 냉정하게 평가하자면, 그는 종교개혁자들 사이의 연합을 넘어, 종교개혁 측과 로마가톨릭 측 사이의 연합

---

* 이 글은 장신논단(55권)에 게재된 글임을 밝힙니다.

1 Alexander Schweizer, *Die Glaubenslehre der evangelish-reformirten Kirken* I-II (Zürich: Orell, Füssli und Comp., (I)1844, (II)1847); Matthias Schneckenburger, *Vergleichende Darstellung des lutherischen und reformierten Lehrbegriffs* 1-2 (Stuttgart: Verlag der J. B. Metzler'schen Buchhandlung, 1855).

을 시도했으나, 결국 실패함으로써 양쪽 모두로부터 버림 받았다.[2]

부써가 종교개혁과 가톨릭교회를 중재하려 했기 때문에 그의 신앙론이 종교 개혁적 신앙론, 특히 루터의 이신칭의 개념을 벗어났다고 평가하는 학자들도 있지만 그렇지 않다고 평가하는 학자들도 적지 않다.[3] 본 논문은 이런 평가들이 정당한 것인지 여부를 살피려고 한다. 즉 스트라스부르 종교개혁자의 신앙론이 비텐베르크 종교개혁자의 신앙론에 근거한 종교개혁의 핵심 교리를 벗어났다는 평가와 그렇지 않다는 평가 중 무엇이 옳은지 확인할 것이다.

무엇보다도 본 논문의 중요한 연구 목적은 부써의 신앙론이 종교개혁의 신앙 교리와 내용적으로 일치하는지의 여부를 밝히는 것과 부써의 신앙 교리에서 발견되는 신학적 특징이 무엇인지 밝히는 것이다. 이것을 위해 본 논문의 연구 범위는 부써의 로마서 주석과 에베소서 주석으로 제한하려고 한다. 왜냐하면

---

2 황대우, 『교회연합운동의 선구자 부써』 (서울: 익투스, 2020).

3 교회연합을 위해 너무 지나치게 양보하여 결과적으로 부써의 신학이 루터의 종교개혁 정신, 특히 그의 신앙과 칭의 교리에서 벗어났다고 평가하는 대표 학자들과 저술들은 다음과 같다. Karl Koch, *Studium Pietatis: Martin Bucer als Ethiker* (Neukirchen: Neukirchener Verlag, 1962); Ernst-Wilhelm Kohls, *Die Schüler bei Martin Bucer in ihrem Verhältnis zu Kirche und Obrigkeit* (Heidelberg: Quelle & Meyer, 1963); Johannes Müller, *Martin Bucers Hermeneutik* (Gütersloh: Verlaghaus Gerd Mohn, 1965); Athina Lexutt, *Rechtfertigung im Gespräch: Das Rechtfertigungsverständnis in den Religionsgesprächen von Hagenau, Worms und Regensburg 1940/41* (Gättingen: Vandenhoeck & Ruprecht, 1996); Alister E. McGrath, *Iustitia Dei: A History of the Christian Doctrine of Justification* (Cambridge: Cambridge University Press, 1993). 이와 반대로 두 종교개혁자의 신앙론과 칭의론이 근본적으로 같다고 평가하는 대표 학자들과 저술들은 다음과 같다. Willam Peter Stephens, *The Holy Spirit in the Theolgy of Martin Bucer* (Cambridge: Cambridge University Press, 1970), 48-100; Brian Lugioyo, *Martin Bucer's Doctrine of Justification: Reformation Theology and Early Mordern Irenicism* (Oxford/New York: Oxford University Press, 2010). 부써와 칼빈의 칭의론적 유사성을 주장하는 신학 저술은 다음 참조. Marijn de Kroon, *Martin Bucer en Johannes Calvijn: Reformatorische perspectieven Teksten en inleiding* (Zoetermeer: Meinema, 1991). 이 책에서 마레인 더 크로온은 "사랑으로써 역사하는 믿음"(갈 5:6)에 호소하는 부써의 신앙론이 그가 인용하는 교부들의 가르침과 같이 공로를 배제하지 않는다고 결론 내린다.

이 두 주석서에서 부써는 자신의 다른 어떤 저술에서보다 더 분명하고 구체적으로 신앙에 관한 정의와 해설을 제공하기 때문이다. 두 주석은 부써의 종교개혁 초기부터 말기까지 그의 사상을 두루 담고 있다.

II. 본론

1. 부써의 신앙 교리

스트라스부르 개혁자에게 과연 '믿음이란 무엇인가?'(Quid fides) 부써는 성경이 정의한 믿음을 존중한다. 히브리서 11장 1절의 말씀처럼, "믿음은 바라는 것들의 실상이요, 보지 못하는 것들의 증거"다. 이 정의에서 "실상"과 "증거"를 위해 부써가 선택한 두 단어는 '실체'와 '실존'를 의미하는 '숩시스텐티아'(subsistentia)와 '명시적 증거'를 의미하는 '데몬스트라티오'(demonstratio)인데, '본체'와 '본질'을 의미하는 '숩스탄티아'(substantia)와 '논증적 증명'을 의미하는 '아르구멘툼'(argumentum)을 사용한 불가타 번역과의 차별화로 보인다.[4]

하지만 이런 단어 선택에 너무 큰 의미를 부여할 필요는 없다. 왜냐하면 부써는 불가타성경의 '숩스탄티아' 번역에 아무런 이의나 반감이 없고 오히려 적극적으로 찬동하기 때문이다. 즉 '실상'에 해당하는 헬라어 단어 '휘포스타시스'(ὑπόστασις)를 '숩스탄티아' 또는 '엑시스텐티아'(existentia. 실존, 현존)로

---

4 Martin Bucer, *Metaphrasis et enarration IN EPIST[OLA]. D. PAVLI apostoli ad Romanos...*. (Basel: Peter Perna, 1562), 14: "Fides est subsistentia eorum quae perantur, & demonstratio rerum non apparentium;..."

이해하기 때문이다. 믿음은 소망하는 것의 실제이므로 미래적이면서 동시에 현재적인 무엇이고, 또한 인간 정신(mens humana)으로 이해할 수 없는 것들에 대한 증거이므로 이해 불가능한 동시에 이해 가능한 무엇이다. 부써에 따르면 믿음은 역사적 지식을 의미하는 역사에 대한 지식(notitia historiae)이 아니라, "약속들에 대한 찬동"(assensus promissionum)이요, "인간의 권세보다 더욱 막강한 [능력], 확신하게 하시는 성령의 능력이다."[5]

부써는 로마서 5장을 일종의 믿음을 논증하는 곳으로 간주한다. 거기서 믿음을 이렇게 정의한다. "믿음은 우리를 위한 하나님의 사랑과 부성적 선의에 대한, 성령을 통한 확실한 신뢰."[6] 여기서 '신뢰'에 해당하는 라틴어는 '페르수아시오'(persuasio)인데, 이 단어는 '증거, 확신, 신념'으로도 번역 가능하다.[7] 부써에게 믿음(fides)이란 객관적 실체이고 증거일 뿐만 아니라, 주관적 신뢰와 확신이다. 결정적으로 믿음은 성령으로부터 기원한다. 따라서 성령께서 제공하시는 믿음은 외적 증거와 내적 증거를 동시에 나타내는 신뢰(persuasio)를 의미한다.

'확신'에 해당하는 또 다른 단어는 '피두키아'(fiducia)로 부써에 의하면 "믿음으로부터 나오는 확신"(fiducia ex fide)이다. 이것은 조금 더 내적이고 주관적인 의미의 단어다. 따라서 성령을 통해 객관적인 말씀으로부터 나는 믿음(fides) 즉 신뢰로서의 확신(persuasio)과 무관한 개인의 주관적 확신

---

5 Bucer, *Metaphrasis et enarration IN EPIST[OLA]. D. PAVLI apostoli ad Romanos....*, 14: "..., quo amplior vis est ad persuadendum Spiritus s[ancti] quam sit autoritas humana."

6 Bucer, *Metaphrasis et enarration IN EPIST[OLA]. D. PAVLI apostoli ad Romanos....*, 6: "Fides, est certa per spiritum sanctum de Dei in nos charitate, & paterna beneuolentia persuasio,..."

7 참고. 황대우, "믿음, 소망, 사랑의 성령: 부써의 성령론", 이신열 편, 『종교개혁과 성령』(부산: 고신대학교출판부, 2020), 73쪽 각주 13번.

(fiducia)은 불확실한 신앙 즉 심리적 신념에 불과할 수밖에 없다. 믿음(fides)은 "하나님의 선하심에 대한 확신"을 내포하지만, 또한 "성령을 통해 선택 받은 자들과 부름 받은 자들에게 제공되는 복음에 대한 신뢰"도 내포한다.[8]

이처럼 주관적 확신과 객관적 신뢰를 풍성하게 제공하는 것은 "예수 그리스도를 믿는 믿음"이다.[9] 부써의 성경해석에 따르면 "그리스도 안에서 믿는 자들" 즉 "그리스도를 믿는 자들"은 "그리스도에 대한 믿음을 가진 자들"(fidem habentibus Christo)을 의미하고 그리스도의 말에 대한 신뢰를 의미한다. 그리스도를 믿는다는 것은 그리스도 자신을 믿는 것이요, 그분의 말씀을 믿는 것이다.[10] 따라서 그리스도를 믿는 믿음이란 그분의 말씀과 약속을 온전히 전폭적으로 신뢰한다는 의미다. 이런 믿음은 성령에 의한 증거 없이는 불가능하다.[11]

부써의 주장에 따르면 이 믿음은 하나님께 의인이자 믿는 백성의 조상으로 인정받은 아브라함의 믿음과 정확히 일치한다. 하나님은 아브라함에게 아들뿐만 아니라, 셀 수 없이 많은 후손을 약속하셨는데, 아브라함이 이것을 믿었기 때문에 그를 의인으로 인정하신 것이다. 성경의 표현대로 말하자면 "아브라함이 하나님을 믿으매 그것이 그에게 의로 여겨진바 되었느니라."(롬 4:3. 참고. 창 15:6) 이것은 아브라함이 하나님의 성령으로 증거 된 하나님의 약속을 믿고

---

8 Martin Bucer, *Epistola D. Pavli ad Ephesios... in eandem Commentarius* (Strasbourg: Johannes Hersagen?, 1527), 20recto: "..., persuasionem Euangelij per spiritum sanctum electis & uocatis factam,.... Ea nonnunquam quidem pro fiducia in bonitatem DEI accipitur...."

9 Bucer, *Epistola D. Pavli ad Ephesios... in eandem Commentarius*, 76recto: "Hanc fiduciam et persiasionem, fides I E S V Christi suppeditat,...."

10 Bucer, *Epistola D. Pavli ad Ephesios... in eandem Commentarius*, 20verso: "Sic ergo & credere in Christo, perinde est atque credere Christo, uerbisque eius fidem habere."

11 황대우, "믿음, 소망, 사랑의 성령: 부써의 성령론", 72-77.

신뢰했다는 의미다.12

부써에게 믿음은 하나님의 말씀 즉 약속을 믿는 믿음이다. 이 점에서 부써의 믿음은 루터가 성경에서 발견한 믿음과 정확히 일치한다.13 그리스도인들이 누리는 것들, 즉 "하나님께 접근하는 자유로움과 하나님의 능력을 신뢰하는 부르짖음, 양심의 평화와 기쁨, 그리고 성령을 통하여서 그리스도의 공로를 바라봄으로 [얻는] 모든 것들"은 오직 믿음 덕분이다.14 이 믿음은 "우리를 향한 하나님의 자비와 부성적 선의에 대한 의심할 수 없는 신뢰"다.15

로마서에서 사도 바울은 "믿음에 우리의 의와 구원이 달려 있다고 가르친 다."16 반면에 사도 야고보는 믿음이 아닌 행함으로 의롭게 된다고 가르친다. 여기서 사도 야고보가 말하는 믿음은 이방인들에게 주어진 것과 같이 하나님을 아는 지식에는(ad illam Dei cognitionem) 도달하겠지만, 하나님을 진정으로 예배하도록(ad verum Dei cultum) 자극하지는 못한다.17 이처럼 부써가

---

12 Martin Bucer, *Epistola D. Pavli ad Ephesios*, 20verso.

13 참고. Willem van 't Spijker, *Luther: belofte en ervaring*, 황대우 역, 『루터: 약속과 경험』 (부산: 개혁주의학술원, 2017), 323-355. 자신의 박사학위 논문(1955)에서 뮐러는 믿음의 용어와 관련하여 부써가 시련(Anfechtung)이라는 개인적인 경험에 근거한 루터의 신앙개념 (Glaubensbegriff Luthers)과 달리 예정지식(Erwählungsgewißheit)을 근거로 신앙지식 (Gewißheit des Galubens)을 이해한다고 주장한다. 하지만 그것은 동의하기 어려운 주장이다. 왜냐하면 그의 주장은 중세 도식에 맞추어 루터를 주정주의자로, 부써를 주지주의자로 분류하고 싶은 뮐러의 잘못된 추정이 양산한 결론이기 때문이다. 참고. Johannes Müller, *Martin Bucers Hermeneutik* (Gütersloh: Verlaghaus Gerd Mohn, 1965), 25-26.

14 Martin Bucer, *Metaphrasis et enarration IN EPIST[OLA]. D. PAVLI apostoli ad Romanos*, 14: "nam fidei vbique tribuit liberum ad Deum accessum, confidentem opis diuinae inuocationem, conscientiae pacem & gaudium, eaque omnia per Spiritum S[anctum]. & contemplatione meriti Christi,..."

15 Bucer, *Metaphrasis et enarration IN EPIST[OLA]. D. PAVLI apostoli ad Romanos*, 14: "..., persuasionem de Dei erga nos misericordia & paterna beneuolentia indubitatam, ..."

16 Bucer, *Metaphrasis et enarration IN EPIST[OLA]. D. PAVLI apostoli ad Romanos*, 14: "... docet fide nostram constare iustitiam & salutem,..."

17 Bucer, *Metaphrasis et enarration IN EPIST[OLA]. D. PAVLI apostoli ad Romanos*, 14.

로마서의 믿음과 야고보서의 믿음을 다른 의미로 이해하는 것은 그가 성경에 사용된 믿음이라는 단어를 모두 동일하고 획일적인 의미로 간주하지 않고 문맥에 따라 달리 해석할 수 있다는 자신의 성경 해석 원리와 관련된 것으로 보인다.

부써에 따르면, 믿음으로 의롭게 되는 것과 구원이 믿는 자에게 주어지는 것을 가르치는 로마서의 믿음은 "하나님이 자기 아들의 죽음 때문에 죄용서와 의의 성령과 영생을 우리에게 약속하시는 그 약속들에 대한 확실한 찬동"을 의미한다.18 이 찬동의 든든한 지지대는 "하나님의 권위와 존엄"(autoritas & reuerentia Dei)이다. 믿음의 찬동은 "지성의 활동이자, 의지의 [활동]이기도 하다."19 하지만 "말씀하시는 분의 권위만이 믿음을 세운다."20 믿음이란 말씀하시는 하나님의 절대 권위에 달린 것이므로 그 기원은 신적이다.

부써는 우리가 하나님을 사랑하기 위해서는 반드시 하나님에 대한 이해와 지식뿐만 아니라, 의지도 필요하다고 주장한다. 그리고 지식이 의지에 앞서는 이유는 "모든 것은 바른 지식에 의존하기 때문이다. 그러므로 우리가 복음에서 우리에게 제공되는 하나님의 약속들에 대한 믿음을 갖기 위해서는 하나님이 계신다는 [사실]과, 미리 준비하신 것을 친히 우리에게 약속하실 정도로 우리를 사랑하신다는 [사실]을 신뢰하는 것이 필수적이다."21

---

18 Bucer, *Metaphrasis et enarration IN EPIST[OLA]. D. PAVLI apostoli ad Romanos*, 14: "..., assensum certum promissionum, quibus Deus nobis peccatorum veniam, spiritum iustitiae, aeternam vitam propter mortem filij sui promittit." 여기서 'assensus'는 '찬성, 동의, 승인' 등으로 번역 가능한 단어인데, '온 마음을 다하는, 진실한 찬성'을 의미한다.

19 Bucer, *Metaphrasis et enarration IN EPIST[OLA]. D. PAVLI apostoli ad Romanos*, 14: "..., non est tantum intellectus opus, sed etiam volutatis."

20 Bucer, *Metaphrasis et enarration IN EPIST[OLA]. D. PAVLI apostoli ad Romanos*, 14: "..., & sola fidem facit autoritas dicentis,..."

21 Bucer, *Metaphrasis et enarration IN EPIST[OLA]. D. PAVLI apostoli ad Romanos*, 14-15: "... tamen omnia a recta cognitione pendeant. Ergo vt Dei promissionibus, quae in Euangelio nobis offeruntur, fidem habeamns[오타!->habeamus], Deum iam esse, & nostri tam amantem esse, vt tanta nobis facturum se polliceatur, persuasum

믿음의 대상이신 하나님을 아는 것, 즉 하나님에 관한 지식은 하나님의 말씀으로부터 나온다. 성령께서 우리의 마음을 비추셔서 하나님의 권위를 수용하도록 하시는 것을 부써는 "가르침"(doctrina) 혹은 "아버지의 가르침"(doctrina patris)으로 부른다. "외적으로 그분은 살리시는 성령, 즉 효과적인 지성을 공급하시는 분으로 나타나시는데, 문자로 이해할 수 있거나 귀로 들을 수 있는 분이시다."22 부써에 따르면, 가시덤불 속에서 하나님을 만난 모세가 자신의 눈으로 타지 않는 가시덤불을 보고 자신의 귀로 하나님의 음성을 듣는 기적을 통해서 뿐만 아니라, "동시에 그의 내적인 마음을 만지시는 성령의 신비한 감동을 통해서도"23 하나님을 알게 되었는데, 이것이 곧 "믿는 것"(fidem habere. 믿음을 가지는 것)을 의미한다.24

부써에게 하나님에 대한 믿음을 갖게 되는 것, 즉 하나님을 믿는 것은 성령의 역사 없이는 불가능하다. 또한 하나님을 믿는다는 것은 하나님의 약속에 대한 전적인 신뢰를 의미한다. 불타지 않는 가시떨기 속의 하나님을 만난 모세는 하나님의 약속의 말씀을 믿었기 때문에 담대하게 이스라엘 백성에게 찾아가 그들에게 복음을 전할 수 있었고 하나님께서 약속하신 자유를 믿고 받아들이도록 가르쳤지만, "하나님의 영의 능력"(vis spiritus diuini)이 그들의 마음을 미미하게 감동시켰기 때문에 그들은 "믿음으로"(in fide) 인내하지 못했다.25

---

habere ne[15]cessum est."

22 Bucer, *Metaphrasis et enarration IN EPIST[OLA]. D. PAVLI apostoli ad Romanos*, 15: "Nunc spiritum viuificantem, eius, quod comprehensum literis vel expositum auribus, offertur foris, intellectum efficacem suppeditantem."

23 Bucer, *Metaphrasis et enarration IN EPIST[OLA]. D. PAVLI apostoli ad Romanos*, 15: "..., sed simul ex arcano adflatu spiritus, quo mens eius intus docebant,...."

24 Bucer, *Metaphrasis et enarration IN EPIST[OLA]. D. PAVLI apostoli ad Romanos*, 15.

25 Bucer, *Metaphrasis et enarration IN EPIST[OLA]. D. PAVLI apostoli ad Romanos*, 15.

결론적으로 부써에게 참 믿음은 복음 속에 제시된 하나님의 약속, 즉 하나님 자신의 말씀으로부터 나온다. 또한 그 믿음은 처음부터 끝까지 성령 하나님의 역사다. 성령 하나님이 우리의 눈과 귀를 통해 볼 수 있고 들을 수 있는 외적 말씀을 제공하실 뿐만 아니라, 우리의 내적인 마음을 신비한 감동으로 어루만지시기 때문에 믿음이 발생하는 것이다. 이 믿음에만 우리의 모든 의와 구원이 달려 있는데, 이 믿음의 기초와 근거는 예수 그리스의 복음뿐이다.26 하나님께서 예비하신 구원의 길은 믿음을 통해 그리스도의 모든 공로가 우리의 공로가 되는 것, 즉 죄인을 향해 값없이 베푸시는 하나님의 사랑뿐이며, 이것을 받아들이는 믿음뿐이다.

2. 칭의 즉 의화(義化) 교리

부써에게 죄인을 의롭게 하는 믿음은 하나님 은혜의 다른 이름이며, 의롭게 되는 것은 구원 받음과 영생 얻음을 의미한다. 또한 "의인은 믿음으로 살리라!"는 말씀은 하나님 앞에서 스스로 의롭게 될 수 있는 사람은 아무도 없다는 사실, 즉 만인의 전적타락을 전제한다. 따라서 오직 하나님의 은혜와 자비로만 죄 용서 받을 수 있고 의인으로 거듭날 수 있다. 하나님 앞에서 죄인들은 그리스도의 공로 덕분에 죄 용서를 받고 의롭게 된다. 하나님께서 그들의 죄를 용서하시는 이유는 오직 그리스도 때문이다. 이런 사실을 확증하는 성경 말씀들은 다음과 같다. "우리는 믿음으로 의롭게 된다, 우리는 은혜로 구원 받는다, 그리스도를 믿는 자는 영생을 얻는다."27 믿음으로 의롭게 되는 것이 곧 은혜로

---

26 부써의 기독론에 대해서는 다음 참조. 최윤배, "마르틴 부처(Martin Bucer)의 초기사상에 나타난 그리스도론 연구,"「장신논단」 40 (2011), 289-310.

27 Martin Bucer, *Metaphrasis et enarration IN EPIST[OLA]. D. PAVLI apostoli ad Romanos*, 99: "Fide iustificamur, Gratia seuamur, Qui credit in Christum, habet

구원 받는 것이요, 영생을 얻는 것이다.

칭의론과 관련하여 부써의 특이점은 부써가 이중칭의 혹은 삼중칭의를 주장한다는 사실이다.[28] 이것은 확실히 낯설고 루터의 칭의론과[29] 다른 것처럼 보인다. "칭의에 대한 부써의 가르침은 일반적으로 믿음과 이웃사랑의 조화로 특징지어져 왔다. 하지만 그것을 이중칭의로 묘사하는 것은 일부만 이해하는 것이다."[30] 왜냐하면 부써가 말한 이중칭의는 일반적으로 알려져 있는 이중칭의 즉 구원을 위해 그리스도의 전가적 칭의와 개인의 본성적 칭의가 모두 필요하다는 이중칭의와 다르기 때문이다. 후자의 이중칭의는 칭의의 원인을 두 가지 즉 외부적 의로서 그리스도와 내부적 의로서 인간본성을 제시한다.[31]

하지만 부써가 말하는 이중칭의의 원인은 오직 하나 즉 그리스도뿐이다. 아담의 타락 이후 인간 본성은 결코 하나님께서 요구하시는 의에 도달할 능력을 완전히 상실하고 말았기 때문이다. 부써가 믿음과 사랑을 밀접하게 연결시

---

vitam aeternam."

28 부써의 이중칭의 혹은 삼중칭의에 대해서는 다음 참조. Stephens, *The Holy Spirit in the Theology of Martin Bucer*, 48-55; 최윤배, 『잊혀진 종교개혁자 마르틴 부처』 (서울: 대한기독교서회, 2012), 264-273; 황대우, "부써의 칭의론," 이신열 편, 『종교개혁과 칭의』 (부산: 고신대학교출판부, 2022), 71-80.

29 루터 칭의론의 대표적 연구물에 대해서는 다음 참조. Maarten van Rhijn, *Studiën over Luther's rechtvaardigingsleer met een nawoord over nieuwere Erasmus-waardeering* (Groningen/Den Haag: J. B. Woters' U. M., 1921); Gordon Rupp, *The Righteousness of God: Luther Studies* (London: Hodder and Stoughton, 1953); Jan Taeke Bakker, *Coram Deo: Bijdrage tot het onderzoek naar de structuur van Luthers theologie* (Kampen: J. H. Kok, 1956); Hans Joachim Iwand, *Rechtfertigungslehre und Christusglaube: Eine Untersuchung zur Systematik der Rechtfertigungslehre Luthers in ihren Anfängen* (München: Chr. Kaiser Verlag, 1961); Karl-Heinz zur Mühlen, *Nos extra nos: Luthers Theologie zwischen Mystik und Scholastik* (Tübingen: J. C. B. Mohr (Paul Siebeck), 1972); 이재하, "루터의 '사랑으로 형성되는 믿음'에 대한 새로운 이해," 「선교와 신학」 21(2008), 41-67; 권진호, "'로마서 3장 28절에 관한 토론 논제'에 나타난 루터의 칭의론," 「장신논단」 54-3 (2022), 9-35.

30 Brian Lugioyo, *Martin Bucer's Doctrine of Justification*, 43.

31 황대우, "부써의 칭의론," 71.

키는 것은 맞는데, 이것은 칭의와 성화를 구분하면서도 불가분의 관계로 본 칼빈의 칭의론과 크게 다르지 않다. 부써가 이중칭의의 주창자로 간주된 것은 그가 불경건한 자들의 칭의와 경건한 자들의 칭의 즉 불신자의 칭의와 신자의 칭의를 구분했기 때문이며, 부써에게 불신자의 칭의는 죄 용서를 의미하고 신자의 칭의는 신자의 선행을 의미한다.[32] 불신자의 칭의는 믿음으로 의롭게 된다는 사도 바울의 주장과 일치하는 반면에 신자의 칭의는 행위로 의롭게 된다는 사도 야고보의 주장과 일맥상통한다.

심지어 부써는 삼중칭의를 말하기도 한다.[33] 부써가 주장한 삼중칭의 가운데 첫 번째 칭의는 하나님께서 창세전에 영생을 예정하심 즉 구원을 주시기로 결정하신 것이요, 두 번째 칭의는 하나님께서 지금 이곳의 현실에서 믿음으로 영생을 제공하시며 성령으로 효력 있게 하셔서 우리가 그것을 즐기도록 하시는 것이요, 마지막 칭의는 우리가 지상에서 향유하는 영생을 미래의 어느 순간에 우리에게 온전히 제공하시는 것이다. 요약하자면 부써의 삼중칭의는 예정에 의한 칭의, 믿음에 의한 칭의, 영화에 의한 칭의로 구분된다.

첫 번째는 아직 발생하지 않은 칭의이지만 이미 창세전에 결정된 칭의를, 두 번째는 지금 여기서 발생하는 믿음에 의한 신자의 칭의이지만 아직 불완전한 칭의를, 마지막 세 번째 칭의는 장차 신자가 완전하게 누리게 될 영화로운 칭의를 의미한다. 마치 이것은 로마서에서 바울이 택하신 자를 부르시고 부르신 자를 의롭다 하시고 의롭다 하신 자를 영화롭게 하신다고 가르치는 구원의 순서, 즉 과거와 현재와 미래의 구원 순서에 일치하는 설명으로 보인다. 또한

---

32 황대우, "부써의 칭의론," 76; William Stephens, *The Holy Spirit in the Theology of Martin Bucer*, 53.

33 부써의 삼중칭의에 대해서는 다음 참조. Martin Bucer, *Metaphrasis et enarration IN EPIST[OLA]. D. PAVLI apostoli ad Romanos*, 118-122; Henry Strohl, *La pensée de la Réforme* (Neuchatel: Delachaux et Niestelé S. A., 1951), 95-101; 황대우, "부써의 칭의론," 73-76.

삼중칭의의 주체는 오직 한 분 하나님뿐이시다. 그러므로 우리의 "행위들은 이 칭의에 의존적이지만 그 자체가 거저 베푸시는 하나님의 선하심의 선물과 사역이다."[34] 칭의와 구원뿐만 아니라 우리의 믿음과 행위조차도 모두 선하신 하나님의 선물이요, 하나님 자신의 선행이다.

이런 이유 때문에 비록 부써가 삼중칭의를 주장했음에도 불구하고 우리는 그를 삼중칭의자로 부르지 않는다. 이중칭의에 대한 그의 주장 역시 오해되지 말아야 한다. 부써의 이중칭의는 부써가 칭의를 법정적 혹은 선언적인 면과 효과적 혹은 지속적인 면으로 구분하는 데서 비롯된 것으로, 사실상 "성령의 이중칭의를 의미한다. 왜냐하면 믿음으로 죄인이 의롭게 되는 첫 번째 칭의와 그 죄인이 믿음의 길을 계속 걸어가는 두 번째 칭의는 모두 성령 사역의 결과이기 때문이다. 성령은 믿음으로 죄인이 의인이 되었다는 확실한 신분 변화를 하나님의 법정에서 공적으로 선언하시는 선포자이시며, 동시에 한 번의 선언으로 끝나지 않고 그를 진정한 믿음의 길로 계속 인도하시기 위해 신자 속에 거주하시는 내주자이시다."[35]

3. 선행 교리

부써에 따르면, 죄인을 의인으로 만드시는 성령 사역의 근거는 오직 그리스도의 공로뿐이다. 죄인에서 의인으로 신분이 바뀐 신자의 삶에게서 발견되는 선행 가운데 하나님으로부터 오지 않는 것은 아무 것도 없다. 왜냐하면 신자의 모든 선행은 하나님의 선물이자, 하나님 자신의 선행이 맺은 결실이기 때문이

---

34 Martin Bucer, *Metaphrasis et enarration IN EPIST[OLA]. D. PAVLI apostoli ad Romanos*, 119: "Ad hanc iustificationem concurrunt facta, sed ea ipsa quoque gratuitae bonitatis dei dona & opera sunt."
35 황대우, "부써의 칭의론," 79-80.

다. 부써에게 믿음은 성경이 주장하는 "사랑으로써 역사하는 믿음"(갈 5:6)을 내포하기 때문에 결코 사랑의 행위 자체를 배제하지 않는다. 스트라스부르대학의 교수 앙리 스트롤은 1523년에 출간된 부써의 첫 작품, 『누구든지 자기 자신이 아니라 다른 사람을 위해 살아야 한다는 것』(*Das ym selbs niemant, sonder anderen leben soll*)을 불어로 번역 소개하면서 『이웃 사랑에 관한 소논문』이라는 제목을 붙였는데, 이것은 1518년 루터의 십자가 신학으로 알려진 『하이델베르크 논제』 발표를 듣고 종교개혁자로 전향했던 부써가 종교개혁 초기부터 루터의 의롭게 하는 믿음이라는 기초 위에 사랑의 기둥을 과감하게 세웠다는 증거다.[36]

부써는 자신의 설교를 출간한 첫 저술에서 성부 하나님께서 모든 신자에게 부여주신 자신의 영 즉 성령 하나님 덕분에 우리 신자들이 "아바 사랑하는 아버지"(Abba, lieber vatter)를 외치며 죄의 종이라는 신분을 벗고 하나님의 자녀 즉 천국의 상속자들로서 새로운 삶을 살아간다는 사실을 아주 분명하게 주장한다.[37] 성경은 사랑을 율법의 완성이라 가르친다. 하나님을 사랑하고 이웃을 사랑하는 것이야말로 신자가 새로운 삶을 산다는 표지다. "올바른 신자" 즉 "그리스도 안에서 새로운 피조물은" 자기 자신을 위해 사는 사람이 아니라, "다른 사람을 유익하게 하고 하나님께 영광을 돌리기 위해 살아야 하는 사람이다."[38]

---

36 부써 첫 작품의 원문과 불어번역 및 한글번역에 대해서는 다음 참조. Robert Stupperich ed., *Deutschen Schriften Marin Bucers* I (Gütersloh: Gerd Mohn, 1960), 44-67. 이후 'BDS 1'로 인용. Martin Bucer, *Traité de l'Amour de Prochain*, traduction, introduction et notes par Henri Strohl (Paris: Presses Universitaires de France, 1949); 황대우 편역, 『삶, 나 아닌 남을 위하여』 (서울: SFC, 2016), 13-68.

37 Robert Stupperich ed., *Deutschen Schriften Marin Bucers* I , 61.

38 Stupperich ed., *Deutschen Schriften Marin Bucers* I, 65: "... ein recht glaubig mensch... und in Christo ein newe creatur... musse andern zu nutz und gott zu lob leben,..."

부써에게 하나님 사랑은 하나님께 영광을 돌리는 삶을, 이웃 사랑은 다른 사람을 유익하게 하는 삶을 의미한다. 이런 사랑은 당위적 논리나 의지적 결단에 머물지 않고 실천적 행위로 드러나야 한다. 희생적 사랑은 최고의 선행이다. 최고의 사랑, 최고의 선행은 우리 주 예수 그리스도의 십자가다. 그러므로 그리스도의 십자가와 무관한 사랑과 선행은 기독교적인 사랑이 아니다. "이웃 사랑은 단지 율법만 성취하는 것이 아니라, 하나님의 사람을 완성한다."[39] 부써에 따르면 하나님의 사람, 즉 신자의 삶은 이웃 사랑에 의해 완성된다. 우리가 우리 자신이 아닌 우리의 형제들을 위해 살 수 있는 것은 오직 우리를 향한 그리스도의 사랑 덕분이다. 우리를 사랑하시는 "그분을 우리가 본받을 때, 우리도 모두를 향해 선행할 것이다."[40]

그리스도께서 조물주이신 하나님의 모든 영광을 내려놓으시고 이 땅에 피조물인 인간으로 오셔서 죄 없이 십자가 형틀에 달리신 이유는 단 하나, 즉 우리 죄인을 향한 사랑 때문이다. 이 그리스도를 본받음(imitatio Christi)은 하나님을 사랑하고 이웃을 사랑한다는 증거, 즉 선행의 열매다. 선행의 열매를 맺지 못하는 믿음을 야고보 사도는 "죽은 믿음"이라 부른다. 행함 없는 믿음은 죽은 믿음이다. 그래서 참된 믿음은 선행이라는 열매를 맺는다. 이것은 어떤 나무인지는 그 열매로 안다고 가르치신 예수님의 말씀과 같은 원리다. 이 열매를 맺는 삶을 칼빈은 성화라 부르며 칭의와 성화를 불가분리의 관계로 설정한다.[41]

---

39 Martin Bucer, *Epistola D. Pavli ad Ephesios*, 82verso: "Dilectio proximi, & legem implet, & hominem dei consummat,..."

40 Bucer, *Epistola D. Pavli ad Ephesios*, 83verso: "..., hunc igitur imitati, in omnes & nos quoque benefici simus."

41 칼빈은 자신의 『기독교강요』 3권 11장 1절에서 칭의와 성화를 "이중은혜"(gratia duplex)라 부르는데, 그곳에서 성화는 "중생"(regeneratio)이자 "선행"(opera bona)을 의미한다.

부써에게 성화로서의 선행은 결코 믿음으로부터 독립적인 공로일 수 없다. 성화는 선행적인 믿음의 결과물이므로 믿음에 의존적일 수밖에 없다. 부써에게 선행적 칭의 없는 성화나 후속적 성화 없는 칭의는 상상하기 어렵다. 후자는 모든 죄가 용서를 받았으므로 어떤 죄를 지어도 더 이상 죄가 되지 않는다는 신령주의, 또는 모든 종류의 율법이 복음에 의해 폐기 되었다는 율법무용론을 양산하고, 전자는 구원이란 그리스도의 공로로만 받는 것이 아니라 자신의 선행적 공로가 추가되어야 받을 수 있는 것이라는 공로주의, 또는 율법을 준수해야만 구원을 받을 수 있다는 율법주의를 양산한다.[42]

칼빈처럼 부써도 '행위로 말미암은 의'를 주장한 적이 없다. 또한 자신의 저술 어디에서도 인간의 행위를 구원의 원인으로 간주하지 않는다. 부써에게 선행은 결코 구원의 원인이 아니다. "죄 없는 사람은 아무도 없다."[43] 그는 바울 사도가 다음과 같이 가르친다고 단언한다. "누구도 하나님 앞에서는 의롭게 되지 못한다. 즉 [누구도] 자신의 행위로는 하나님의 심판에서 풀려나지도 복 있는 자들 가운데 계수되지도 [못한다]. 그러나 모든 사람은 오직 하나님의 자비로만, 자기 자신 때문에 용서하시는 분에 의해서만 [의롭게 되고], 그리고 하나님 앞에서 그리스도의 은혜로만 [의롭게 되는데], 하나님께서 그분 때문에 그들을 용서하신다."[44]

부써에게 믿음으로 의롭게 된다는 것은 은혜로 구원 받는다는 것을 의미한다. 따라서 인간의 선행은 결코 구원의 원인으로 작용할 수 없다. 하지만 부써

---

42 황대우, "믿음, 소망, 사랑의 성령: 부써의 성령론", 88.

43 Martin Bucer, *Epistola D. Pavli ad Ephesios*, 82recto: "...peccatis nemo caret,..."

44 Martin Bucer, *Metaphrasis et enarration IN EPIST[OLA]. D. PAVLI apostoli ad Romanos*, 99A: "Iam D. Paulus totis viribus hoc vbique defendit, & docet, neminem iustificari apud deum, id est, in iudicio dei absolui, interque beandos numerari, factis suis, sed omnes sola clementia dei, peccata propter se ipsum remittentis, & gratia Christi apud deum, propter quem scilicet deus peccata remittit."

는 인간의 "선행이 하나님의 선행의 원인"이라는 사실을 분명하게 인정한다.[45] 여기서 하나님의 '선행들'(beneficia)은 사실상 하나님의 보상적 혜택을 의미한다. 하나님이 우리에게 선행을 요구하시고 또한 선행에 따른 혜택 즉 보상의 상급을 약속하시는 성경본문은 아주 많다. 예컨대 누군가 그리스도의 이름으로 찬물 한 잔을 제공하기만 해도 주님께서는 그가 상급인 보상들(mercedes)을 받게 될 것이라 선언하신다. 그러나 인간의 선행은 구원을 위한 최초의 원인도 필연적 원인도 아니며, 다만 "하나님의 자유로운 호의"(vltronea beneuolentia dei)에 종속적인 두 번째 원인일 뿐이다.[46] 인간의 선행은 우리를 위한 하나님의 선의와 선행의 결과물에 불과하다.

"두렵고 떨림으로 너희 구원을 이루라!"(빌 2:12)는 바울의 가르침을 부써는 너희 자신의 구원을 "완수하라"(perficite)는 명령으로 이해하면서 "하나님 앞에서... 율법을 행하는 자라야 의롭다 하심을 얻으리니"(롬 2:13)라는 말씀과 상통하는 의미로 본다. 하지만 비록 신자로 거듭났음에도 불구하고 우리는 여전히 죄인으로 "무익한 종"(inutiles serui)이기 때문에, "우리 속에 악하지 않는 모든 것은 그분의 선물이다... 자신의 말씀으로 만물을 무로부터 창조하신 주님께서 그것들이 그러도록 결정하셨고 또한 그러도록 확증하시는데, 즉 인간이 바르게 행하는 것들은 하나님의 보상의 원인이고 또한 그렇게 불려야 한다는 것이다."[47]

---

45 Bucer, *Metaphrasis et enarration IN EPIST[OLA]. D. PAVLI apostoli ad Romanos*, 99C: "Bona opera causa esse beneficiorum Dei,..."

46 Bucer, *Metaphrasis et enarration IN EPIST[OLA]. D. PAVLI apostoli ad Romanos*, 100D.

47 Bucer, *Metaphrasis et enarration IN EPIST[OLA]. D. PAVLI apostoli ad Romanos*, 100D-E: "Dona eius sunt, quaecunque in nobis mala non sunt. ..., quod esse eas Dominus, qui omnia suo verbo condidit, ex nihilo, statuit, & esse affirmat, quae homines probe faciunt, causae [E] beneficiorum Dei sunt, & dici debent:..."

부써에게는 죄인이 스스로 구원 받을 수 있는 길은 전무하다. 그는 어떤 중세의 공로신학적 요소도 허용하지 않는다. 비록 아담의 타락 이후 모든 인류가 타락의 영향 아래 태어남에도 불구하고 자연인 그대로 죄 짓지 않고 구원 받을 가능성을 열어둔 토마스 아퀴나스(Thomas Aquinas)의 자연신학을 부써는 미련 없이 과감하게 버렸다. 비록 그가 한 때 아퀴나스 신학에 심취한 토마스주의자(Thomist)였음에도 불구하고 루터의 하이델베르크 논제를 통해 종교개혁가로 변신한 1518년 이후로는 중세의 공로신학과 자연신학으로부터 완전히 결별했다. 왜냐하면 그는 오직 하나님의 은혜로만, 십자가에 달리신 그리스도의 공로로만 죄인이 구원 받을 수 있다는 성경의 가르침을 루터를 통해 확실하게 배웠기 때문이다.

인간들의 선한 행위들(opera bona hominum)이 "하나님의 선행들의 원인들"과 "공로들"로 인정받고 불리는 이유는 "결코 [인간들] 자신의 공로 때문이 아니라, 우리를 향한 하나님의 순수하고 거저 베푸시는 선행들 때문이다."[48] 부써에 따르면 죄인인 우리 인간에겐 선한 것이 전무한 반면에, 모든 선은 오직 선하신 하나님으로부터만 나온다. 하나님은 모든 선의 출처이신 최고선이시다. "만일 우리가 하나님이 최고선이시기 때문에 무엇보다도 그분을 사랑한다면 반드시 우리는 그분이 우리의 최고선이시라는 것, 즉 우리에게 [있는] 선한 모든 것이 그분 안에 [있다는] 것을 인정해야 한다. 그러므로 우리는 이생과 이생이 추구하는 모든 것뿐만 아니라, 영생과 영생으로 인도하는 모든 것도 그분 안에서 기대해야 한다."[49]

---

48 Bucer, *Metaphrasis et enarration IN EPIST[OLA]. D. PAVLI apostoli ad Romanos*, 100E: "..., istuc nempe causas beneficiorum Dei & merita esse, & dici; nullo suo merito, sed mera & gratuita Dei in nos beneuolentia."
49 Bucer, *Metaphrasis et enarration IN EPIST[OLA]. D. PAVLI apostoli ad Romanos*, 102D: "Si enim deum ideo super omnia diligimus, quia summum bonum est, necesse est, vt eum etiam nostrum summum bonum, hoc est, omnia in eo nobis quoque

부써는 하나님께서 신자인 우리에게 베푸시는 것과 같이 우리가 이웃에게 베푸는 "은혜나 호의"도 "영적 은사와 능력"이라고 주장한다.[50] 모든 은사의 주인이신 성령 하나님의 역사 없이는 신자에게서 어떤 선행도 일어지 않는다. 왜냐하면 "모든 선은 하나님의 은사"이기 때문이다.[51] 그러므로 모든 신자 속에 거하시는 성령 하나님께서 효력을 발휘하시지 않는다면 어떤 선함도 우리에게서 나올 수 없다.[52] 성령은 신자를 거룩하게 만드시는 분, 즉 성화의 하나님이시다. 신자의 선행은 성화의 열매다. 부써에게 성령 하나님은 모든 신자들에게 자신의 영적 은사와 능력을 나누어주시고 그것으로 이웃을 섬기고 사랑하게 하셔서 그리스도의 십자가 사랑이 열매를 맺도록 하시는데, 이것이 곧 '하나님께만 영광이'(soli Deo gloria) 돌아가길 바라는 신자의 성화의 삶이다.[53]

III. 결론

스트라스부르의 종교개혁자 마틴 부써의 신앙론은 비텐베르크의 종교개혁자 마틴 루터의 신앙론과 다르지 않다. 비록 부써가 종교개혁자들 사이뿐만 아니라, 종교개혁자들과 로마가톨릭교회 사이에서도 일치와 연합을 도모한 중재자의 역할을 마다하지 않았음에도 불구하고, 그러한 연합을 위해 자신의

---

bona agnoscamus. Vitam itaque cum praesentem, & quicquid haec requirit, tum aeternam, ac quicquid ad hanc perducit, in ipso expetamus:..."

50 Martin Bucer, *Epistola D. Pavli ad Ephesios*, 83verso: "Gratiam uel beneuolentiam uocat, dona & facultates spiritales,..."

51 Bucer, *Epistola D. Pavli ad Ephesios*, 41recto: "Bona omnia dona Dei."

52 참고. William Stephens, *The Holy Spirit in the Theology of Martin Bucer*, 78.

53 부써 신학에서 신자의 성화와 성령의 사역 사이의 긴밀한 관계에 대해서는 다음 참조. William Stephens, *The Holy Spirit in the Theology of Martin Bucer*, 71-98.

신학사상을 변경하지 않았다. 특히 루터의 가르침에서 비롯된 개신교 신학의 핵심인 종교개혁적 신앙론에서 벗어난 적은 단 한 번도 없다. 따라서 부써를 신학적 변절자로 간주하는 것은 부당하다.

루터 신앙론의 핵심은 이신칭의의 가장 중요한 근거구절인 "그러므로 이제 우리는 사람이 율법의 행위 없이, **오직** 믿음으로 의롭게 되는 줄 인정하노라." (롬 3:28)는 말씀 속에 있다. 이 구절에서 '오직'이라는 부사가 헬라어본문에는 없지만, 루터는 그 단어를 반드시 첨가해야만 본문의 의미가 분명해진다고 보았다. 그래서 그는 '오직'이라는 단어를 첨가하여 번역한 독일어성경을 출간했다. 이후 대부분의 개신교 번역 성경은 루터의 성경번역을 따라 '오직'이라는 부사가 마치 원문에 있는 것처럼 그 단어를 첨가한 구절을 제시한다.

16세기 '오직 믿음으로'(sola fide)라는 구호는 중세 공로신학을 통째로 뒤집어 없는 '이신칭의' 교리, 즉 종교개혁의 핵심 사상이다. 루터 자신의 주장에 따르면 믿음으로 의롭게 된다는 신앙 교리가 무너지면 종교개혁의 모든 것이 무너진다. 1518년 하이델베르크에서 루터가 자신의 입장을 밝힌 십자가 신학을 듣고 종교개혁자로 전향한 부써는 비록 신앙 교리를 옹호하기 위해 그 자신이 사용한 용어들과 방법들이 루터의 그것과 달랐음에도 불구하고 생의 마지막까지 루터 신앙론의 핵심 사상을 철저하게 고수했다.

루터와 달리 부써가 이중칭의나 삼중칭의와 같은 다소 생경한 방법을 동원하여 신앙 교리를 설명했던 것은 사실이다. 하지만 16세기 당시 가장 중요한 논점은 죄인이 의롭게 되는 방법이 오직 믿음뿐이라는 주장이다. 그런데 여기서 '믿음'을 인간 편에서의 결심이나 결단으로 오해하기 시작한 사람들이 생겨났는데, 그들이 바로 재세례파다. '오직 믿음으로만 의롭게 된다'는 루터의 가르침에서 '믿음'은 사실상 하나님의 은혜로운 선물, 즉 하나님이 우리에게 값없이 베푸시는 구원의 선물을 의미하는데, 그 구원의 선물이 바로 그리스도시다.

선물로서의 구원을 위한 모든 공로는 그리스도 자신의 것이다. 따라서 우리의 구원이 우리 각자의 공로 덕분이 아니라, 오직 그리스도의 공로 덕분이라고 루터와 부써는 이구동성으로 주장했던 것이다. 아무리 위대한 공로를 세운 사람도 자신의 구원을 위해서는 자신의 공로가 전혀 쓸모가 없다. 다만 십자가를 지신 우리 주 예수 그리스도의 공로만이 죄인의 모든 죄를 용서할 수 있는 수단이요, 죄인에게 구원의 빛을 비추고 구원의 문을 열어주는 열쇠다. 이런 입장에 있어서 루터와 부써는 어떤 교리적 차이도 없다.

루터가 바울 사도의 신앙 교리와 야고보 사도의 신앙 교리를 상호 대립적인 것으로 간주하는 반면에 부써는 두 사도의 가르침을 마치 동전의 양면처럼 하나의 신앙이 가진 두 가지 속성으로 간주하려는 경향이 있다. 따라서 부써에게 믿음의 의와 행위의 의는 결코 서로 대립하지도 않고 따로 양립할 수도 없다. 다만 행위는 결코 믿음에 앞서지 못하고 반드시 믿음을 뒤따르는 믿음의 결과물이어야 한다. 인간의 어떤 선한 행위도 구원 받는 믿음을 생성하거나 완성하는 요소로 작용할 수 없다. 이것은 칼빈의 성화론과 일치하는 부써의 선행 교리이다.

신앙 교리에 있어서 부써가 성령의 역할을 루터보다 훨씬 더 강조한 것은 사실이다. 이것은 부써 신학의 두드러진 특징일 뿐만 아니라, 하나님의 외적 말씀을 강조하는 루터와 다른 차이점이기도 하다.

〈참고문헌〉

권진호. "'로마서 3장 28절에 관한 토론 논제'에 나타난 루터의 칭의론," 「장신
　　논단」 54-3 (2022), 9-35.

이신열 편. 『종교개혁과 칭의』. 부산: 고신대학교출판부, 2022.

_____. 『종교개혁과 성령』. 부산: 고신대학교출판부, 2020.

이재하. "루터의 '사랑으로 형성되는 믿음'에 대한 새로운 이해," 「선교와 신학
　　」 21(2008), 41-67.

최윤배. 『잊혀진 종교개혁자 마르틴 부처』. 서울: 대한기독교서회, 2012.

황대우 편역. 『삶, 나 아닌 남을 위하여』. 서울: SFC, 2016.

_____. "믿음, 소망, 사랑의 성령: 부써의 성령론", 이신열 편. 『종교개혁
　　과 성령』, 67-91.

_____. "부써의 칭의론," 이신열 편. 『종교개혁과 칭의』, 71-80.

Bakker, Jan Taeke. *Coram Deo: Bijdrage tot het onderzoek naar de
　　structuur van Luthers theologie*. Kampen: J. H. Kok, 1956.

Bucer, Martin. *Epistola D. Pavli ad Ephesios... in eandem
　　Commentarius*. Strasbourg: Johannes Hersagen?, 1527.

_____. *Metaphrasis et enarration IN EPIST[OLA]. D. PAVLI
　　apostoli ad Romanos*. Basel: Peter Perna, 1562.

_____. *Traité de l'Amour de Prochain*. Henri Strohl 편역.
　　Paris: Presses Universitaires de France, 1949.

Iwand, Hans Joachim. *Rechtfertigungslehre und Christusglaube:
　　Eine Untersuchung zur Systematik der Rechtfertigungslehre*

Luthers in ihren Anfängen. München: Chr. Kaiser Verlag, 1961.

Koch, Karl. *Studium Pietatis: Martin Bucer als Ethiker*. Neukirchen: Neukirchener Verlag, 1962.

Kohls, Ernst-Wilhelm. *Die Schüler bei Martin Bucer in ihrem Verhältnis zu Kirche und Obrigkeit*. Heidelberg: Quelle & Meyer, 1963.

Kroon, Marijn de. *Martin Bucer en Johannes Calvijn: Reformatorische perspectieven Teksten en inleiding*. Zoetermeer: Meinema, 1991.

Lexutt, Athina. *Rechtfertigung im Gespräch: Das Rechtfertigungsverständnis in den Religionsgesprächen von Hagenau, Worms und Regensburg 1940/41*. Gättingen: Vandenhoeck & Ruprecht, 1996.

Lugioyo, Brian. *Martin Bucer's Doctrine of Justification: Reformation Theology and Early Mordern Irenicism*. Oxford/New York: Oxford University Press, 2010.

McGrath, Alister E. *Iustitia Dei: A History of the Christian Doctrine of Justification*. Cambridge: Cambridge University Press, 1993.

Mühlen, Karl-Heinz zur. *Nos extra nos: Luthers Theologie zwischen Mystik und Scholastik*. Tübingen: J. C. B. Mohr, 1972.

Müller, Johannes. *Martin Bucers Hermeneutik*. Gütersloh:

Verlaghaus Gerd Mohn, 1965.

Rhijn, Maarten van. *Studiën over Luther's rechtvaardigingsleer met een nawoord over nieuwere Erasmus-waardeering*. Groningen/Den Haag: J. B. Woters' U. M., 1921.

Rupp, Gordon. *The Righteousness of God: Luther Studies*. London: Hodder and Stoughton, 1953.

Schneckenburger, Matthias. *Vergleichende Darstellung des lutherischen und reformierten Lehrbegriffs* 1-2. Stuttgart: Verlag der J. B. Metzler'schen Buchhandlung, 1855.

Schweizer, Alexander. *Die Glaubenslehre der evangelish-reformirten Kirken* I-II. Zürich: Orell, Füssli und Comp., (I)1844, (II)1847.

Spijker, Willem van 't. *Luther: belofte en ervaring*. 황대우 역. 『루터: 약속과 경험』. 부산: 개혁주의학술원, 2017.

Stephens, Willam Peter. *The Holy Spirit in the Theolgy of Martin Bucer*. Cambridge: Cambridge University Press, 1970.

Strohl, Henry. *La pensée de la Réforme*. Neuchatel: Delachaux et Niestelé S. A., 1951.

Stupperich, Robert ed. *Deutschen Sristen Marin Bucers* I. Gütersloh: Gerd Mohn, 1960.

멜랑흐톤의 믿음
신학총론(1521, 1553)을 중심으로

류성민

Philip Melanchthon(1497-1560)

서울대 산림자원학과를 졸업하고, 합동신학대학원대학교에서 M.Div 학위를 취득하였고, 독일 Kirchliche Hochschule Wuppertal/Bethel에서 고전어와 Magistergang을 수학하고, 네덜란드 Apeldoorn 신학대학에서 Th.M.과 Th.D. 학위를 취득하였다. 논문의 주제는 멜랑흐톤의 시편, 학개, 스가랴 주석연구였다. *Melanchthon Werke*(Bretten)의 편집위원이다. 아세아연합신학대학 신학연구소의 학술연구교수로서, 자유의지 논쟁을 통한 초기 개신교 윤리관의 발전을 연구하였고, 현재 예장 합신의 목사로 성가교회(합신)에 출석 중이며, 합동신학대학원대학교의 강사로 조직신학과 역사신학의 과목을 가르치고 있다.

류성민

I. 서론

    믿음이라는 단어는 여러 상황에서 여러 의미로 여러 사람들에 의해 사용되고
있다. 성경에서 사용된 용례도 다양하고, 우리의 일상에서도 다양하다. 그러나
구원의 순서에서 사용되는 믿음은 이에 반해 상당히 제한적인 의미를 가지는
것이 사실이다. 이런 현실과 이론의 부조화는 믿음이라는 용어가 일상과 신학
에서 동시에 사용될 때, 자연스럽게 모호함을 가질 수밖에 없다.

    종교개혁의 신학적 측면에서 믿음이라는 단어는 시대를 구분 짓는 핵심적
용어로 사용되었다. 'Sola fide'라는 구호는 종교개혁 신학의 지향점을 보여주
기 때문이다. 그러나 믿음이라는 단어가 종교개혁 시대에 새롭게 만들어진
단어가 아니고, 이미 당시에 철학적 신학적 의미로 자주 사용되는 단어였기
때문에, 이 단어를 새롭게 정의하고, 설명하는 일은 필수적이었다. 그리고 동일
한 단어를 다른 의미와 해석 가운데 사용하려는 시도는 항상 그렇듯 현실과
이론의 모호함 가운데 오해 또한 낳았다. 기존에 믿음을 사람의 공로적 행위로
이해하고 있던 사람들에게 종교개혁자의 새로운 해석은 잘 이해되지 않는 것이
었기 때문이다. 이는 종교개혁 이후 세대에도 마찬가지이다. 새로운 세대가
들어서고, 종교개혁에 대한 깊은 이해가 없는 상황에서 믿음이라는 단어를
실천적으로 접근한 사람들은 믿음을 자연스럽게 사람의 공로적 행위와 연결시
키기 때문이다. 이런 점에서 믿음이라는 단어보다 은혜라는 단어를 더 선호하
는 것이 나은 선택일 수 있지만, 이미 종교개혁이라는 시대를 믿음이라는 단어
로 특징지어버렸기 때문에 믿음이라는 단어를 피하는 것 자체도 오해를 받는
경우가 있었다. 그렇기 때문에 이 단어의 오용을 피하는 것은 사실상 불가능했
다. 이런 이유에서 우리는 종교개혁자들이 믿음이란 단어를 어떤 의미로 사용

했는지 좀 더 명확하게 밝히고 다시 소개할 필요가 있다.

16세기 비텐베르크의 대표적인 개혁자 멜랑흐톤은 신학체계를 정리하여 세우는 목적으로 작성한 『신학총론』(Loci)에서 믿음이란 단어를 매우 많이 사용했고, 실제로 다양한 의미로 사용했다. 다만 멜랑흐톤은 이 단어를 주로 구원론적 맥락, 즉 칭의와 성화를 설명하는 가운데 사용했다는 점은 특징적이다.

본고는 멜랑흐톤이 믿음이란 단어를 어떻게 사용했는지를 칭의와 성화라는 주제와 관련하여 간략하게 살펴보려고 한다. 이를 통해 그의 신학의 실천적 실제적 성격을 보고, 오해가 될 만한 부분에 변명 또한 담으려 한다. 무엇보다 믿음이 구원론이라는 신학적 의미에서 사용될 때 이 비텐베르크 종교개혁자가 그 안에 어떤 의미를 담았는가를 집중적으로 보려고 한다.

멜랑흐톤에게 믿음은 칭의와 매우 긴밀한 연관성을 갖는다. 그래서 믿음에 대한 일반적 논의는 필연적으로 칭의론에 대한 기존의 연구와 중복될 수밖에 없다.[1] 본 연구는 이러한 중복을 최대한 피하여 멜랑흐톤이 가졌던 믿음의 정의와 기능에 대해 살펴보려고 한다. 이 논의의 본문으로 멜랑흐톤의 『신학총론』(Loci) 중 우리 말로 소개된 1521년 초판본[2]과 1553년 독일어판본[3]이 소개되고 사용한다. 이를 통해 독자들의 발전적 검토에 도움이 토대가 되기를 기대

---

1 다음의 연구에서 이미 칭의와 믿음의 관계에 대한 부분이 소개되고 있으니 참고. 류성민, "멜랑흐톤의 칭의론," 『종교개혁과 칭의』(부산: 고신대학교 개혁주의학술원 2022), 91-128.

2 Philipp Melanchthon, 이은선 역, "신학총론", 『멜란히톤과 부처』(두란노아카데미: 서울, 2011) (기독교고전총서 17) (= Loci 1521), 139; Philipp Melanchthon, ed. Robert Stupperich, *Melanchthons Werke in Auswahl* (Gütersloher Verlagshaus Gerd Mohn: Gütersloh, 1951-) (= *MSA*) II/1.

3 Philipp Melanchthon, Ralf Jenett und Johannes Schilling ed., *Heubtartikel Christlicher Lere. Melanchthons deutsche Fassung seiner Loci Theologici, nach dem Autograph und dem Originaldruck von 1553* (Leipzig: Evangelische Verlagsanstalt 2002). (= *Heubtartikel*) 한역본: 필립 멜란히톤, 이승구 역, 『신학총론』 (일산: 크리스챤다이제스트 2000). (세계기독교고전 39) (= Loci 1553)

한다.

II. 믿음의 정의

믿음이란 단어는 그 자체로 다양한 의미가 있다. 다만 멜랑흐톤은 믿음이라는 용어를 주로 칭의와 관련하여 사용하고 있다. 이는 당시 신학자들의 개념과 상당한 차이를 보여주는 것이기도 하다. 우리는 멜랑흐톤의 신학적 핵심 주제 중 하나인 율법과 복음의 해설에 나타난 믿음의 정의를 살펴볼 것이다.

1. 1521년 신학총론을 통해 본 믿음의 정의

멜랑흐톤은 1521년 신학총론에서 믿음이라는 용어를 다양한 주제의 해설에서 함께 다루고 있다. 믿음을 주로 칭의와 관련된 주제에서 다루고 있지만, 그에 앞서 율법의 주제에서 믿음에 대한 내용이 먼저 나온다. 특히 구원에 대한 해설에서 죄에 대한 내용을 먼저 다루는 것은 멜랑흐톤의 전형적 특징이다. 우선 죄에 대한 주제에서 멜랑흐톤이 믿음을 어떻게 다루는가를 살펴보는 것으로 그가 믿음을 어떻게 정의하는지를 살펴보려고 한다.

멜랑흐톤은 "죄는 부패한 정서이며, 하나님의 법을 대항하는 마음의 타락한 활동"이라고 정의한다.[4] 모든 사람은 타락한 본성의 영향으로 진짜 죄를 범하고, 언제나 죄를 범한다. 토마스주의자로 대표되는 스콜라 학자들은 사람의 본성적 성향이나 경향은 행위가 아니기 때문에 죄가 아니라고 주장하지만,

---

[4] *Loci* 1521, 67; *MSA* II/1, 18 "Parvus affectus pravus que cordis motus est contra legem dei, peccatum."

멜랑흐톤은 이를 적극적으로 부정하며, 우리 모두는 실질적인 죄인이라고 단언한다. 이 말의 가리키는 것은 구원에 있어 사람이 어떤 긍정적 영향도 줄 수 없다는 것이다. 그래서 멜랑흐톤은 그리스도에 대한 믿음이 없이 의롭게 될 수 없다고 결론 내린다.[5]

한편 당대 스콜라 신학자들은 사람의 자유의지나, 능력이 구원에 영향을 줄 수 있다고 생각했다. 그들을 향하여 멜랑흐톤은 위선이라고 비난하며, 그들의 견해는 사실상 원죄를 부인하는 것이라고 지적한다.[6] 성경은 사람의 마음이 항상 악하다고 증거하니(창 6:5), 본성의 능력으로 어떤 선이나 공로를 행할 수 없다는 것이 그의 견해였다. 사람은 부패했기 때문에 영생의 공로를 행하는 것은 불가능하다.[7]

회개에 대한 설명에서 멜랑흐톤은 회심의 두 가지 의미를 설명하여, 구원에 있어 하나님의 주도권을 분명하게 설명한다. 첫째, 우리는 성령님의 감동으로 회개한다. 하나님께서 우리에게 죄를 보여주시고, 두렵고, 불안하게 하실 때 회개가 발생한다. 둘째, 회개에 따라오는 것은 우리를 위로하시고, 우리에게 호의를 베푸시는 하나님의 일하심에 대한 공개적 선언이다. 이렇게 회개에 대한 교훈이 우리에게 알려주는 바는 회개에 있어 우리는 아무 능력이 없다는 것이다.[8]

믿음이라는 용어의 사용에서 핵심적인 것은 구원에 있어 사람의 공로가 아니라, 그리스도의 공로를 의지해야 한다는 구원론적 중심이었다. 사람은 죄인이기 때문에 구원에 영향을 줄 능력이 없고, 더하여 성령님의 이끄심 없이는

---

5 *Loci* 1521, 72; *MSA* II/1, 23.
6 *Loci* 1521, 73; *MSA* II/1, 24.
7 *Loci* 1521, 75; *MSA* II/1, 26.
8 *Loci* 1521, 85; *MSA* II/1, 36. "Duplex est conversio dei ad nos, altera praeit resipiscentiae nostrae, altera sequitur. ..."

스스로 회개할 능력도 없다. 멜랑흐톤은 이렇게 무능력한 사람이 구원을 받는 방식에 대하여 오직 믿음을 통해 구원이 이루어진다고 표현한다. 그러므로 구원에 있어 믿음의 구체적 의미는 사람이 스스로 구원을 얻을 수 없고, 오직 하나님으로 말미암아 이루어진다는 것이다. 멜랑흐톤의 1521년 신학총론에서 믿음이란 간단하게 말해 칭의의 수단이다. 죄로 인해 자력으로 구원을 얻을 수 없는 무력한 사람들에게 존재하는 유일한 구원의 방식은 그리스도를 믿는 것이다.

2. 1553년 신학총론을 통해 본 믿음의 정의

멜랑흐톤은 1521년 신학총론과 마찬가지로 1553년 신학총론에서도 죄에 대한 해설에서 믿음을 다루고 있고 이는 죄에 대한 이해와 긴밀하게 연관된다. 그는 원죄에 대한 당시 로마 가톨릭의 입장을 반대한다. 그는 로마 가톨릭의 입장을 소개하면서, 그 대상을 구체적으로 수도사와 교황주의자로 부르며 언급한다. 그들의 원죄에 대한 입장은 다음과 같다. 원죄는 사람의 본성에 있어 큰 손상은 아니다. 하나님에 대한 의심이나, 악한 성향 자체는 죄가 아니다. 오히려 이런 것은 먹는 것과 마시는 것과 마찬가지로 가치중립적인 것이다. 그래서 로마 가톨릭의 신학자들은 사람이 자연적 능력으로 하나님의 율법을 지킬 수 있다고 주장한다. 그들의 견해에 따르면, 사람은 하나님의 법을 스스로 지킴으로 죄 용서라는 공로를 얻을 수 있으니, 사람이 율법을 지킴으로 하나님 앞에서 의로울 수 있다고 주장할 수 있는 것이다.[9]

멜랑흐톤은 이런 로마 가톨릭의 견해에 적극적으로 반대하며, 이런 견해는

---

9 *Loci* 1553, 182; *Heubtartikel*, 166.

그리스도를 통해 얻는 은혜와 구속의 복음을 제거하는 헛되고 악마적인 거짓말이라고 일축한다.10 오히려 사람은 로마 가톨릭의 견해와 달리 원죄로 인해 부패했다. 사람의 약한 의지는 큰 죄악의 원천일 뿐이다.11 더하여 멜랑흐톤은 하나님께서 회심한 사람이든 회심하지 않은 사람이든 모든 사람에게 하나님의 법의 엄격한 순종을 요구하신다는 점을 지적한다.12

이런 기초 위에서 멜랑흐톤은 복음을 설명한다. 복음은 죄에 대한 하나님의 진노를 듣고, 그 진노 아래서 떨고 있는 사람에게 하나님께서 사람의 공로 없이 은혜롭게 그들의 죄를 용서하시고, 칭의를 주시고, 양자됨을 주시는 것을 의미한다. 멜랑흐톤은 이 복음을 믿는 사람에게 주시는 위로요, 그 위로는 구체적으로 성령님과 영원한 생명이라고 설명한다. 그리고 이 모든 것이 믿음을 통해 주어진다는 것은 가장 은혜로운 약속에 대한 하나님의 선포라고 주장한다.13 사람은 죄로 인해 구원을 얻을 능력이 없기 때문이다. 이런 점에서 멜랑흐톤에게 믿음은 성령님과 영원한 생명으로 요약되는 복음을 수용하는 통로가 된다. 그리고 믿음이 가리키는 것은 바로 하나님의 은혜로운 약속이다. 즉 믿음은 구원에 있어, 그러니까 복음을 받아들임에 있어 사람의 공로를 배제하고, 하나님의 은혜로운 약속만을 의지하는 것을 의미한다.

이런 이해는 율법과 복음의 차이에 대한 멜랑흐톤의 설명에서도 잘 드러난다. 멜랑흐톤은 율법이 온전한 순종을 명령하지, 값없는 죄 용서를 제공하지

---

10 *Loci* 1553, 182; *Heubtartikel*, 166.

11 *Loci* 1553, 191; *Heubtartikel*, 173. "Und sind ursach der groben sunden menschlich swacheit, eigner boser will."

12 *Loci* 1553, 192; *Heubtartikel*, 174. "Dise lahr soll mann nicht in den wind schlagen, sondern wissen, das gott ernstlich fordert eusserliche zucht von allen menschen, bekerten und unbekerten."

13 *Loci* 1553, 280; *Heubtartikel*, 250. "Evangelium ist die gottliche predig, darinn allen menschen, nach dem sie die predig von gottes zorn, dise aller gnedigste Verheissung furgetragen wirt,"

않는다고 가르치며, 반대로 복음은 그리스도의 전체 순종이 우리를 위한 공로가 된다고 가르친다.14 그리고 믿음은 바로 이 은혜를 받아들이는 것을 가리킨다. 주 예수 그리스도를 신뢰하는 모든 사람에게 죄 용서와 자비와 칭의와 영원한 복락이 약속된다. 바로 이 약속이 그리스도에 대한 믿음으로 수용된다.15

멜랑흐톤은 1521년 신학총론과 달리 1553년 신학총론에서는 간략하게 믿음에 대한 내용을 따로 다루고 있다. 이 장에서 멜랑흐톤은 믿음에 대해 다음과 같이 정의를 내린다. "참된 믿음은 은혜의 약속을 포함하여, 하나님께서 우리에게 주신 모든 말씀을 참으로 받아들이는 것이다."16 그리스도를 진심으로 믿는 것은 은혜로운 죄 용서와 우리를 받아주시는 것과 우리를 영원한 복락의 상속자로 만드시는 약속을 받아들이는 것이다. 그리고 멜랑흐톤은 이런 믿음에 대한 내용을 다시 짧게 요약한다. "믿음은 구주 그리스도에게 기대는 것이다."17

믿음은 사람에게 기대는 것이 아니라 그리스도에게 기대는 것이라는 멜랑흐톤의 정의는 멜랑흐톤의 믿음에 대한 견해에서 사람의 행위의 가치를 찾으려는 사람들에게 단호한 경고를 던지고 있다. 믿음이 사람 안에서 동작하는 것이라고 하더라도, 믿음은 사람의 것이 될 수 없다. 멜랑흐톤의 정의에 따르면, 믿음이란 구원에서 사람의 행위를 거절하고 그리스도의 공로만 의존하는 것이기

---

14 *Loci* 1553, 283; *Heubtartikel*, 253. 이 부분의 *Loci* 1553의 한글 번역은 오역이다. '그리스도께 대한 전적인 순종'이 아니라 '그리스도의 전체 순종'이 옳은 번역이다. "Denn der gantz gehorsam des herrn Christi ist der verdienst fur unβ."

15 *Loci* 1553, 284; *Heubtartikel*, 253.

16 *Loci* 1553, 303; *Heubtartikel*, 268. "Sondern Rechter glaube ist alle gottes wort, die unβ geben sind, gewiβlich fur war halden - und also auch die verheissung der gnaden"

17 *Loci* 1553, 303; *Heubtartikel*, 268. "Darum ist ehr ein solch vertrauen uff den heiland Christum."

때문이다.

3. 정리와 발전

멜랑흐톤의 1521년 신학총론은 초판이라는 특징을 가지고 있고, 이는 후대에 이어지는 발전을 예상하게 한다. 특히 믿음과 관련하여 그는 믿음을 단독으로 정리하기 보다는 가장 관련 깊은 주제인 율법과 복음 그리고 칭의와 칭의의 열매 부분에서 주로 다루고 있다. 그 결과 믿음이라는 용어에 대한 정리는 이런 주요 주제들과 함께 칭의와 성화라는 주제와 함께 다루어질 수밖에 없다. 특히 율법과 복음의 구조를 가지고 설명하기 때문에 다른 주제와 상호 관계에서 믿음은 파악되어야 한다.

멜랑흐톤의 1553년 신학총론은 멜랑흐톤의 성숙한 후기 신학을 기초로 작성되었다. 더하여 독일어로 작성되어 신학이나 학문에 익숙하지 않은 사람들도 기독교의 기본 교리를 잘 이해하기 위한 목적으로 작성되었다. 그래서 종교개혁의 진행 중에 발생했던 여러 논의들과 그것으로 인해 좀 더 명확히 하고 상세하게 설명해야 할 부분은 더 증가하고 분류되어 있음을 알 수 있다. 멜랑흐톤은 믿음과 관련하여 구분된 장을 기록하여, 믿음에 대한 자신의 견해를 더욱 분명하게 드러내었다.

멜랑흐톤의 믿음에 대한 교훈은 사실상 1521년과 1553년의 신학총론에서 동일하다는 것을 발견할 수 있다. 사람이 자신의 구원을 위해 공로를 쌓을 수 있다는 견해에 대해서는 분명한 부정적 견해를 밝힌다. 믿음의 정의 자체가 사람이 아닌 그리스도를 의지하는 것이기 때문이다. 다만 시대의 변화에 따라 믿음에 대한 입장을 좀 더 분명히 한 발전은 찾을 수 있다.

III. 구원의 서정에서 믿음의 역할

멜랑흐톤은 믿음에 대한 철학적 고찰에는 크게 관심이 없다. 그는 믿음이 구원에 있어 어떤 기능을 하는가에 더욱 관심이 있었다. 이는 그의 신학에서 처음부터 끝까지 일관된 것이었다. 특히 구원론의 주제인 칭의와 성화에서 믿음의 기능은 믿음에 대한 멜랑흐톤의 이해를 더 깊이 보여준다. 이 주제가 종교개혁의 핵심 주제이면서, 동시에 멜랑흐톤 신학의 핵심 또한 여기에 있기 때문이다. 1521년 신학총론과 1553년 신학총론을 통해 칭의와 관련된 믿음의 역할과 성화와 관련된 믿음의 역할을 구분하여 그 통일성과 발전에 대해 간략하게 정리하도록 하겠다.

1. 칭의에서 믿음의 역할

(1) 1521년 신학총론을 통해 본 칭의에서 믿음의 역할

멜랑흐톤은 칭의를 설명하면서 믿음을 칭의의 수단으로 설명한다.[18] 율법으로 죽은 우리는 그리스도 안에서 약속된 은혜의 말씀으로 다시 살게 되었고, 그 때 의롭다 함을 받는다. 복음은 우리의 죄를 용서하며, 그리스도의 의는 우리의 의가 되며, 그리스도의 보속은 우리의 속죄가 되며, 그리스도의 부활은 우리의 부활이 된다. 그리고 우리는 이것을 의심하지 않고, 믿음으로 그리스도를 붙잡는다. 달리 말하면, 우리가 우리의 죄 용서와 우리를 향한 하나님의 호의와 우리를 향한 하나님의 선한 의도를 의심하지 않는다면, 즉 믿는다면

---

18 *Loci* 1521, 72; *MSA* II/1, 23.

우리는 칭의를 얻는다.[19] 여기에서 멜랑흐톤은 믿음이라는 표현을 하나님께서 베푸신 것을 의심하지 않는 신뢰의 의미로 사용한다. 바로 이어 멜랑흐톤은 신뢰를 사람의 행위나 공로로 이해하려는 가능성을 차단한다. 그는 사람의 어떤 행위도 우리의 의가 되지 못하고, 오직 그리스도 예수 안에 있는 하나님의 자비와 은혜에 대한 '믿음'만이 우리의 '의'라고 설명한다.[20] 그러므로 칭의는 의심하지 않는 것, 즉 믿음과 분리되지 않는다. 그리고 이 믿음은 처음부터 사람의 행위를 붙드는 것이 아님을 분명히 한다.

멜랑흐톤은 당시 로마 가톨릭 신학자들을 궤변론자들로 지칭하면서, 그들이 의가 되는 믿음에 대해 불쾌하게 여긴다고 지적하면서, 그들의 주장을 반박한다. 첫째, 그들은 믿음을 그저 "동의"라고 여긴다. 그들의 견해에 따르면 불경건한 사람도 믿음이 있다. 왜냐하면 믿음이란 불경건한 사람과 경건한 사람 모두에게 존재하는 공통적 중립적 특성으로, 영혼 가운데 존재하는 본성의 특성으로 인식되기 때문이다. 그들에게 믿음은 시작일 뿐이고, 아직 완성될 필요가 있는 과정이다. 그래서 그들은 믿음을 불완전한(*informis*) 믿음과 사랑으로 완성된(*formata*) 믿음으로 분류한다. 그들은 불완전한 것을 완성시키기 위해서 사랑이라는 사람의 행위가 필요하다고 여긴다. 더하여 믿음이 완성되는 과정에서도 하나님의 도우심이 필요하고, 사람의 반응도 필요하기 때문에 완성하는 과정을 다양한 단계와 다양한 상태로 나누고, 이를 논리적으로 설명하려고 시도했다. 멜랑흐톤은 궤변론자들의 견해를 비판하면서, 그들이 이상한 개념의 단어들, 예를 들면, 주입된 믿음, 획득된 믿음, 일반적 믿음, 특별한 믿음과 같은 이상한 단어를 발명하여 사용했다고 지적한다.[21] 멜랑흐톤이 보기에

---

19 *Loci* 1521, 139; *MSA* II/1, 88.
20 *Loci* 1521, 139; *MSA* II/1, 88. "sed sola fides de misericordia et gratia dei in Iesu Christo iustitia est."
21 *Loci* 1521, 140; *MSA* II/1, 88-89. "Iam et fidem infusam et acquisitam ac generalem

이런 시도들은 사람의 역할과 행위를 긍정적으로 보기 위해 불필요한 것이었다. 멜랑흐톤은 그들과 반대로 믿음에 있어 사람의 공로적 역할이 동반되는 것을 인정하지 않는다. 믿음은 궤변론자들의 생각처럼 그렇게 복잡하게 나눌 필요가 없는 단순한 것이다.

둘째, 멜랑흐톤은 궤변론자들이 믿음을 지식으로 이해하는 것에 대해 반대한다. 육신은 육에 속한 것을 제외하고 어떤 것도 알지도, 인식하지도 못한다고 지적하면서, 하나님의 실재, 하나님의 분노, 하나님의 자비는 영적인 일이기 때문에 육신은 알지 못한다고 단언한다. 그러므로 성령님이 없는 사람의 본성이 하나님에 대해 안다고 하는 것은 결코 믿음일 수 없다. 대표적인 예로 사울이 가진 지식을 언급한다. 사울은 하나님의 존재와 죄의 처벌과 자비로우신 하나님을 알았다. 그러나 그 지식은 믿음이 아니었다. 그는 하나님을 찾지도 않았고, 하나님을 영화롭게 하지도 않았다. 그의 마음은 하나님의 위엄과 선하심을 알지 못했다.22 멜랑흐톤에 의하면, 사람이 가진 지식은 다만 육적인 것일 뿐이다. 멜랑흐톤은 믿음이 하나님에게서 오는 영적인 것이라는 확신이 있기 때문에, 육적인 지식이 영적인 지식인 믿음과 일치된다는 것에 동의할 수 없었다. 이처럼 멜랑흐톤에게 믿음이란 사람의 본성에 속한 것이 아니라, 하나님께서 주시는 영적 지식이었다.

셋째, 멜랑흐톤은 완전한 믿음과 불완전한 믿음 사이에 구별할 필요가 없다고 주장한다. 궤변론자들은 획득한 믿음(*fides acquisita*)이 실질적인 믿음이 아니라고 주장하면서, 사람이 획득한 믿음을 불완전한 것으로 실질적인 믿음이 아니라고 주장한다. 이렇게 주장하는 사람들은 믿음이 단지 복음의 역사에 동의하는 것이고, 이런 믿음은 사람의 주장에 불과하다고 생각한다. 그러나

---

et specialem et nescio quae portenta verborum finxerunt."
22 *Loci* 1521, 141; *MSA* II/1, 90.

멜랑흐톤이 보기에, 궤변론자들이 주장하는 믿음은 그저 하나님의 말씀에 대해 불확실하고, 지속성이 없고, 흔들리는 마음의 생각일 뿐이었다. 그래서 멜랑흐톤은 그들의 주장은 거짓말이며, 허영이며, 위선이라고 일축한다.[23] 이에 반해 진정한 믿음이란 하나님의 모든 말씀에 지속적으로 동의하는 것을 말한다. 이는 성령님이 우리의 마음을 새롭게 하고 조명하셔야 일어날 수 있는 일이다. 멜랑흐톤은 이를 율법과 복음이라는 주제를 가지고 좀 더 상세히 설명한다. 하나님의 말씀은 율법과 복음으로 구성된다. 그러니까 율법의 위협을 믿는 '두려움'과 복음이나 하나님의 약속을 신뢰하는 '믿음'이 있다. 믿음이 없는 두려움은 복음을 벗어나는 것이니 사람을 의롭게 하지 못한다. 달리 말하면, 하나님에 대해 두려움만 가진 사람은 하나님을 영화롭게 하거나, 하나님의 모든 말씀을 믿지 않는다. 그 이유는 그들이 하나님의 약속을 믿지 않기 때문이다. 이런 이유에서 멜랑흐톤은 오직 믿음만이 의롭게 한다고 결론 내린다.[24] 멜랑흐톤에게 믿음이란 칭의에 있어 부족한 것이 아니다. 불완전한 것이 아니다. 오히려 충분하고, 완전하다.

멜랑흐톤은 이렇게 궤변론자의 주장에 대한 반박을 한 이후, 긍정적 의미에서 믿음에 대한 설명을 이어간다. 믿음은 그리스도 안에서 약속된 하나님의 자비에 대한 신뢰이다. 구체적으로 하나님에 대한 신뢰는 우리의 심령을 고요하게 하고, 하나님의 자비에 감사하도록 우리의 심령에 불을 붙인다. 이를 통해 우리는 율법을 즐거워하고 자발적으로 순종하게 된다.[25] 멜랑흐톤은 믿음을 신뢰라는 의지적 행위와 연관시키고, 결과적으로 우리로 하여금 율법을

23 *Loci* 1521, 142-3; *MSA* II/1, 91-92.
24 *Loci* 1521, 143; *MSA* II/1, 92.
25 *Loci* 1521, 144; *MSA* II/1, 92. "Ea fiducia benevolentiae seu misericordiae dei cor primum pacificat, deinde et accendit velut gratiam acturos deo pro misericordia, ut legem sponte et hilariter faciamus."

행하도록 나아가게 하는 동력으로 표현한다. 이는 멜랑흐톤이 반대하는 신학자들의 주장, 곧 율법을 행하는 것이 믿음을 보충하여 구원에 이르게 한다는 것을 반대하고, 율법을 행하는 것은 믿음의 결과로 이해해야 한다는 것을 보여준다. 믿음은 그 자체로 충분한 것으로 보충될 필요가 없고, 그러므로 율법을 통해 사랑을 실천하는 행위도 믿음의 부족함을 채우기 위한 목적이 아니라, 온전한 믿음의 자연스러운 결과로서 존재하는 것이다.

멜랑흐톤에게 믿음이란 의를 얻기 위해 그리스도께 의지하는 신뢰로서 그 자체로 충분한 것이다. 그의 이러한 믿음에 대한 이해에서 볼 때, 믿음이 없이 행하는 것은 그리스도께 의지하는 신뢰가 없는 것이다. 그것 없이 단지 사람의 본성으로 행하는 것이다. 이는 하나님에게서 나온 것이 아니라, 타락한 사람에게서 나온 것이니 하나님을 증오하고, 하나님의 심판에 격분하며, 하나님을 경멸하는 것이다.[26] 하나님께서 우리에게 자주 믿음을 요구하시는 이유가 여기에 있다. 하나님은 사람이 이런 끔찍한 악에서 벗어나기를 원하시며, 적극적으로 자기 아들의 죽음을 통해 가장 풍부한 약속을 믿음으로 얻도록 하시기 때문이다. 그러므로 우리에게 마땅한 것은 하나님의 크신 자비에 자신을 드려 그를 신뢰하는 것, 즉 믿는 것이다.[27]

정리하면, 칭의는 하나님의 자비로만 가능한 것인데, 하나님의 자비를 인식하는 것이 믿음이다. 그래서 믿음은 칭의를 가져온다. 칭의가 믿음으로 인한 말의 의미는 칭의가 사람의 공로가 아니라, 하나님의 자비로만 된다는 것이다. 하나님의 자비를 신뢰하는 사람은 우리 자신의 행위를 신뢰하지 않는다. 반대로 믿음으로 인한 칭의를 부인하는 사람은 하나님의 자비를 반대하여 공격하는 것이다. 그러므로 우리의 칭의는 하나님의 사역이다. 우리의 행위는 공로가

---

26 *Loci* 1521, 144; *MSA* II/1, 93.
27 *Loci* 1521, 145; *MSA* II/1, 93.

되지 못한다. 그것을 멜랑흐톤은 다른 표현으로 칭의가 오직 믿음에만 귀속된다고 설명한다. 그러니까 우리는 믿음을 통해서 하나님의 자비를 받는다는 결론이 나온다.28 칭의의 믿음에 있어 사람의 공로적 행위가 들어올 틈은 존재하지 않는다.

(2) 1553년 신학총론을 통해 본 칭의에서 믿음의 역할

멜랑흐톤은 구원에 있어 은혜의 약속을 받아들이는 믿음은 구체적으로 나의 죄가 용서를 받는다는 것과 하나님께서 화평을 주신다는 것을 가리킨다고 말한다.29 그는 믿음이 우리에게 발생하는 방법에 대해 매우 현실적으로 설명한다. 하나님은 외적 말씀을 통해 역사하시며, 우리의 마음에 믿음을 불러일으키신다. 여기에서 외적 말씀과 우리 안에서 발생하는 성령님의 역사와 협력이 있다. 특히 성령님의 역사가 핵심이다. 성령님은 외적 말씀을 통해, 영원하신 아버지를 드러내시고, 우리의 마음을 위로하시고, 하나님 안에서 사랑과 기쁨을 낳으시는 분이시다. 이 성령님을 우리는 그리스도로부터 받는다.30 그러므로 우리의 죄 용서는 믿음이라는 행위 때문에 발생하지 않는다. 우선 우리가 의지하는, 즉 믿는 주 그리스도의 순종과 공로 때문에 죄 용서를 받는다. 그런 면에서 믿음이란 우리가 그리스도를 바라보는 수단이며, 그의 공로를 우리에게 적용하고 우리의 것으로 만드는 수단이 된다.31 더하여 멜랑흐톤은 주의해야 할 것에 대해 지적한다. 바로 믿음은 공로가 아니라는 것이다. 우리 마음을 활기 있게 만들고, 누그러뜨리며, 위로를 주는 것은 믿음의 능력이 아니라, 그리스도의

---

28 *Loci* 1521, 159; *MSA* II/1, "necesse est, ut iustificatio soli fidei tribuatur, nempe qua sola promissam misericordiam accipimus."

29 *Loci* 1553, 304; *Heubtartikel*, 269.

30 *Loci* 1553, 304; *Heubtartikel*, 269.

31 *Loci* 1553, 304; *Heubtartikel*, 269.

능력이다. 믿음을 통해 역사하시고, 위로를 주시며, 우리 마음에 성령님을 주신 분은 그리스도이시다.[32] 멜랑흐톤은 믿음의 교리에 있어 가장 큰 오해가 믿음을 사람의 행위로 이해하는 것이라고 생각했고, 그것을 마지막으로 정리하는 것으로 믿음에 대한 해설을 마감한다. 그에게 믿음은 칭의 문제에 있어 사람의 공로가 없음을 밝히는 주요 용어였기 때문이다.

멜랑흐톤은 하나님의 불변하시는 의지와 최고의 명령에 대해 다음과 같이 정리하면서, 믿음이 죄 용서와 의의 전가와 칭의의 조건임을 밝힌다.

> 하나님의 진노 앞에서 떨 때, 화목자이신 아들 예수 그리스도 때문에 하나님께서 은혜롭게 아무 공로 없이 죄 용서하시고, 칭의하시며, 성령님과 영생을 주신다는 것을 믿는 것이 바울이 말하는 "은혜와 선물"이다. 우리가 하나님의 아들을 믿으면 우리는 죄 용서를 받고, 그리스도의 의가 우리에게 전가되고, 칭의를 받고, 그리스도 덕분에 하나님께 기쁨이 된다.[33]

멜랑흐톤은 또한 은혜의 약속의 확실성을 주장하며, 그 확실성이 없다면, 우리는 어떤 위로도 가지지 못할 것이며, 하나님의 교회와 이교도들 사이에

---

32 *Loci* 1553, 305; *Heubtartikel*, 269. "umb des herrn Christi willen – nicht das das werk, nemlich gleuben, der verdienst sei Auch ist die krafft, lebendig machen, friden und trost im hertzen geben, nicht des glaubens krafft, sondern des herrn Christi selb, der hie mit wirkt, spricht den trost und gebet seinen heiligen geist in das hertz."

33 *Loci* 1553, 299; *Heubtartikel*, 266. "Wo nu die hertzen vor gottes zorn erschreken, ist gottes unwandelbarer will und hohist gebot, das wir gleuben sollen, das ehr unβ umb seins Sons Ihesu Christi willen, der zum versuner verordnet ist, gnediglich one unsere verdienst gewiβlich geben will vergebung der sunden, gerechtigkeit, heiligen geist und ewiges leben und, ... So du nu also glaubest an den Son gottes, hastu gewiβlich bey gott vergebung der sunden und wirt dir des herrn Christi gerechtigkeit zu gerechnet, das du gerecht, das ist gott gefellig, bist umb des herrn Christi willen. ..."

아무런 구분도 없을 것이라고 단언한다. 그리고 은혜의 약속은 우리의 공로에 근거하는 것이 아니라, 우리 구주 그리스도에게 근거하는 것임을 분명하게 선언한다. 그리고 이런 추론을 통해 은혜의 약속은 믿음으로 받아들여져야 한다고 결론을 짓는다.[34]

멜랑흐톤은 은혜를 우리 편에서 어떤 공로 없이 그리스도 덕분에 은혜롭게 죄 용서하시고, 하나님께서 자비로 우리를 받아주시는 것이라고 정의한다. 이는 죄 용서와 함께 그리스도를 통해 우리에게 주어진 성령님께서 우리 마음에 위로를 주시는 은사이다.[35] 그리고 우리가 이 은혜를 믿음으로 받으면, 그리스도께서 우리 안에 생명을 생성시키시고, 그의 성령님을 주신다.[36] 이렇게 믿음은 은혜가 우리에게 적용되는 수단이요, 통로가 된다. 사람의 공로와 상관없다.

멜랑흐톤에게 믿음이란 은혜와 밀접하게 관련된 주제이고, 이는 구체적으로 약속의 확실성에 대한 문제이다. 만약 믿음이 사람의 공로라면 은혜가 아니고, 약속도 불확실하게 되는 것이며, 우리에게 위로는 사라진다. 이것이 멜랑흐톤의 결론이다. 그에게 믿음이란 우리의 공로가 아니라 그리스도의 공로를 근거하는 것이다. 그러므로 멜랑흐톤의 견해에서 믿음을 사람의 행위나 공로로 이해하려는 점을 찾는 시도는 정당하지 않다. 오히려 그는 반복적으로 그런 오해를 언급하고, 이에 대해 반박한다.

칭의와 관련된 믿음에 대한 오해는 멜랑흐톤의 친절한 반론 정리에서 잘 설명된다. 마귀의 믿음은 역사적 사실에만 해당하고, 우리의 믿음은 하나님의 아들이 우리의 유익을 위해 우리에게 보내졌음을 확고하게 믿는 것이다.[37]

---

34 *Loci* 1553, 301; *Heubtartikel*, 267.
35 *Loci* 1553, 306; *Heubtartikel*, 270.
36 *Loci* 1553, 307; *Heubtartikel*, 271.
37 *Loci* 1553, 312; *Heubtartikel*, 273f.

믿음은 지식과 이성 그리고 의지와 마음의 문제이지만, 사람들이 스스로 만들어낸 지식이나 생각이 아니다. 그것은 하나님의 아들이 복음과 성령님을 통해 주신 빛과 기쁨이다. 하나님은 우리 안에 믿음을 생성시키시고 위로와 생명과 하나님을 기뻐함을 주신다.[38] 믿음은 우리의 모든 공로를 배제한다. 우리는 오직 그리스도 덕분에 죄 용서와 칭의를 받고, 하나님을 기쁘시게 한다. 하나님의 자녀는 그리스도를 인정하고 믿음으로 받아들이는 사람들이라고 할 수 있다. 그리스도의 은혜를 적용받는 것은 믿음을 통해 일어나고, 믿음은 설교와 복음에 대한 성찰과 성례에서 오는 것이다. 믿음에 많은 덕이 따르는 것은 사실이다. 그러나 덕은 공로가 아니고, 칭의의 이유가 될 수 없고, 하나님께서 우리를 받으시는 이유가 아니다. 이 덕은 은혜와 은사를 받은 믿음의 결과일 뿐이다.[39] 믿음이 아니면 그리스도와 그의 은혜를 인정하고 받을 다른 수단은 없다. 하나님의 자녀들이 하나님의 아들을 바로 아는 지식은 바로 믿음이다. 이 믿음으로 그리스도와 그의 은혜가 전달되고, 이 믿음으로 복음의 선포를 듣고 받아들일 수 있다.[40] 믿음은 우리의 덕이 아니라 그리스도 덕분에 죄 용서되었다는 것을 인정하는 것이니 행위라고 할 수 없다.[41]

(3) 정리와 발전

1521년 신학총론과 1553년 신학총론에서 다루어지는 칭의에서 믿음의 기능에 대한 견해는 사실상 동일하다. 믿음으로 말미암아 의롭게 된다는 이신칭의 교리가 종교개혁 핵심 교리이기 때문에, 1521년 신학총론에는 이 교리가

---

38 *Loci* 1553, 313; *Heubtartikel*, 275.
39 *Loci* 1553, 315; *Heubtartikel*, 276.
40 *Loci* 1553, 316; *Heubtartikel*, 276.
41 *Loci* 1553, 317; *Heubtartikel*, 276.

명백하게 드러난 것이 분명하고, 이는 1553년 신학총론에서 중간의 변질 없이 여전히 확실한 것으로 진술되고 있다.

다만 1521년 신학총론은 믿음은 하나님께서 주시는 영적 지식으로 불완전한 것이 아니라, 구원에 실질적으로 완성된 것이라고 주장하며, 당대 로마 가톨릭의 입장을 반박하는데 집중했다. 즉 사람의 행위는 구원의 가치가 없다는 것을 강조했다. 반면 1553년 신학총론은 믿음이 행위로 오해받고 있는 상황을 염두에 두고 좀 더 조심스럽지만, 좀 더 확실한 견해를 진술하고자 했다. 그래서 믿음은 공로가 아니며, 믿음은 그리스도의 공로를 의지하는 것임을 더 분명하게 드러냈다. 이는 1530년대부터 발생했던 개신교 내부의 논쟁(반율법주의, 아디아포라, 마요르, 오시안더 논쟁 등)의 영향을 받았던 것으로 보인다. 그 결과 믿음은 사람의 공로적 행위로 볼 수 없다는 것을 강조했다.

물론 법의 실천과 관련해서 하나님의 자비를 신뢰하는 것은 하나님의 법을 실천하게 하려는 하나님의 의지로 법을 행하는 것은 자연스러운 결과이고, 믿음의 결과라고 주장하는 면에서는 둘 다 일치하고 있다. 이는 성화의 믿음과 연결된다.

2. 성화에서 믿음의 역할

(1) 1521년 신학총론을 통해 본 성화에서 믿음의 역할

멜랑흐톤은 믿음을 칭의와 성화 모두에서 기능하는 것으로 이해한다. 이는 그의 첫 신학총론부터 발견할 수 있다. 당시 스콜라 학자들에게 의화(*justificatio*)의 개념은 하나님의 은혜에 사람의 행위가 협력하는 것이기 때문에 필연적으로 사건이 아닌 과정으로 설명될 수밖에 없었다. 그러나 종교개혁의 칭의(*iustificatio*)는 단회적 사건으로 이해되었다. 칭의와 성화의 관계는 과정적 의화의 관점에서 보면, 시작으로서 칭의와 성장으로서 성화라고 보아야 하지만, 단회적 칭의의 관점에서 보면 완성으로서 칭의와 결과로서 성화로 보아야 한다. 명백하게 후자의 입장에 서 있는 멜랑흐톤은 그런 이유에서 칭의와 성화를 엄격하게 나누지 않았다. 이는 믿음의 이해에서도 동일하다.

멜랑흐톤은 칭의의 믿음과 성화의 믿음을 동일한 것으로 이해한다. 그의 표현을 따르면, "하나님을 믿는 믿음과 시험이 온다 해도 하나님의 선하심을 신뢰하는 믿음은 동일한 것이다."⁴² 칭의에서 믿음은 그리스도 안에 약속된 하나님의 자비에 대한 신뢰이다. 이를 통해 칭의를 얻고, 하나님의 백성에게 마땅한 바 하나님의 법을 행하게 된다. 이렇게 구원을 받은 사람은 자연스럽게 하나님의 법을 행하는 성화의 과정을 경험한다. 이 자연스러움은 성화 과정에서도 믿음이 필요하다는 것을 인정하게 하고, 더하여 이 믿음이 칭의의 믿음과 동일하다는 것을 예상하게 한다. 특히 믿음은 고난이 있는 현실의 삶에서 신자에게 꼭 필요한 것이다. 하나님은 이생에서 자기 백성들에게 육체적 시험을 남겨두셨다. 이 시험은 결코 가볍지 않다. 그러나 이 시험은 믿음의 훈련으로 역할을 하게 될 것이다.⁴³ 훈련의 삶이라는 이름을 갖는 성화에서 믿음은 단련되고, 성장한다.

믿음은 항상 하나님의 약속과 연결되는데, 이는 성화에서 더욱 잘 드러난다. 성도가 살아가는 이생의 삶은 여전히 물질적이며 영적인 부분이 있다. 하나님은 자기 백성인 성도들에게 구약의 약속과 같이 물질적 약속도 주시고, 신약의 약속과 같이 영적 약속도 주셨다. 물론 물질적 약속은 그 자체로 구원과 직접

---

42 *Loci* 1521, 148; *MSA* II/1, 97. "Una eademque fides est, qua creditur deo, qua fiditur bonitate dei, qualicunque tentatione."
43 *Loci* 1521, 148; *MSA* II/1, 97.

관련된 본질적인 것은 아니다. 그러나 하나님은 물질적 약속을 주심으로 자기 백성들을 향한 자신의 자비를 선언하고 계신다. 이를 통해 얻을 수 있는 교훈은 성도의 몸이 하나님의 관심사라면, 그의 영혼은 하나님의 훨씬 더 큰 관심사라는 것이다.[44] 멜랑흐톤은 이를 증거하기 위해 많은 구약과 신약의 구절들이 논거하고 있다(민 14:19; 출 20:5-6; 창 28:20-21; 신 8:3 등). 멜랑흐톤은 하나님의 물질적 약속과 영적 약속이 매우 긴밀하게 연결되어있고, 이는 신자의 현실적 삶에 깊게 영향을 준다는 것을 확신하고 있다.

이러한 하나님의 물질적이며 영적인 약속을 우리는 믿음으로 받아들인다. 이를 부정적 표현을 포함하여 달리 표현하면, 믿음은 세상의 사악함, 죄, 사망, 지옥문에 대항하여 하나님의 자비와 선을 신뢰하는 것이다.[45] 멜랑흐톤은 이 지점에서 약속의 대표적인 것을 구원으로 언급하며, 이 구원의 약속을 믿지 않는 것은 실질적으로 믿음이 없는 것이라고 단언한다. 그리고 하나님의 모든 말씀을 믿지 않거나, 죄 용서의 약속을 믿지 않는 것은 불경건이며, 불신앙이라고 확증한다.[46] 멜랑흐톤은 사실상 구원의 약속, 곧 칭의의 믿음과 현실적 삶의 약속을 믿는 것을 동일하게 이해하고 있다. 그리고 이런 믿음에 대한 견해는 베드로와 바울이 함께 동의하는 것임을 강조한다. 그리고 그리스도의 구속 사역을 신뢰하는 것은 자신의 어떤 활동도 신뢰하지 않고, 그리스도 안에 약속된 자비만을 신뢰하는 것임을 다시 강조한다.[47]

---

44 *Loci* 1521, 149; *MSA* II/1, 97.

45 *Loci* 1521, 150; *MSA* II/1, 98. "Non est igitur fides credere minis tantum, immo hoc potius timorem vocat scriptura, sed et promissionibus credere, hoc est fidere misericordia et bonitate dei adversus iniuriam mundi, peccati, mortis adeoque portarum inferi."

46 *Loci* 1521, 150; *MSA* II/1, 99 "Certa impietas et infidelitas est non omni verbo dei credere aut credere non posse, quod et tibi sit promissa remissio peccatorum."

47 *Loci* 1521, 151; *MSA* II/1, 99.

동시에 하나님의 약속이 자신에게 이루어질 것이라고 믿을 정도로 하나님의 선하심에 대한 이해로 강화된 심령들이 있고, 이 심령들은 하나님께서 상주시는 분임을 참으로 믿는다고 가르친다. 이 부분은 칭의의 믿음과 성화의 믿음의 관계를 어느 정도 보여준다. 하나님의 약속이 자신에게 이루어질 것을 믿는 믿음은 믿음의 시작이라고 할 수 있는 칭의의 믿음이고, 상주시는 분임을 믿는 것은 자신의 삶의 결과물로 상급을 받게 될 것을 믿는 성화의 믿음이라고 부를 수 있다.

멜랑흐톤은 이러한 믿음의 예를 성경에서 찾고 해설한다. 특히 히브리서 11장에서 모세의 부모에 대한 그의 해설은 칭의와 성화의 믿음에 대해 상당히 흥미로운 점을 제공한다. 모세의 부모는 모세를 믿음으로 숨겼다. 멜랑흐톤은 히브리서 저자가 믿음, 즉 하나님의 자비와 은혜에 대한 신뢰를 여기에서 말하고 있다고 이해한다. 하나님의 약속들에는 차이가 없고, 오히려 믿음의 말씀은 일시적 약속이나 영원한 약속이든 상관없이 모두 하나님의 자비와 은혜의 약속임을 보여준다고 설명한다.[48] 즉 멜랑흐톤은 일시적 혹은 물질적 약속이나, 영원한 약속이나 사실 구분이 없다는 것을 분명하게 한다. 약속은 하나님께서 주시는 것이기 때문이다. 약속들에 구분이 없다는 것은 약속을 받아들이는 믿음들에도 구분이 없다는 것을 의미한다.

멜랑흐톤은 우리의 믿음이 피조물을 사용하는 동안에 우리를 향한 하나님의 자비와 선하심에 대한 믿음에도 적용되어야 한다고 이야기하면서, 만약 그것을 믿지 않는다면 우리는 불신앙으로 모든 피조물을 남용할 것이라고 지적한다. 즉 믿음이 없는 사람은 하나님께서 우리에게 베푸신 아름다운 선물을 신실하게

---

[48] *Loci* 1521, 156; *MSA* II/1, 104. "Hic non vides discrimen promissionum divinarum, sed simpliciter verbum fidei esse promissionem misericordiae et gratiae dei, sive de rebus aeternis sive de rebus temporalibus agatur."

사용하지 않고, 오히려 오용한다.49 하나님은 우리를 가르치고, 하나님을 신뢰하는데 익숙하게 하시려고 성경에서 여러 예로 가르치신다. 모든 약속들은 우리를 위하여 하나님의 자비의 공적을 쌓았고, 우리를 위해 아버지와 화목하신 분, 즉 그리스도와 관련되었다. 하나님은 그리스도를 향한 호의의 토대에서 우리에게 호의를 베푸시기 때문이다.50 멜랑흐톤은 하나님께서 성도의 훈련을 위해 약속을 주시고, 그 약속을 믿음으로 우리에게 베푸시는 하나님의 호의를 누린다고 이야기한다. 이 믿음은 칭의의 믿음을 기초로 하지만 분명 성화의 믿음과 관련된다.

물론 멜랑흐톤이 이 시기(1521년)에 성화에서 믿음의 기능에 대해 특별히 집중하여 설명한 것은 아니다. 그의 관심은 구원, 즉 칭의를 왜 믿음으로만 얻을 수 있는가에 대한 설명이었다. 그래서 칭의의 열매에 대한 부분의 설명도 칭의를 중심으로 설명되고 있다. 성화의 과정의 해설에서 그는 칭의 받은 사람들에게 오신 하나님의 성령님이 계시지만, 여전히 육체가 더럽기 때문에, 그 행위 또한 불결하다는 것으로 칭의로 거룩함이 시작되었지만 완성된 것은 아니라는 것을 분명하게 말한다. 성령님의 첫 열매는 있지만, 아직 추수의 때는 아닌 것이다. 이렇게 칭의의 원인이든, 결과의 성화의 행위이든 우리의 공적을 위한 공간은 없다는 것이 멜랑흐톤의 결론이다.51

멜랑흐톤은 성화의 삶에서 여전히 상급에 대한 질문이 남아있을 것을 예상하며, 행위의 공로를 이야기하는 것 같은 구절(예를 들면 롬 2:10; 마 25:35)이 있음을 인정하다. 그러나 성경이 행위의 외적 측면에 더하여 행위의 내적 배후의 성향도 함께 말하고 있음을 지적한다. 그는 이를 통해 성화의 삶에서 상급이

---

49 *Loci* 1521, 157; *MSA* II/1, 105.
50 *Loci* 1521, 158; *MSA* II/1, 106. "favorem erga nos pro favore erga Christum."
51 *Loci* 1521, 160; *MSA* II/1, 108.

우리의 공로 때문에 주어지는 것이 아니라는 것을 분명하게 밝힌다.[52] 달리 말하면 성화의 결과 또한 사람의 적극적인 행위로 인한 보상이 아니라는 의미이다. 이 상급 또한 하나님의 자비의 결과이다.

오히려 멜랑흐톤은 성화를 성령님의 열매로 표현하면서, 성령님의 열매인 행위들이 다름 아니라 성령님의 임재의 표지와 증언과 징표라고 설명한다.

> 믿음으로 하나님의 선하심을 맛보고, 죄 용서와 죄에 대한 은혜를 약속하시는 복음의 말씀을 통해 하나님의 선하심을 알게 될 때, 마음은 차례로 하나님을 사랑하지 않을 수 없다.[53] ...
> 믿음은 각각 이웃을 위해 자신을 쏟고 그것을 섬기며, 그들에게 사용되도록 자신을 제공하며, 이웃의 필요를 자신의 것으로 생각한다. 믿음은 자신의 유익을 구하지 않고, 악의가 없이 솔직하고, 신실한 방식으로 모든 사람들과 함께 모든 일을 한다.[54]

멜랑흐톤은 당대 철학자들과 신학자들이 덕의 유형을 도덕적인 것과 신학적인 것으로 나누던 행태를 오류라며, 근거가 없는 것이라고 평가한다. 오히려 "믿음은 본질적으로 한 종류이다. 믿음은 모든 선한 행위들의 근원이고, 생명이자 인도자이신 하나님의 자비에 대한 통찰이다."[55] 이렇게 멜랑흐톤은 믿음이

---

52 *Loci* 1521, 162; *MSA* II/1, 110.

53 *Loci* 1521, 165; *MSA* II/1, 112. "Nam ubi fide degustavimus misericordiam dei et cognovimus bonitatem divinam per verbum evangelii condonantis peccata, promittentis gratiam peccati, non potest animus non redamare deum …"

54 *Loci* 1521, 165; *MSA* II/1, 113. "Effundit ergo se in proximos quosque, illis inservit, illis se praebet utendum, illorum necessitatem pro sua ducit, omnia cum omnibus candide, sinceriter, nihil ambitiose, nihil maligne agit."

55 *Loci* 1521, 166; *MSA* II/1, 114. "Unica fides est sensus misericordiae dei, quae omnium bonorum operum et fons et vita et rectrix est."

있어야 선한 행위가 가능하다고 이야기한다. 즉 믿음은 성화의 통로가 된다. 멜랑흐톤에게 성화는 칭의와 매우 긴밀하게 연관되어 있고, 결코 떨어질 수 없는 것이다. 그 관계는 바로 믿음을 통해 드러난다. 칭의의 믿음과 성화의 믿음은 다르지 않다. 칭의와 성화의 논리적 필연성은 이렇게 믿음이라는 연결 고리로 밝혀진다.

(2) 1553년 신학총론을 통해 본 성화에서 믿음의 역할

멜랑흐톤은 1553년 신학총론에서 순종이라는 용어로 성화의 주제를 더 적극적으로 다룬다. 그는 하나님의 법을 지키는 것, 즉 순종이 예수 그리스도를 통해 하나님께서 죄를 용서하시고 성령님을 주신다는 복음을 들을 때 시작된다고 가르친다. 이를 다른 말로 하나님의 아들에 대한 믿음을 통해 우리의 마음은 불안과 지옥에서 해방된다. 하나님의 진노와 그의 자비를 알게 되면, 성령님께서 우리의 마음 깊은 곳에서 기쁨과 하나님을 향한 사랑을 일으키시고, 이런 방식으로 법에 대한 순종이 시작된다. 물론 우리의 죄 된 본성 안에는 상당한 불결함이 남아있지만, 우리에게 전가된 의를 통해 우리는 하나님을 기쁘시게 한다.[56] 즉 구원은 믿음을 통해 이루어지고, 이를 통해 법에 대한 순종의 시작이 된다. 비록 순종이 불완전할지라도 율법의 완성이신 하나님의 아들로 인해 우리는 하나님을 기쁘시게 할 수 있다. 이렇게 멜랑흐톤에게 있어 믿음은 순종이라는 성화의 삶의 시작이다.

멜랑흐톤은 복음의 약속을 두 종류로 구분하여 설명한다. 첫째는 영원한 구원의 약속이고, 둘째는 현세적 도움에 대한 약속이다. 현세적 약속을 주시는 이유는 하나님과 창조에 대한 지식을 주시고, 교회의 현세의 삶을 유지하시며,

---

56 *Loci* 1553, 200; *Heubtartikel*, 181.

우리로 믿음을 가지고 기도하며, 현세적 도움에 감사하도록 하시며, 영원한 약속을 다시 기억하도록 하시기 위함이다.[57] 복음은 하나님의 교회를 유지하시고, 현세적 도움을 주시는 것을 선포한다. 그러나 동시에 교회는 십자가 아래 놓여있고, 핍박을 받는다. 이런 상황은 모순처럼 보이나 모순이 아니다. 그리스도께서 고난과 도움 모두를 말씀하셨기 때문이다.[58] 확실한 것은 교회가 여러 이유로 십자가 밑에 놓은 것은 사실이지만, 하나님께서 현세에서 교회를 유지하시기 때문에, 그가 모으시는 교회는 항상 있을 것이다.[59]

멜랑흐톤은 신학총론을 저술하던 1553년 당시의 상황(슈말칼덴 전쟁과 제후 전쟁 직후)과 연결하여 매우 실천적인 주제를 다루고 있음을 기억할 필요가 있다.[60] 교회를 위한 하나님의 현세적 도움의 약속은 매우 실제적인 것이었다. 핍박 가운데 이 약속을 믿는 것은 결코 쉬운 일이 아니었다. 복음의 약속이 두 종류로 구분되지만, 두 종류의 약속이 복음이라는 점은 결코 변하지 않는다. 그렇기 때문에 복음을 받아들이는 수단인 믿음은 현세적 도움의 약속에서도 동일한 기능을 한다. 하나님께서 교회를 유지하실 것이며, 교회는 항상 존재할 것이라는 약속을 성도는 믿음으로 받게 된다. 이는 우리의 삶의 실제에서 발생하는 대표적인 성화의 믿음이다.

하나님께서 교회를 도우시고 구원하실 때 사용하는 방식은 자연적 방식과 초월적 방식으로 나뉠 수 있다. 하나님은 자연적 방식을 사용하시어 교회를 돕고 구원하기도 하신다. 이를 통해 모든 사람들은 하나님께서 교회 안에 계심을 인정하게 될 것이다. 멜랑흐톤은 우리가 하나님께서 자신의 임재를 이렇게

---

57 *Loci* 1553, 285; *Heubtartikel*, 254.
58 *Loci* 1553, 286; *Heubtartikel*, 255.
59 *Loci* 1553, 287; *Heubtartikel*, 256.
60 슈말칼덴 전쟁과 제후 전쟁에 대하여 짧은 역사적 소개는 다음을 참고. 이레네 딩엘, 류성민 옮김, 『종교개혁, 인물과 중심지를 따라 읽다』 (서울: 영음사, 2022), 324-337.

드러내시도록 기도해야 할 것이라고 권면한다. 또한 하나님은 사람의 이해를 초월적 방식을 사용하여 교회를 돕기도 하신다. 초월적 방식은 우리의 예상을 뛰어넘는 방식이기 때문에 이 방식은 우리를 당황하게 만들 수 있다. 이렇게 우리의 생각하지 못했던 방식으로 일하시는 것은 하나님께서 우리로 하여금 믿음과 그에 대한 신뢰 가운데 살기를 원하시며, 주 그리스도를 통한 구원을 기대하며, 살기를 원하셨기 때문이다.[61] 어떤 의미에서 하나님께서 사람을 뛰어넘는 분이라는 것을 밝히시기 원하셨다고 할 수 있다.

멜랑흐톤은 하나님께서 이렇게 성도의 현세적 삶에 있어 믿음이 꼭 필요하다는 것을 분명하게 밝히고 있다. 성도는 그리스도를 믿음으로 인해 죄 용서를 얻었고, 또한 동일한 믿음으로 끊임없이 죄 용서를 받아야 한다.[62] 성화의 과정에서 반복되는 죄 용서의 필요성에 대한 언급은 불완전한 칭의를 주장하는 것 아니냐는 비판을 받을 수 있지만, 그가 구원 전체 과정에서 사람의 행위의 공로적 성격을 부인하기 때문에 불완전한 칭의를 주장하는 것으로 볼 필요는 없다. 오히려 칭의와 성화의 원리가 동일하다는 것을 보여주는 것으로 이해하는 것이 적절하다.

믿음은 언제나 주 그리스도의 영원하신 약속, 은혜의 약속을 먼저 성찰하고, 받아들여야 한다. 그리고 모든 물리적 복이 사라진 후에도 그 약속을 믿고 있어야 한다. 은혜의 약속은 영원한 언약이다. 이를 통해 영원한 구원이 주어지기 때문이다. 하나님께서 자기 백성에게 주시는 약속은 분명하다. 그 약속은 믿음으로 받아들이는 모든 사람과 모든 시대에 확실한 것이다.[63]

---

61 *Loci* 1553, 288; *Heubtartikel*, 256f.

62 *Loci* 1553. 289; *Heubtartikel*, 257.

63 *Loci* 1553, 289; *Heubtartikel*, 257. "Der glaub soll allezeit erstlich die selbig ewige verheissung vom herrn Christo und von der gnad anschauen und annemen und

멜랑흐톤은 우리가 주 예수 그리스도에 대한 믿음으로 의롭게 된다면, 하나님께서 주 예수 그리스도로 인해 우리의 순종의 시작을 기뻐하시며, 더하여 순종의 보상도 주신다는 것을 확언한다.[64] 멜랑흐톤에게 믿음은 칭의의 수단이며, 이는 자연스럽게 법에 순종하는 성화를 동작시키는 수단이 된다.

멜랑흐톤은 칭의에 대한 해설을 하면서, 하나님께서 우리에게 성령님을 주셔서 우리 안에 하나님에 대한 기쁨과 마음의 깨끗함과 다른 덕들을 만들어 내게 하신다고 이야기한다. 이는 일종의 새로운 순종의 시작을 만들어 내는 준비라고 할 수 있다. 그리고 반대로 하나님께 회심한 사람들이 새로운 순종의 법을 따르기 위해서는, 우선 그리스도 때문에 죄 용서를 받고 하나님께 기쁨이 되는 것이 필요하다는 것을 의미한다. 즉 하나님이요, 사람이신 그리스도의 순종에 근거한 믿음이 우리의 새로운 순종에 선행되어야 한다.[65] 멜랑흐톤은 여기에서 믿음을 칭의 사건을 포괄하는 의미로 사용하고 있다. 그리고 더하여 칭의에서 믿음이 하는 역할은 성화에서 믿음이 하는 역할과 다르지 않다는 것을 밝히고 있다.

참된 믿음은 하나님의 자비에 대한 인식이 있는 곳마다 사랑과 하나님께 기도함과 희망과 자신을 자원하여 하나님께 복종시키고, 순종하는 의지와 함께 있다. 이런 것들은 믿음에 동반하여 오는 결과라고 할 수 있다. 그러므로 새로운 순종의 공로는 오직 믿음에 있다고 할 수 있다. 우리는 이 믿음으로 죄

---

soll fest daran halden, wenn gleich die leiblichen guter alle weg fallen. Dise gnaden verheissung ist genant der ewige bund und das ewige testament. Denn dadurch wirt ewige seligkeit geben und dazu ist dise gnadenverheissung zu allen zeiten gewisß und fest allen menschen, die sie mit glauben annemen."

64 *Loci* 1553, 290; *Heubtartikel*, 258.
65 *Loci* 1553, 310; *Heubtartikel*, 272.

용서를 받고, 그리스도의 덕으로 하나님께 받아들여진다.[66]

(3) 정리와 발전

1521년 신학총론은 성화의 믿음과 관련된 독립된 설명은 많지 않지만, 칭의와 성화의 구분이 사실상 없고, 그런 점에서 칭의와 성화에서 믿음의 정의와 기능은 일치한다. 반면 1553년 신학총론은 순종이라는 용어를 사용하여, 하나님의 법을 지킨다는 것을 좀 더 상세하게 다룬다는 발전이 분명하다. 그러나 믿음의 구분에 대한 내용은 근본적으로 동일하고, 구체적 적용에 있어 상세한 설명이 더해졌다고 이해하는 것이 적절하다.

성화의 믿음의 기능에서 중요한 것은 복음의 약속을 영원한 구원의 약속과 이생의 현세적 혹은 물질적 약속으로 구분하고, 둘의 관계를 매우 밀접하게 이해하면서, 이 약속들을 받아들이는 믿음의 기능에 대해 이해한 것이다. 두 신학총론 사이에 분명한 통일성을 찾을 수 있다.

더하여 설명의 방식과 순종이라는 용어 사용의 발전은 1520년대와 1550년대 사이에 있는 신학적 논의들과 이에 대한 멜랑흐톤의 대응과 연결하여 이해하는 것이 적절하다. 결론적으로 성화의 믿음의 기능은 그리스도의 공로 덕분에, 죄 용서를 받은 사람이 새로운 순종을 하게 된다는 것이다. 이 순종은 불완전하지만 하나님의 자비로 인해 그리스도의 덕으로 말미암아 하나님께 받아들여진다. 그러므로 믿음이 하나님의 법에 순종한다는 구체적 행위와 연관되지만, 믿음이 상급을 위한 어떤 공로를 만들어내지 못한다. 결국 그리스도만을 의지한다는 점에서 성화의 믿음은 칭의의 믿음과 동일하다.

---

66 *Loci* 1553, 315; *Heubtartikel*, 277.

Ⅳ. 결론

멜랑흐톤은 그의 첫 교리서에서부터 그의 완숙한 시기의 교리서에까지 믿음과 관련된 교리를 통일성 있게 서술하고 있다. 사람은 원죄를 가진 죄인이기 때문에 하나님의 법을 순종할 수 없다. 즉 구원에 이르는 공로를 스스로 만들어 낼 수 없다. 구원에 이르기 위해서는 그러므로 하나님의 자비가 필요하다. 그리고 구원에 이를 수 있는 순종은 그리스도께서 대신 이루어주신 의로 완성된다. 이렇게 완성된 의를 우리가 얻게 되는 통로요, 수단이 바로 믿음이다. 다시 말하면 우리는 하나님의 자비로 말미암아 그리스도의 의 덕분에 구원을 믿음으로 얻는다. 여기에서 믿음이 가리키는 바는 명백하다. 사람의 공로가 아닌 그리스도의 공로를 의지하는 것이 믿음이다.

사람이 아닌 하나님을 의지하는 믿음은 칭의에서 매우 분명하게 드러난다. 당대 로마 가톨릭의 스콜라 신학자들은 사실상 원죄를 인정하지 않고, 사람의 공로적 행위가 구원에 영향을 줄 수 있다고 생각하고, 믿음을 보충되어야 할 불완전한 사람의 행위라고 주장했다. 멜랑흐톤은 이에 반대하여 믿음이 단순한 사람의 지적 동의가 아니라, 하나님께서 주시는 영적 지식으로 구원에서 부족함이 없는 온전한 것이라고 가르쳤다. 동시에 믿음은 사람의 공로적 행위가 아니라고 주장했다. 믿음은 그저 그리스도의 공로를 의지하는 것이라는 입장을 확고하게 세웠다.

사람이 아닌 하나님을 의지하는 믿음은 성화에서도 매우 분명하게 드러난다. 칭의의 결과 하나님의 자비를 신뢰하는 것은 자연스럽게 하나님의 법을 행하는 것으로 나아가게 된다. 이렇게 생긴 새로운 순종은 비록 완전하지 않지만, 그리스도의 공로 덕분에 하나님을 기쁘시게 할 수 있고, 상급을 약속받기도

한다. 그러나 이러한 것들은 은혜와 은사를 받은 믿음의 결과일 뿐이다.

이러한 믿음의 통일성에 대한 이해는 그의 약속에 대한 견해에서 잘 드러난다. 영원한 구원의 약속과 현세적 물질적 약속 모두 하나님께서 주신 것을 인정하고, 이 두 약속이 사실상 구분되지 않는다고 주장하며, 두 약속을 받는 것은 동일한 믿음이라고 가르친다. 칭의와 성화에서 믿음은 하나이다. 반대로 칭의와 성화에서 믿음을 구분하는 것을 사실상 믿음이라는 개념 안에 사람의 공로를 집어넣으려는 시도이다.

멜랑흐톤은 이렇게 칭의와 성화에서 믿음이 동일한 개념이고, 하나님의 두 약속을 받아들이는 동일한 기능을 한다고 가르친다. 이는 자연스럽게 칭의와 성화가 분리되지 않는다는 점을 분명하게 밝히는 것이다.[67] 멜랑흐톤의 신학총론들에서 분명하게 가르치는 믿음에 대한 교훈은 분명하다. 믿음은 사람의 공로적 행위로 배제한다. 믿음은 공로가 될 수 없고, 오히려 그리스도의 공로를 의지하는 것을 가리킨다.

---

67 멜랑흐톤의 시편 주석에 나타난 칭의와 성화에서 믿음의 통일성에 대하여 참고. 류성민, 『교회의 가장 달콤한 노래 시편. 멜란히톤의 시편 주석의 주해와 신학종교개혁과 칭의』(부산: 고신대학교 개혁주의학술원, 2023), 179-183; 류성민, "멜란히톤의 시편 주석을 통해 본 칭의와 성화의 관계", 「성경과 신학」 82 (2017), 425-452.

〈참고문헌〉

류성민. "멜랑흐톤의 칭의론".『종교개혁과 칭의』. 부산: 고신대학교 개혁주의
　　학술원, 2022: 91-128.

＿＿＿.『교회의 가장 달콤한 노래 시편. 멜란히톤의 시편 주석의 주해와 신학
　　종교개혁과 칭의』. 부산: 고신대학교 개혁주의학술원, 2023.

＿＿＿. "멜란히톤의 시편 주석을 통해 본 칭의와 성화의 관계".「성경과 신학」
　　82 (2017), 425-452.

Dingel, Irene. 류성민 옮김.『종교개혁, 인물과 중심지를 따라 읽다』. 서울:
　　영음사, 2022.

Melanchthon, Philipp. Ed. Stupperich, Robert. *Melanchthons Werke
　　in Auswahl.* Gütersloher Verlagshaus Gerd Mohn: Gütersloh,
　　1951-. (= *MSA*)

＿＿＿＿＿＿＿＿＿＿＿＿. "신학총론".『멜란히톤과 부처』. 이은선 역. 두란노
　　아카데미: 서울, 2011 (기독교고전총서 17), 34-218. (= *Loci* 1521)

＿＿＿＿＿＿＿＿＿＿. Ed. Ralf Jenett und Johannes Schilling.
　　*Heubtartikel Christlicher Lere. Melanchthons deutsche
　　Fassung seiner Loci Theologici, nach dem Autograph und dem
　　Originaldruck von 1553.* Leipzig: Evangelische Verlagsanstalt
　　2002. (= Heubtartikel) 한역본: 필립 멜란히톤, 이승구 역.『신학총
　　론』. 일산: 크리스챤다이제스트 2000. (세계기독교고전 39) (= *Loci*
　　1553)

하인리히 불링거의 믿음에 대한 이해
1550년대 서술된 네 권의 신앙교육서를 중심으로

박상봉

Heinrich Bullinger(1504-1575)

스위스 취리히 대학교 신학부에서 종교개혁사를 전공했는데, 취리히 종교개혁자 하인리히 불링거(Heinrich Bullinger)의 신앙교육서에 대한 연구로 박사학위(Dr. Theol.)를 받았다. 현재 수원에 있는 합동신학대학원대학교에서 역사신학 교수로 재직 중이다. 16세기 스위스 종교개혁, 하인리히 불링거, 종교개혁의 다양한 주제 등에 관한 연구와 번역에 집중하고 있다. 최근 저서로 『하인리히 불링거의 교회와 신앙고백』, 에미디오 캄피 공저 (수원: 합신대원출판부, 2021), 『불링거』(서울: 익투스, 2021) 등이 있으며, 역서로 『하인리히 불링거의 교회론』, 강승완 공저 (수원: 합신대원출판부, 2019) 등이 있다.

박상봉

하인리히 불링거(Heinrich Bullinger)는 1550년대 서술된 네 권의 신앙교육서[1] 안에서 믿음이 무엇인지 또 믿음의 삶이 무엇인지를 자세히 제시한다. 먼저, 그는 믿음에 대한 이해 안에서 믿음의 개념뿐 아니라 믿음의 대상과 내용을 알게 하는 사도신조 해설을 함께 다루고 있다. 그리고 믿음의 삶을 성화와 신자들의 선행과 관련하여 언급하였다. 즉, 그리스도의 대속적인 은혜로부터 믿음을 통하여 의롭게 된 사람은 이 칭의의 열매로서 선행(bona opera)을 실천한다고 밝힌 것이다.[2] 물론, 이 글에서는 중심 주제에 집중하기 위해 믿음의 삶과 관련된 성화는 주목하지 않았다.

좀 더 구체적으로 불링거의 네 권의 신앙교육서는 각 저술의 고유한 목적과

---

1 하인리히 불링거는 1550년대 각기 고유한 특징을 가진 네 권의 신앙교육서를 집필했다:
- 『헝가리 교회와 목사들에게 쓴 목회서신』(1551) – 라틴어 원본: Brevis ac pia *institutio Christianae religionis ad dispersos in Hungaria Ecclesiarum Christi Ministros et alios Dei servos scripta*, per Heinrycum Bullingerum Tigurinae Ecclesiae Ministrum. Ovarini M.D.LIX, (이하, *Epistola*).
- 『기독교 신앙 요해』(1556) – 독일어 원본: *Summa Christenlicher Religion. Darin vß dem wort Gottes / one alles zancken vnd schaelten / richtig vnd Kurtz / anzeigt wirt / was einem yetlichen Christen notwendig sye zů wüssen / zů glouben / zů thůn / vnd zů lassen / ouch zů lyden / vnd saeligklich abzůsterben: in x. Artickel gestelt / durch Heinrychen Bullingern*, (이하, Summa); 라틴어 원본: *COMPENDIVM CHRISTIANAE RELIGIONIS DECEM Libris comprehenſum*, Heinrycho Bullingero auchtore ⋯ TIGVRI APVD FROSCH. Anno domini, M.D.LVI., (이하, *Compendium*).
- 『박해받는 사람들을 위한 신앙답변서』(1559) – 독일어 원본: *Bericht, Wie die / ſo von waegen vnser Herren Jeſu Chriſti vn ſines heiligen Euangeliums / ires glaubens erſůcht / vnnd mit allerley fragen verſůcht werdend / antworten vnd ſich halten moegind: beſchribē durch Heinrychē Bullingern*, (이하, *Bericht*).
- 『성인들을 위한 신앙교육서』(1559) – 라틴어 원본: *CATECHESIS PRO ADVLTIORIBUS SCRIPTA*, DE his potissimum capitibus. De Principijs religionis Christianę, scriptura sancta. De Deo uero, unio et ęterno. De Foedere dei & uero dei cultu. De Lege dei & Decalogo mandatorum domini. De Fide Christiana, & Symbolo apostolico. De Inuocatione dei & Oratione dominica, & De Sacramentis ecclesię Christi, authore Heinrycho Bullinero, (이하, *Catechesis*).

2 *Compendium*, 129r: "Quicūque enim ex gratia, in Christo, per fidem iustificatus est, hic iustitiam siue bona opera operatur."

신학적인 강조에 따라 다양한 형식으로 믿음에 대한 이해를 다루고 있다. 『헝가리 교회와 목사들에게 쓴 목회서신』과 『박해받는 사람들을 위한 신앙답변서』에는 사도신조 해설은 담겨 있지 않고, 오직 믿음의 개념만 구원론의 한 고유한 내용으로 요약적이고 짧은 형식으로 다루었다. 『기독교 신앙 요해』와 『성인들을 위한 신앙교육서』에는 믿음에 대한 이해와 관련하여 믿음의 정의와 사도신조 해설이 담겨 있다. 특별히, 이 두 신앙교육서에서 확인되는 12조항으로 구성된 사도신조 해설은 내용적으로 차이가 없고, 뒤 부분에서 밝힌 것처럼, 다만 구조적으로 조금 차이가 있을 뿐이다. 물론, 이 글에서는 사도신조 해설과 관련하여 모든 주제들을 논의하지는 않을 것이다. 오직 두 가지 선택된 주제인 '그리스도의 존재와 구속사역'(2-7조항)과 '성령'(9조항)만 다룬다. 믿음의 대상과 믿음의 효력과 관련되어 있기 때문이다.

결론적으로, 모든 신앙교육서들을 비교할 때 믿음에 대한 이해는 내용적으로 별다른 차이가 발견되지 않는다. 이러한 이해 속에서 이 글에서는 네 권의 신앙교육서에서 확인되는 불링거의 믿음에 대한 이해와 관련하여 믿음의 개념과 믿음의 내용으로서 사도신조 해설-두 가지 선택된 주제를 중심으로-을 핵심적으로 소개할 것이다.

Ⅰ. 믿음

1. 믿음의 원인

하인리히 불링거는 예수 그리스도 안에서 하나님의 은혜를 구원론의 근거로서 인간의 구원을 위한 유일한 원인으로 설명했다. 이와 관련하여 불링거에게 믿음은 칭의의 기본 원리로서 결코 인간으로부터 온 것이 아니라, 오히려 오직 하나님으로부터 온 것인데, 즉 믿음은 하나님의 자유로운 선물이다.3 그럼 믿음은 어떤 방식으로 사람들에게 제공되거나 심겨질까? 이 질문에 대한 답변을 위해 네 권의 신앙교육서 안에서는 두 가지 전제인 '복음과 성령'이 강조되었다. 신자들은 하나님의 섭리 안에서 먼저 하나님이 약속하신 것이 무엇인지를 알기 위해 그들에게 선포된 거룩한 복음을 순종해야 하며 또 그 복음의 내용을 신뢰해야 한다.4 하나님의 말씀에 대한 선포는 사람들에게 믿음을 갖게 하는 하나님으로부터 확정된 수단이다. 이를 통하여 사람들은 그리스도와 그의 선물을 온전히 받아들이고, 복음의 선포를 통하여 제시된 것처럼, 그리스도를 우리의 구원주로서 받아들이다. 그럼에도 불구하고 외적으로 선포된 하나님의 말씀은 성령의 역사 없이 사람들의 마음에 뿌리내리지 못한다.5 그리스도가 신자들과 연합할 수 있는 것은 성령의 역사를 통해서 이루어지는 것이다. 믿음은 사람의 내면에서 영적으로 발생된다. 그러므로 믿음은 성령을 통하여 야기되는 신자들의 양심이나 영혼의 실제적인 동의라고 할 수 있다.6 하나님의 모든 은혜들과 은사들에 대한 수여자로서 성령은 신자들에게 거룩한 복음을 경멸하거나 거부하지 않도록 한다.7

---

3 *Summa*, 87r: "Diser Gloub ist nit von vnnd vß dem menschen / sunder ein frye gab Gottes / durch den heiligen Geist." (*Bericht*, 71, 77; *Catechesis*, 30r.).

4 *Summa*, 104v-105r.

5 *Samma*, 105v (*Catechesis*, 30v: "Nam firmiter assentitur certißimo dei uerbo, & excitatur in cordibus per spiritum sanctum, qui corda nostra confirmat & roborat, in eo quod credimus ex uerbo dei.")

6 *Epistola*, 38f.: "Fides proprie firmus est conscientiae vel animi nostri assensus, Spiritu Dei sancto affiatus."

7 *Summa*, 97r; *Bericht*, 76.

2. 믿음의 대상

불링거에 의하면 믿음은 유일하신 하나님을 그 대상으로 한다. 하나님은
성부, 성자, 성령으로서 삼위일체 하나님이시다.[8] 그래서 신자들은 삼위일체
하나님을 온전히 신뢰한다. 신자들은 하나님을 자신들의 하나이고, 영원하고,
최고이고, 진실하고, 전능한 절대가치와 가장 높은 권위로 신뢰하는 것이다.
특별히, 이 신뢰에 근거하여 불링거는 신자들이 하나님께 영혼과 육체에 필요
한 모든 것을 간구할 수 있다고 밝혔다. 그리고 불링거에게 믿음은 하나님의
말씀을 그 내용으로 한다는 것도 강조되었다. 하나님의 말씀은 결코 변화될
수 없는 진리로서 하나님이 스스로 분명하게 계시하신 그리스도 안에 있는
모든 약속을 나타낸다.[9] 신자들은 하나님께서 그리스도를 통해서 약속한 것에
근거하여 구원과 생명을 위한 모든 천상적인 보물들이 무엇인지를 알고 소유할
수 있다. 이 때문에 신자들은 어떤 환란과 역경도 견뎌낼 뿐 아니라, 세상의
것들에 삶의 진정한 가치를 두지 않는다고 주장했다. 그러므로 불링거에게
하나님과 그분의 말씀은 본질적으로 구별된다. 하나님은 그분의 말씀의 계시자
이시며, 그분의 말씀은 하나님의 계시된 내용이기 때문이다. 결론적으로, 신자
들은 하나님만 믿고 신뢰하는 것이 아니라, 하나님의 말씀도 그분의 뜻으로서
믿고 신뢰한다. 그리고 믿음의 대상으로서 하나님 앞에서 믿음의 내용으로서
그분의 말씀을 순종하며 살아가는 것이다.

3. '지식'(notitia)과 '신뢰'(fiducia)로서 믿음

---

8 *Compendium*, 84r: "Fides Christiana inspirata à spiritu sancto, fundata in Deo patre
filio & spiritu sancto."
9 *Summa*, 88r (*Catechesis*, 31r: "… Verbum dei & quae per hoc annunciantur, Christus
imprimis, qui est scopus legis prophetarum & apostolorum.").

불링거는 믿음의 두 가지 측면을 제시한다. 특별히, 『기독교 신앙 요해』와 『성인들을 위한 신앙교육서』에 분명하게 강조되어 있는 '지식'(notitia)과 '신뢰'(fiducia)로서 믿음의 이중적인 견해이다. 물론, 『헝가리 교회와 목사들에게 쓴 목회서신』과 『박해받는 사람들을 위한 신앙답변서』에서도 믿음이 '지식'과 '신뢰'로 이해된 것은 사실이지만,10 이 내용이 앞서 저술들보다 선명하게 설명되어 있지는 않았다. 그리고 불링거는 네 권의 신앙교육서에서 믿음에 대한 이해와 관련하여 용어적으로 '지식'(notitia)을 '인식'(cognitio)과 함께 또 '신뢰'(fiducia)를 '동의'(assensus)와 함께 사용했다는 것도 주목할 필요가 있다. 믿음의 개념은 네 권의 신앙교육서에서 내용적으로 차이는 없다. 대표적으로 『기독교 신앙 요해』에서 믿음의 정의는 다음과 같이 규정되었다.

> "믿음은 … 하나님과 그분의 말씀에 대하여, 특별히 하나님께서 그리스도를 통하여 우리에게 하신 약속에 대하여, 그리고 믿음의 고백(사도신조)에 요약된 모든 것에 대하여 우리가 갖는 영혼의 지식일 뿐 아니라, 마음의 확고한 신뢰이다."11

---

10 *Epistola*, 38-9: „Fides enim proprie firmus est conscientiae vel animi nostri assensus, Spiritu Dei sancto affiatus, quo firmiter Christum cum bonis eius sic amplectendo recipimus, et nostrum esse credimus, sicut in Evangelio nobis praedicando offertur."; Institutio, 22v-23r: "Fides est hominis à deo illuminati fiducia, qua deo & unico eius filio domino nostro Iesu Christo, & ueraci eius uerbo fidit, ad remißionē peccatrū & utiam aeterā. Spes est firma, patiens & consolatione plena expectaio earū rerum quas credimus, praesertim si diutius differātur, & lōge aliae appareant quam credebantur."

11 *Compendium*, 70v: "fidem … non solum mentis notitiam esse, sed etiam firmam animi fiducia, qua Deo eiusque uerbo nitimur, praesertim uero promissionibus diuinitus nobis de Christo factis, & omnibus illis quae symbolo Christianae comprehenduntur." (비교 *Catechesis*, 30v: „I. Quare appellas fidem firmum cordis assensum uerbo dei? R. Quoniam fides est non tantum mentis cognitio aut notitia transiens, sed firmus assensus cordi inhaerens, certus et indubitatus. Nam firmiter

믿음은 '영혼의 지식'(notitia mentis)으로서 지적인 인식에 속한 것이지만, 그러나 사람의 이성에 근거하지 않고, 오히려 신적인 진리에 대한 확신에 기초한다. 성령께서 하나님의 말씀을 통하여 조명하신 이해 안에서 사람은 하나님과 그분의 은택, 그리스도와 그분의 율법성취, 구원 등을 선하고 바르게 깨달을 수 있다.12 이와 함께 불링거는 믿음을 생생한 이해, 실제적인 깨달음 그리고 신적인 은혜와 사랑의 참된 향유로도 묘사했다.13 그리고 '마음의 신뢰'(animi fiducia)로서 믿음 안에서 사람은 하나님의 말씀에 근거한 믿음의 지식을 분명히 신뢰한다.14 믿음은 의심의 여지 없이 성경적인 지식과 믿음의 고백(사도신조)을 신뢰할 수 있는 완전하고 분명한 확신을 요구하는 것이다. 이 때문에 불링거는 아브라함의 믿음에 대한 실례를 바탕으로 신자들은 자신들의 진심, 용기, 통찰과 함께 하나님께서 자신들에게 그분의 말씀 안에서 위로하시고 약속한 것에 대해 신뢰한다는 의미 안에서 믿음의 개념을 강조했다. 당연히, 신뢰는 사람이 고유한 능력으로 행할 수 있는 자신의 의지적인 행동에 근거하지 않고, 오히려 하나님의 능력과 하나님의 경외에 근거한다.

특별히, 불링거는 믿음을 굳어진 것, 즉 더 이상 변화될 수 없는 것으로 간주하지 않고, 직접적으로 성령의 역사를 통하여 지속적으로 변화되는 것으로 간주했다. 그래서 신자들은 확신과 믿음의 성장을 위해 하나님께 기도하고 또 이를 위해 지속적으로 간구해야 한다고 강조되었다.15 그리스도의 복음에

---

assentitur certißimo dei uerbo, & excitatur in cordibus per spiritum sanctum, qui corda nostra confirmat & roborat, in eo quod credimus ex uerbo dei."

12 *Summa*, 87r.

13 *Summa*, 87v; *Catechesis*, 30v.

14 *Compendium*, 72r: "Quamobrem glouben fides, est fiducia qua quis pollicitis & promißionibus Dei quas ueras esse agnoscit, animo totaque mente nititur."

15 *Summa*, 106r.

약속되어 있는 진리에 대한 확신과 믿음의 성장은 기도와 관계(눅 11장, 17장; 막 9장)가 있음을 알게 한 것이다. 물론, 불링거는 성례도 믿음의 신뢰와 증명에 기여하기 때문에 반드시 필요하다고 밝혔다.[16] 성례는 보이지 않는 천상적인 유업을 위한 상징이자 가시적인 증거이다. 그러므로 신자들은 믿음의 신뢰 안에서 그리스도에 대한 감각을 가지며 또 그리스도 안에서 살아간다. 그리고 그들은 자신들의 마음 안에서 하나님의 긍휼을 느낄 뿐 아니라, 그리스도 안에서 평강과 기쁨을 누린다. 이러한 이유로 신자들을 위한 믿음의 고백(사도신조)과 그 안에서 표명된 신앙적인 요구는 단순히 믿음을 위한 지식적인 주제가 아니라, 오히려 믿음을 위한 확신과 삶의 증거라고 할 수 있다.[17]

칼빈의 『기독교 강요』(1559)와 『하이델베르크 신앙고백서』(21장)[18]에서도 발견되는 "영혼의 지식일 뿐 아니라 마음의 확실한 신뢰"라는 이해는 불링거에게 성경에서 정의한 믿음을 명확히 규명한 것이다. 특별히, 이는 16세기 중반

---

16 *Summa*, 106v-107r.

17 Gottfried W. Locher, "Die Lehre vom Heiligen Geist in der Confessio Helvetica Posterior", *Glaube und Bekenntnis*. Vierhundert Jahre Confessio Helvetica posterior. Beiträge zu ihrer Geschichte und Theologie, hg. von Joachim Staedtke (Zürich: TVZ 1966), 315.

18 *CO* II, Institutio 1559, III.II.6: "Iam ergo habemus, fidem esse divinae ergo nos voluntatis notitiam ex eius verbo praeceptam. Huius autem fundamentum est, praesumpta de veritate Dei persuasio. De cuius certitudine, quamdiu secum animus tuus disceptabit, dubiae et infirmae, vel potius nullius autoritatis erit verbum. Neque etiam sufficit Deum credere veracem, qui nec fallere nec mentiri possit, nisi constituas procul dubio, quidquid ab ipso prodit, sacrosanctam esse et inviolabilem veritatem."; Der Heidelberger Katechismus, 22-3.: "21. Frage, Was ist wahrer Glaube?" Es ist nicht allein eine gewisse Erkenntnis, dadurch ich alles für wahr halte, was uns Gott in seinem Wort offenbaret (Jak. 1,18). Sondern auch ein herzliches Vertrauen (Rm. 4:16-8; 5:1), welches der Heilige Geist (2. Kor. 4:13; Eph. 2:8-9; Mt. 16:17; Phil. 1:19) durchs Evangelium in mir wirket (Rm. 1:16; 10:17), dass nicht allein andern, sondern auch mir Vergebung der Sünden, ewige Gerechtigkeit und Seligkeit von Gott geschenkt sei (Hb. 11:7-10; Rm. 1:16) aus lauter Gnaden, allein um des Verdienstes Christi willen (Eph. 2:7-9; Rm. 3:24-5.; Gal. 2:16).

부터 서서히 드러난 이성주의적인 물결 속에서 변질될 수 있는 믿음의 개념을 염두한 것이기도 하다.[19] 지식이 신뢰에 종속되지 않고, 신뢰가 지식과 동등하게 함께 서 있는 것처럼, 이와 반대로 신뢰도 지식보다 높이 서 있는 것으로 간주하지 않았다. 당시 서유럽에서 이렇게 순수한 인지적인 과정으로써 믿음에 대한 잘못된 이해를 불식시키기 위해 불링거는 다른 개혁파 신학자들과 마찬가지로 성경적 가르침을 강조하고 변호한 것이다.

II. 믿음의 고백으로서 '사도신조'

1. 사도신조의 의미

불링거에게 '사도신조'(Apostolikum)는 하나님의 말씀 안에서 다양하게 가르쳐지고 또 믿어야 할 것에 대한 요약으로 이해되었는데, 즉 그것은 신자들이 무엇이 자신들의 믿음, 위로, 신뢰 그리고 희망인가를 증명하기 위해 하나님과 사람 앞에서 고백한 내용이다.[20] 사도신조는 신자들이 반드시 알아야 할 믿음의 핵심적인 지식인 것이다. 그리고 불링거에게 이 사도들의 고백은 하나님의 말씀에 기초한 기독교 교리와 모순되는 이단을 방어하기 위해 신앙의 규범으로서도 역할을 한다.

불링거는 사도신경 해설을 1556년에 독일어로 출판된 『기독교 신앙요해』와 1559년에 라틴어로 출판된 『성인들을 위한 신앙교육서』 외에 1552년에 출판

---

19 Paul Jacobs, *Theologie reformierter Bekenntnisschriften* (Neukirchen-Vluyn 1959). 101.

20 *Summa*, 89r.

된 『50편 설교집』[21]에서 다루었다. 두 권의 신앙교육서에 해설된 사도신조 내용은 『50편 설교집』의 사도신경 해설을 요약한 성격으로 간주될 수 있다. 매우 흥미로운 점은, 이 저술들 안에 담긴 사도신조 해설의 구조가 약간씩 차이가 있다는 점이다. 『기독교 신앙요해』의 사도신경 해설은 12조항을 다섯 부분으로 나누었다: 1) 성부와 성부의 사역, 2) 성자와 성자의 사역, 3) 성령과 성령의 사역, 4) 교회, 5) 죄용서, 부활 그리고 영원한 생명.[22] 하지만 『성인들을 위한 신앙교육서』의 사도신조 해설은 12조항을 여섯 부분으로 나누었다: 1) 성부와 성부의 사역(116-125문답), 2) 성자와 성자의 사역(126-145문답), 3) 성령과 성령의 사역(146-150문답), 4) 교회(151-173문답), 5) 죄용서 (174-194문답), 6) 부활과 영생(195-203문답).[23] 물론, 『50편 설교집』의 사도신조 해설도 독자적인 구조를 가지고 있다. 12조항이 크게 네 부분으로 구성되었다: 1. 성부와 성부의 사역, 2. 성자와 성자의 사역, 3. 성령과 성령의 사역, 4. 믿음의 열매들: 보편 교회, 성도의 교제, 죄용서, 부활과 영생. 이러한 구조의 차이는 특별한 신학적인 의미가 부여된 것은 아니다. 내용적인 차이가 발견되지 않은 것으로 볼 때 각 책의 저술 의도와 관련된 것으로 판단된다. 사도신조 해설을 듣고, 배우며 또 읽는 대상을 고려하여 각 조항을 임의적으로 구분한 것처럼 보인다. 연령대가 어릴수록 사도신조 해설의 구조를 쉽게 이해

---

21 라틴어 원본: Sermonum Descades quinque, de potissimis christianae religionis capitibus, in tres tomos digestae, authore Heinrycho Bullingero, ecclesiae Tigurinae ministro, Zürich, Christoph Froschauer 1552 (이하 Sermonum vii-ix). 현대 독일어 편집본: *Heinrich Bullinger Schriften*, hg. von Emidio Campi, Detlef Roth & Peter Stotz, Bd. III-V, Zürich 2004 (이하, Dekade 7-9). 16-17세기 『50편 설교집』 출판 기록: *Bibliographie, Beschreibendes Verzeichnis der gedruckten Werke von Heinrich Bullinger*, bearb. von Joachim Staedtke, Bd. 1, Zürich 1972, 179-227.
22 Sang-Bong Park, *Heinrich Bulligners katechetische Werke*, Dissertation zur Erlangung der Doktorwürde, Zürich 2009, 75.
23 Sang-Bong Park, *Heinrich Bulligners katechetische Werke*, 111.

하도록 주제를 구체화시킨 것으로 이해할 수 있다.

이 글에서는 『50편 설교집』에 있는 사도신조 해설은 언급하지 않을 것이다. 다만, 다른 두 신앙교육서에서 확인되지 않는 사도신조의 의미만 짧게 다루려고 한다. 불링거는 『50편 설교집』에서 사도신조를 해설하기 전에 매우 핵심적으로 사도신조가 무엇인가를 정의한다.

> "사도신조는 사도들로부터 설교되거나 보편 교회로부터 수용된 믿음을 규범과 요약으로서 제시하기 위해 사도적인 가르침의 모음에 근거하여 작성되거나 기록된 것이다."[24]

불링거는 사도신조를 사도들이 가르친 '믿음의 규범과 요약'으로 이해했음을 알 수 있다. 사도신조가 단순히 인간적인 측면에 초점을 둔 것이 아니라, 오히려 성경중심적인(Bible-centered) 정통신앙임을 강조한 것이다. 구약 성경의 계시와 예언적 성취를 보증하고 예수 그리스도의 사역을 직접적으로 목격하면서 참된 구원의 도리를 증거한 사도들의 가르침이 전체 성경을 대표하는 중심 내용임을 밝힌 것이다.[25]

물론, 불링거는 『50편 설교집』에서 사도신조가 어떤 경로로, 누구를 통해서, 어느 시기에 작성되었는지 알 수 없지만 순교자 키프리안(Märtyrer Cyprian)이 자신의 사도신조 해설에서 언급한 한 구전[26]을 소개하면서 교회사 속에서

---

24 *Sermonum*, vii, 20a: "... quod ex collatione doctrinae apostolicae sint compositi atque conscripti, ut sint regula et epitome quaedam fidei praedicatae ab apostolis et receptae a catholica sive universali ecclesia."

25 박상봉, "하인리히 불링거의 '사도신조 해설'에 대한 이해", 『장로교회와 신학』(15), (서울: 한국장로교학회, 2019), 165-6.

26 *Dekade* 7, 147. 키프리안이 소개한 구전은 다음과 같다. 오순절 성령강림 사건 후에 사도들이 사람들에게 예수 그리스도를 증거할 때 서로 다른 교리가 선포되지 않도록 예방하기 위해 공통된 신앙의 규범을 결정했다. 즉, 사도들이 성령의 충만함을 받고 각자가 고백한 신앙의 진술들을

많은 사람들이 사도신조를 사도들이 작성한 것으로 믿었다고 소개했다. 불링거는 키프리안의 증거를 근거로 사도신조의 기원을 정확히 알 수 없다고 해도, 그 고백적인 내용이 사도들의 핵심적인 가르침을 온전히 담고 있기 때문에, 사도신조가 사도들에 의해 쓰여졌다고 해도 문제가 되지 않는다고 확신한 것이다.[27] 특별히, 불링거는 사도신조의 기능을 두 가지 측면에서 이해했는데, 한편으로 신앙의 규범적인 면에서 보편 교회의 신앙적인 통일성을 갖게 할 뿐 아니라, 다른 한편으로 신앙의 특징적인 면에서 참된 신자들과 거짓 신자들을 구별하는 역할을 한다는 것이다.[28]

이 글에서 사도신조 해설에 대한 초점은 기독론에 놓여 있지만 내용적으로 다른 장에서 다루지 않은 주제들인 '그리스도의 인격과 사역' 그리고 '성령'에 대해서만 논의할 것이다. 이 주제들은 믿음의 대상과 믿음의 효력과 관련하여 믿음과 직접적으로 연관되어 있기 때문이다. 『헝가리 교회와 목사들에게 쓴 목회서신』과 『박해받는 사람들을 위한 신앙답변서』에서는 사도신조 해설이 담겨 있지 않기 때문에 관련된 주제들 안에서 기본적인 내용만 확인할 수 있다.

2. 사도신조 해설

(1) 예수 그리스도의 인격과 사역

네 권의 신앙교육서에 확인된 사도신조 해설의 2-7조항(기독론)에서 그리스도의 인격과 구속사역에 대한 교리를 이해하기 위해 불링거는 가장 먼저 하나

모아서 사도신조를 정리한 것이다. 그리고 사도들은 이렇게 고백된 사도신조가 신앙의 규범으로 제시되어야 한다는 것도 결정했다. (박상봉, "하인리히 불링거의 '사도신조 해설'에 대한 이해", 166.)

27 *Dekade* 7, 147.

28 *Dekade* 7, 146-7.

님의 독생자로서 예수 그리스도가 우리의 유일한 '구원주'(Erlöser)임을 밝혔다.[29] 이 '구원주' 개념은 구속사적인 의미에서 예수 그리스도가 하나님의 영원한 작정 가운데서 하나님과 죄 아래 있는 사람들 사이에 화해의 중보자로 임명되었다는 사실 속에서 이해된 것이다. 당연히, 여기에는 그리스도가 영원전에 하나님으로부터 발생하신 선하시고, 영원하고, 본질적이고 또 독생하신 하나님의 아들이시며 그리고 성부 하나님과 힘과 능력에 있어서 동등하시다는 삼위일체적인 개념도 강조되어 있다. 그리고 그리스도가 중보자로서 인간이 되셔야 한다는 것과 인간이 되신 그리스도의 직무는 땅과 하늘에서 구속사역을 통해서 완성된다는 것도 전제되어 있다. 즉, 구원주로서 그리스도는 참 하나님과 참 인간임을 분명히 한 것인데, 그리스도와 메시아이신 하나님의 아들이 자신의 시대에 사람의 본성을 취하신 것이다. 선지자, 제사장 그리고 왕이신 그리스도의 직분들과 함께 그리스도의 구속사역은 땅과 하늘에서 '낮아지심과 높아지심'의 두 상태에서 이루어진 것이다.

① 양성일위의 신분으로서 '구원주'

그리스도의 인격 안에서 두 본성이 실재적으로 서로 변화되거나 혼합되지 않고 신비적으로 연합되어 있다는 그리스도의 두 본성에 대한 가르침은[30] 불링거에게 죄인이 예수 그리스도를 통하여 어떻게 구원받는지를 겨냥하고 있다. 그러므로 그리스도의 두 본성은 하나님과 사람 사이에 '구원주'의 다른 사역적 표현인 '중보자'(Mediator)가 될 수 있는 필수적인 조건이다. 불링거는 『헝가

---

29 *Epistola*, 52; *Summa*, 91r. (참고: *Catechesis*, 34v: „Deinde credo, id est, firmam in Iesum Christum cordis fiduciam infigo, tanquam in saluatorem uel redemptorem meum, firmiter credens haec omnia illū fecisse propter me, & ut uiuificaret ac saluaret me.").

30 *Summa*, 93r.

리 교회와 목사들에게 쓴 목회서신』에서 이렇게 밝혔다:

> "그러나 첫 번째는 중보자와 변호자이다. 왜냐하면 그분은 한 인격 안에 두
> 본성으로 존재하는 분으로써 하나님과 사람이기 때문이다. 그분은 실제로 하나
> 님과 사람이시기 때문에, 그분은 하나님과 사람 사이의 중심에 서실 수 있다.
> 그래서 그분은 정당하게 자신의 본성과 존재에 따라 하나님과 함께 일하실
> 수 있다. 그리고 그분은 동일하게 우리와 사람의 본성을 공유하고 있기 때문에
> 사람의 문제를 바르게 해결하실 수 있다. 그 중보자는 두 본성이 서로 교류하며
> 심지어 연합해야 한다. 이뿐만 아니라, 하나님과 사람 사이의 중보자는 모든
> 사람들의 기도를 인식해야 하고 또 구원에 기여하는 모든 것을 성취할 수 있어야
> 한다. 그리고 그분은 끝으로 사람들의 근심을 돌보는 일에도 힘써야 한다."[31]

이렇게 불링거는 네 가지 신앙교육서 안에서 하나님의 아들로서 이 세상에
오셔서 죄인들의 구원주가 되신 그리스도는 분리할 수 없는 인격 안에서 참
하나님과 참 사람으로 존재하신다는 것을 밝혔다. 즉, 그리스도는 하나님일
뿐 아니라 사람이기도 한데, 좀 더 정확하게 '하나님과 사람'인 것이다. 그리스
도의 두 본성은 서로 섞이거나 혼합되지 않을 뿐 아니라, 서로 분리되거나
혼돈되지도 않는다.[32] 그리스도의 두 본성에 대한 교리는 츠빙글리와 마찬가지

---

31 *Epistola*, 57: "Unicus est autem mediator et intercessor Christus Dominus, quia
solus est Deus et homo, in una persona geminam habens naturam. Quoniam vero
Deus est et homo, medium inter partes, inter Deum, inquam, et homines ingerere
potest. Et commode quidem agit cum Deo, cuius ipse est naturae atque essentiae.
Commode item agit hominum causas, quia nobiscum humana natura communicat.
Oportet autem intercessorem utrisque partibus communem esse, adeoque et
aequalem. Oportet item intercessorem inter Deum et hominem et nosse omnium
hominum vota, et posse praestare omnia salutaria, velle denique curare res
hominum." (비교: *Summa*, 92r; *Catechesis*, 36r.)

32 *Compendium*, 75v: "… sic tamen ut duae naturae non confundantur inuicem aut
tollantur, sed inseparabiliter & inconfuse simul consistant … ." (비교: *Catechesis*,

로 불링거도 칼케톤 공의회의 신학적인 결정을 존중하여 수용한 것이다.[33] 이렇게 볼 때 그리스도의 육체적인 편재에 대한 루터의 입장을 거부한 것은 당연하다.

② 땅과 하늘에서 그리스도의 구속사역

땅과 하늘에 그리스도의 구속사역은 불링거에게 비하와 승귀의 상태와 관련되어 있다. 성육신, 십자가 고난과 죽으심, 지옥강하와 관련된 그리스도의 비하의 상태는 그분의 제사장적인 직분을 나타내며, 그리고 부활, 승천, 하나님의 우편에 앉으심과 관련된 그리스도의 승귀의 상태는 그분의 왕적인 직분을 나타낸다.

성령을 통하여 동정녀 마리아로부터 태어나시고 또 사람의 육체를 취하셔서 육체와 영혼을 가진 참 사람이 되신 그리스도의 비하 사역은 하나님과 사람 사이의 화해를 위해 반드시 있어야 할 독특한 구속사역이다.[34] 그리스도의 비하는 죄 아래 있는 사람들에게 그리스도 안에서 생명을 약속하신 하나님의 영원한 작정에 따른 것이다.[35] 죄인에 대한 하나님의 용서는 피흘림이 없이 이루어지지 않기 때문이다. 죄인이 죄로부터 해방되고 또 영원한 죽음으로부터 벗어나기 위해서 그리스도는 수많은 고난과 십자가의 죽음을 겪으셔야 한다.[36]

36r.)

33 Peter Walser, "Glaube und Leben bei Heinrich Bullinger", in: *Zwingliana* XI (1959-1963), 611.

34 *Summa*, 93r-v; *Catechesis*, 34v.

35 *Catechesis*, 36r: "Oportet Sane & peccatum & mortem aboleri aut exarmari si homines peccatores uiuere debēt, uti deus constituit, qui uitam in Christo peccatoribus promisit."

36 *Epistola*, 52 f.: "Dominum enim nostrum Iesum Christum semel in cruce oblatum, hostiam pro peccatis totius mundi expiandis, ita perfecte a culpa et poena credentes absolvisse lustrasseque, ut nihil prorsus relinquatur ulli creaturae repurgandum." (*Summa*, 93v-94r; *Catechesis*, 36r-v.).

그리스도의 십자가 죽음의 의미는 불링거에게 다양한 실례들을 통해서 설명되는데, 즉 본디오 빌라도(Pontio Pilatus)의 역사적인 증거를 통하여, 모형 신학(Typologie)의 입장에서 구약 성경의 성취(단 2장과 9장, 요 3장 등)를 통하여[37] 그리고 그리스도의 지옥강하에 대한 신앙고백을 통하여 확인된다. 특별히, 그리스도의 지옥강하에 대한 불링거의 가르침은 매우 흥미롭다. 이 지옥강하는 그리스도께서 진정으로 죽으셨고, 그분의 영혼이 몸에서 분리되었으며 그리고 모든 죽은 거룩한 신앙의 선조들의 공동체가 아브라함의 품에 모였다는 것에 대한 분명한 증거일 뿐 아니라, 하나님의 백성이 그리스도의 고난과 죽음을 통하여 지옥의 고통으로부터 해방되었다는 최종적인 승리의 성취에 대한 분명한 증거이기도 하다.[38] 의심의 여지없이, 이러한 지옥강하의 이해는 칼빈과 루터를 절충한 느낌을 갖게 한다.

그리고 비하의 상태에서 그리스도의 사역은 승귀의 상태에서 그분의 사역과 서로 떨어질 수 없는 밀접한 관계가 있다. 죽음으로부터 그리스도의 부활에 관련하여 불링거는 그리스도가 우리를 위해서 죽은 자들 가운데서 부활하셨고 그리고 우리를 위해서 죄, 죽음, 지옥을 이겨내셨다고 강조한다.[39] 그리스도의 대속사역을 통해서 신자들이 새로운 생명을 얻고 또 그리스도의 부활에 참여한다는 구속사적인 진술을 나타낸 것이다.

그밖에 "그리스도는 하늘에 오르시어 하나님의 우편에 앉아 계시고"에 대한 해설에서 불링거는 '전체 그리스도'(totus Christus)가 하나님 나라뿐 아니라

---

37 *Summa*, 94r; *Catechesis*, 36v.

38 *Summa*, 94v (참고: *Catechesis*, 37v: "Christum a morte sua corporea ⋯ sua morte salutarem fuisse omnibus sanctis patribus, ab exordio mundi defunctis, imo Christum sua morte nobis omnibus qui in ipsum credimus, mortem aeternam atque inferos confregisse, & ab omni tartari horrore liberasse.").

39 *Summa*, 95r (비교: Catechesis, 37v.)

땅과 하늘의 모든 것을 지배하는 왕이다는 사실을 강조했다.[40] 그리스도는 하늘에서 성부 하나님과 동등한 영광과 능력으로 모든 것을 지배하신다.[41] 불링거는 하나님의 우편을 두 가지 의미로 설명했다. 한편으로, 하나님의 우편은 장소가 아닌데, 즉 그분의 능력과 그분의 나라로서 영원하고 또 어디에나 존재하기 때문이다.[42] 다른 한편으로, 하나님의 우편은 모든 신자들이 영원한 쉼과 영광을 누리는 하늘에 있는 구원의 특정한 장소를 가리킨다.[43] 승귀의 상태에서 그리스도의 마지막 사역은 불링거에게 마지막 때인 산 자와 죽은 자에 대한 마지막 심판을 내리는 심판자의 역할로서 이해되었다.[44] 그리스도는 선한 사람들에게 유일한 구원주와 중보자로 인식될 것이다. 이와 반면에 악인들에게 그리스도는 공의로운 재판장으로서 경험될 것이다. 신자들은 그리스도와 함께 천국에 들어갈 것이다. 하지만 불신자들은 사단과 함께 지옥에 떨어질 것이다.

(2) 성령

성령론은 『기독교 신앙 요해』와 『성인들을 위한 신앙교육서』에서 비교적 짧고 또 사도신조의 진술에 근거하여 다루어졌는데, 이는 성령론이 불링거로부터 무시된 신학적인 주제는 아니지만 모든 신앙교육서에서 확인되는 명백한 특징 중의 하나이다. 성령에 대한 이해는 일반적으로 독립적인 주제로 다루어지지 않고 기독론, 구원론 그리고 교회론(성례론)에서 부분적으로만 언급되었

---

40 *Summa*, 95v; *Catechesis*, 39r.

41 *Catechesis*, 39v: "··· Christum uerum deum & hominē regnare in coelo & in terra, coaequali cum patre gloria atque potentia."

42 *Summa*, 95v (비교: *Catechesis*, 38v-39r: "Ita autē dextera dei significat maiestantem & uirtutem diuinam, omnipotentem et per omnia sese exerentem.").

43 *Summa*, 95v-96r; *Catechesis*, 41r.

44 *Summa*, 96r; *Catechesis*, 40r-v.

다. 불링거의 성령론은 대체적으로 고대 동방교회의 삼위일체론의 맥락을 따른 것이다.[45] 『기독교 신앙 요해』와 『성인들을 위한 신앙교육서』의 사도신조 해설에서도 성령론은 성령의 인격과 구속의 적용에만 집중되어 핵심적으로 설명되었다. 불링거는 삼위일체 안에서 성령의 위치와 신자들 안에 실재적으로 임재하는 성령에 관심을 두었다.

그리스도께 자주 언급하신 성령(요 3장, 7장, 14-16장)은 삼위일체의 세 번째 위격이다. 성령은 본질에 있어서 하나님이시며, 위격에 있어서 성부와 성자와 섞이거나 분리되지 않지만 고유하게 구별된다. 성령의 위격에 대한 설명 외에 불링거에게 삼위일체의 각 위격의 대표적인 사역이 강조되었다. 창조는 성부에게 속하고, 구속은 성자에게 속하며, 성화는 하나님 안에서 이루어진 삶으로서 성령에게 속한다.[46] 물론, 각 위격의 사역들은 삼위일체 하나님의 협력을 통해서 수행되고 완성된다. 성자를 통하여 또 성령의 통하여 모든 것을 창조하신 성부는 그분의 유일한 아들의 피를 통하여 사람을 거룩하게 하시고 또 성령을 통하여 사람에게 참된 거룩하심을 주신다.[47] 이뿐만 아니라, 성령의 구속사역과 관련하여 불링거에게 강조된 것은, 하나님은 성령을 통해서 신자들을 내적으로 성숙하게 만들고, 하나님 안에 있는 삶을 위해 성령을 통해서 신자들을 거룩하게 만든다는 것이다. 이를 위해 하나님은 신자들에게 가장 먼저 그리스도의 은혜를 성령을 통하여 제공하시고, 항상 다시금 새로워지도록 믿음을 허락하실 뿐 아니라, 그 믿음을 강하고 담대하게 하신다.[48] 이 믿음은

---

[45] Locher, "Die Lehre vom Heiligen Geist", in: *Glaube und Bekenntnis*, 301.

[46] *Summa*, 96v.

[47] *Summa*, 96v-97r; *Catechesis*, 41r.

[48] *Compendium*, 79r: „Ac quemadmodum cuncta à patre sunt creata, sed per filiū, & in spiritu oris eius consistūt ac durāt: ita etiā sanctificat pater, sed sanguine filij, & per spiritum suum sanctum nos donat & imbuit uera sanctitate." (*Catechesis*, 41r.).

사람 안에 성령의 실제적인 현존을 통해서 발생되는 것인데, 모든 구원의 역사가 효과적으로 나타난 것이다. 그러므로 신자들은 오직 성령을 통해서만 그리스도와 교제하고, 그분 안에서 살며, 내적으로 거룩하게 될 뿐 아니라, 그 열매로 선한 일을 행하는 것이다.[49] 하나님의 영은 신자들의 참된 믿음을 발생시키고, 그들의 믿음을 자라게 하시며, 그들의 삶 속에서 선한 열매 맺게 하신다.

Ⅲ. 정리하며

네 권의 신앙교육서에서 앞서 확인한 믿음을 칭의 및 아직까지 다룬 주제는 아니지만 성화와 연결하여 이해할 때, 불링거는 '칭의'를 성화의 증거로서 선행에 근거하여 이해하지 않고, 오히려 믿음으로 말미암은 그리스도의 의에 근거하여 이해했다. 그리고 믿음, 칭의, 성화를 각기 독립적인 성격으로 규정하지 않고, 서로가 밀접하게 관계된 것으로 보았다. 그리스도 중심적이고 또 성령론적인 특징 안에서 믿음, 칭의, 성화는 신적인 은혜를 통하여 제공되는 구속 순서의 동등한 요소들이다. 신적인 구속의 성취를 이루는 논리적인 과정이며, 서로가 유기적으로 연결되어 있는 모든 신자들이 경험하는 구속의 각 고유한 특징들이기도 하다. 이 때문에 각 요소는 구원의 순서로서 서로 섞이지 않으며, 서로 분리되지도 않는다. 그러므로 불링거에게 믿음, 칭의, 성화는 하나님의 은혜, 그리스도의 대속사역, 성령의 역사에 근거하여 발생하는 구원의 증거로

---

49 *Summa*, 97r (*Catechesis*, 41r-v: "… fructus tamē uel effectus aut uirtus, quae inde ad nos dimanat, animis nostris, non ulla re corporali aut crassa, sed spiritu dei infunditur aut communicatur & fide uera percipitur. Animus enim uel spiritus aut mens hominis capax uel sedes est spritus uel sanctificatiōis nostrae, uel diuinae gratiae.").

써 간주되었다.[50]

특별히, 불링거에게 믿음은 칭의를 얻게 하는 수단(Medium)일 뿐 아니라 선한 행위를 실천하는 성화의 원인이다. 믿음으로부터 말미암은 칭의는 신자들에게 그리스도와 연합을 통하여 확증된 존재로서 새 생명의 토대를 형성하고, 성화를 목적으로 한다. 성화는 믿음의 결과이며, 칭의의 열매이기도 하다. 그러므로 칭의와 성화는 믿음의 이중적인 효력으로써 서로 밀접하게 연결되어 있다. 신자들은 칭의와 성화를 통하여 자신들의 바른 믿음을 증명한다. 불링거에게 믿음 없이는 칭의 뿐 아니라 성화도 없다. 참된 믿음은 그리스도의 대속사역을 증거하는 하나님의 말씀과 함께 성령을 통하여 의롭게 된 신자들을 성화 안에서 바른 삶으로 이끄는 것이다.

---

50 Peter Walser, *Die Prädestination bei Heinrich Bullinger im Zusammenhang mit seiner Gotteslehre*, (Zürich 1957), 227-8.

〈참고문헌〉

1차문헌

Brevis ac pia institutio Christianae religionis ad dispersos in Hungaria Ecclesiarum Christi Ministros et alios Dei servos scripta, per Heinrycum Bullingerum Tigurinae Ecclesiae Ministrum. Ovarini M.D.LIX.

Summa Christenlicher Religion. Darin vß dem wort Gottes / one alles zancken vnd schaelten / richtig vnd Kurtz / anzeigt wirt / was einem yetlichen Christen notwendig sye zů wüssen / zů glouben / zů thůn / vnd zů lassen / ouch zů lyden / vnd saeligklich abzůsterben: in x. Artickel gestelt / durch Heinrychen Bullingern.

COMPENDIVM CHRISTIANAE RELIGIONIS DECEM Libris comprehenſum, Heinrycho Bullingero auchtore ⋯ TIGVRI APVD FROSCH. Anno domini, M.D.LVI.

Bericht, Wie die / ſo von waegen vnser Herren Jeſu Chriſti vn ſines heiligen Euangeliums / ires glaubens erſůcht / vnnd mit allerley fragen verſůcht werdend / antworten vnd ſich halten moegind: beſchribē durch Heinrychē Bullingern.

CATECHESIS PRO ADVLTIORIBUS SCRIPTA, DE his potissimum capitibus. De Principijs religionis Christianę, scriptura sancta. De Deo uero, unio et ęterno. De Foedere dei & uero dei cultu.

De Lege dei & Decalogo mandatorum domini. De Fide Christiana, & Symbolo apostolico. De Inuocatione dei & Oratione dominica, & De Sacramentis ecclesię Christi, authore Heinrycho Bullinero.

Sermonum Descades quinque, de potissimis christianae religionis capitibus, in tres tomos digestae, authore Heinrycho Bullingero, ecclesiae Tigurinae ministro, Zürich, Christoph Froschauer 1552.

Heinrich Bullinger Schriften, hg. von Emidio Campi, Detlef Roth & Peter Stotz, Bd. III-V, Zürich: TVZ, 2004.

2차문헌

박상봉. "하인리히 불링거의 '사도신조 해설'에 대한 이해". 「장로교회와 신학」(15). 서울: 한국장로교학회, 2019.

Bibliographie, Beschreibendes Verzeichnis der gedruckten Werke von Heinrich Bullinger, bearb. von Joachim Staedtke, Bd. 1, Zürich: TVZ, 1972.

Gottfried W. Locher. "Die Lehre vom Heiligen Geist in der Confessio Helvetica Posterior", *Glaube und Bekenntnis. Vierhundert Jahre Confessio Helvetica posterior. Beiträge zu ihrer Geschichte und Theologie,* hg. von Joachim Staedtke. Zürich: TVZ, 1966.

Paul Jacobs, *Theologie reformierter Bekenntnisschriften.*

Neukirchen-Vluyn, 1959.

Walser, Peter. "Glaube und Leben bei Heinrich Bullinger". in: *Zwingliana* XI (1959-1963)

_____. *Die Prädestination bei Heinrich Bullinger im Zusammenhang mit seiner Gotteslehre.* Zürich, 1957.

존 낙스의 신앙론

박재은

John Knox(1513-1572)

총신대학교(B.A. 신학과)와 총신대학교 신학대학원(M.Div.)을 졸업하고, 미국 칼빈 신학교(Calvin Theological Seminary)에서 조직신학 전공으로 신학석사(기독론, Th.M.)와 철학박사(구원론, Ph.D.) 학위를 취득했다. 박사논문 출판본은 네덜란드 개혁신학 전통의 칭의론과 성화론을 논구한 *Driven by God: Active Justification and Definitive Sanctification in the Soteriology of Bavinck, Comrie, Witsius, and Kuyper* (Vandenhoeck & Ruprecht, 2018)이다. 지은 책으로는 『삼위일체가 알고 싶다』(넥서스CROSS, 2018), 『질문하는 성도, 대답하는 신학자』(디다스코, 2018), 『칭의, 균형 있게 이해하기』(부흥과개혁사, 2016), 『성화, 균형 있게 이해하기』(부흥과개혁사, 2017)가 있으며, 헤르만 바빙크의 『계시 철학』(다함, 2019), 『찬송의 제사』(다함, 2020), 제임스 에글린턴의 『바빙크: 비평적 전기』(다함, 2022), 존 볼트의 『헤르만 바빙크의 성도다운 성도』(다함, 2023), 웨인 그루뎀의 『성경 핵심 교리』(솔로몬, 2018) 등을 번역했다. 한국복음주의신학회 신진학자상(2018년)을 수상한 바 있으며, 국내외 주요 저널에 다양한 신학 주제로 다수의 소논문을 게재했다. 출판된 소논문들은 https://calvinseminary. academia.edu/JaeEunPark에서 전문을 읽을 수 있다. 현재 총신대학교 신학과장으로 학교와 학생들을 섬기고 있다.

박재은

I. 들어가며

스코틀랜드의 종교개혁자 존 낙스(John Knox, ca.1514-1572)[1]의 신앙론
(the doctrine of faith)에 대한 진지한 단독 연구는 국내외를 막론하고 찾아
보기 힘들다. 존 낙스를 전문적으로 연구하는 리처드 카일(Richard Kyle)조차
도 역사를 바라보는 낙스의 관점을 일찍이 연구하면서 '종교적 신앙'(religious
faith)에 대한 낙스의 입장을 살짝 건드린 정도이다.[2] 사실 카일 이전에 제임스
맥코드(James McCord)가 존 낙스의 신앙에 대해 다루긴 다뤘지만[3] 그 양이
많지 않았고 신앙에 대한 낙스의 입장을 신학적으로 심층 분석한 연구물도
아니었다. 제임스 맥원(James McEwen)의 『존 낙스의 신앙』(*The Faith of
John Knox*)[4]도 책 제목은 존 낙스의 신앙이지만 1960년 초반에 출간된 115

---

[1] 낙스에 대한 전기적 자료로는 다음을 참고하라. James Melville, *The Autobiography and
Diary of Mr. James Melville*, ed. Robert Pitcairn (Edinburgh: Wodrow Society, 1841);
Richard Bannatyne, *Memorials of Transactions in Scotland* (Edinburgh: Edinburgh
Printing Company, 1836); Eustace Percy Baron, *John Knox* (Richmond: John Knox
Press, 1965); Jasper Ridley, *John Knox* (Oxford: Oxford University Press, 1968); W.
Stanford Reid, *Trumpeter of God: A Biography of John Knox* (New York: Scribner,
1974), 『하나님의 나팔수: 존 낙스의 생애와 사상』, 서영일 역 (서울: 기독교문서선교회, 1984);
Richard G. Kyle & Dale Walden Johnson, *John Knox: An Introduction to His Life
and Works* (Eugene: Wipf & Stock, 2009); Richard G. Kyle, *The Ministry of John
Knox: Pastor, Preacher, and Prophet* (Lewiston: E. Mellen Press, 2002); Jane E. A.
Dawson, *John Knox* (New Haven : Yale University Press, 2015); 김요섭, 『존 녹스:
하나님과 역사 앞에 살았던 진리의 나팔수』 (서울: 익투스, 2019); 황봉환, 『스코틀랜드 종교개
혁과 존 낙스의 신학』 (서울: 예영커뮤니케이션, 2001); 김중락, 『스코틀랜드 종교개혁사』 (안산:
흑곰북스, 2017); 마틴 로이드 존스·이안 머리, 『존 녹스와 종교개혁』, 조계광 역 (서울: 지평서
원, 2011); 데이비드 캠벨, 『존 녹스와 떠나는 여행』, 이용중 역 (서울: 부흥과개혁사, 2006);
G. 바넷트 스미스·도로시 마틴, 『존 녹스와 종교개혁: 스코틀랜드의 위대한 종교 개혁자』, 편집
부 역 (서울: 보이스사, 1988).
[2] Richard G. Kyle, "John Knox's Concept of History: A Focus on the Providential
and Apocalyptic Aspects of His Religious Faith," *Fides et historia*, 18.2 (June 1986),
5-19.
[3] James I. McCord, "Faith of John Knox," *Theology Today*, 29.3 (Oct 1972), 239-245.
[4] James S. McEwen, *The Faith of John Knox* (Richmond: John Knox Press, 1961).

페이지 정도의 소책자로 신앙에 대한 낙스의 신학적 견해를 충분히 분석한 책은 아니라고 평가할 수 있다. 이처럼 낙스의 신앙론은 아직도 미개척지이며 미지의 세계인 것만큼은 분명하다. 본고의 존재 이유는 미개척지인 분야에 손을 뻗어 신앙에 대한 낙스의 견해를 넌지시 가늠해보기 위함이다.

낙스의 칭의론5과 마찬가지로 낙스의 신앙론 역시 연구하기 쉽지 않다. 그 이유는 낙스는 '신앙'이라는 주제만 단독적으로 다루는 신학 논문이나 단행본을 출간하지 않았기 때문이다. 그러므로 본고의 연구 방식은 낙스의 특정 논문이나 책에 집중하기보다는 총 6권인 『낙스의 전집』(*The Works of John Knox*, 1854, 이후부터는 *Works*로 표기)6 도처에 드러난 신앙에 대한 낙스의 입장을 종합적으로 재구성하는 방식을 취할 것이다. *Works* 1권부터 6권까지를 포괄적으로 조망할 때 신앙에 대한 낙스의 입장이 뚜렷하게 드러난다. 이 드러남을 좀 더 선명하게 하는 것이 본고가 가진 핵심 목표이다.

논의 순서는 다음과 같다. 먼저 신앙에 대한 낙스의 신학적 입장을 크게 다섯 가지 영역으로 구별해 살펴볼 것인데, 신앙을 묘사하는 표현들, 신앙의 근거, 신앙과 말씀의 관계, 신앙과 구원, 스코틀랜드 신앙고백서(*the Scottish Confession*, 1560)에 나타난 신앙 순으로 살펴보도록 하겠다. 그 후 다뤘던 논의를 근거로 실천적 고찰 및 적용을 할 것이며, 마지막으로는 모든 논의를 요약, 정리하며 글을 마무리 짓도록 하겠다.

'신자'(信者, believer)라는 뜻은 '믿는 사람'이라는 뜻이다. 그러므로 신앙의 선배인 낙스가 믿음에 대해 어떻게 이해했는지 살펴보는 작업은 대단히

---

5 박재은, "존 낙스의 칭의론," 『종교개혁과 칭의』, 개혁주의 신학과 신앙 총서 16권 (부산: 개혁주의학술원, 2022), 197-234.

6 John Knox, *The Works of John Knox*, ed. David Laing, 6 vols. (Edinburgh: J. Thin, 1854). 이후부터 녹스의 전집을 인용할 때는 Laing판을 인용할 것이며 철자는 현대 영어 표기법으로 수정하지 않고 1854년판 그대로를 인용할 것이다.

유의미한 작업이다. 그 이유는 믿는 자는 믿음이 무엇인지를 알고, 그 앎에 근거해 믿는 자로서의 삶을 넉넉히 살아야 하기 때문이다. 이런 측면에서 낙스의 신앙론에 대해 다루는 본고의 존재 이유 및 가치는 충만하다.

II. 낙스의 신앙론

1. 신앙을 묘사하는 표현들

낙스는 신앙(faith)을 묘사하면서 신앙 앞에 다양한 형용사를 붙였다. 형용사를 붙인 이유는 신앙이 가지고 있는 다채로운 특징들을 묘사하기 위함이다. *Works* 전반에 걸쳐 신앙을 묘사하는 다양한 형용사가 등장하는데 대표적으로 보편(catholic) 신앙, 정통(orthodox) 신앙, 지속적이고 열정적인(constant and fervent) 신앙, 살아 있는(lively) 신앙, 참된(true) 신앙 등이며, 문제 있는 신앙을 묘사할 때는 약한(weak) 신앙이라는 표현을 사용함으로 바른 신앙과 뚜렷하게 대비시켰다. 하나씩 살펴보도록 하겠다.

첫째, 낙스에게 있어 참된 신앙은 '보편 기독교 신앙'(Catholik universall Christiane faith)이다.[7] 신앙은 '신앙의 대상'이 반드시 필요한데 신앙의 대상은 특정 지역, 특정 민족, 특정 언어, 특정 나라에만 국한되어 제한적으로 이해될 수 없다. 오히려 기독교 신앙은 보편 기독교 신앙이다. 즉 창세로부터 지금까지 신앙의 대상은 국가와 민족과 나라를 초월하여 동일하다. 그 신앙이 대상이 바로 '예수 그리스도'이시다. 그러므로 기독교 신앙은 보편적이고 확장

---

7 Knox, *Works*, 1:288.

적이다.8 만약 보편 기독교 신앙을 지키지 못하면 그런 사람을 가리켜 '이단'이라 부른다. 그러므로 낙스는 보편 교회의 수호자(the defender of the Catholike Church)를 '이단 처벌자'(punisher of Hereticks)라는 표현으로 등치시켜 불렀다.9 보편 기독교 신앙에 속해 있는 보편 교회만이 거룩하다(THE HOLIE CATHOLIKE CHURCHE).10

둘째, 낙스는 '정통 신앙'(orthodox faith)11이라는 표현도 사용했다. 낙스는 정통 신앙을 가진 사람들은 순교도 마다하지 않는다고 생각했다. "예수 그리스도를 믿는 믿음으로 스코틀랜드 지역에서 고통 받는 순교자들"(such Martyrs as suffered in the Realme of Scotland for the faith of Christ Jesus)12이야말로 "진리의 증언"(testimony of his truth)을 하는 사람들이고, 이런 사람들이야말로 정통 신앙을 가진 자들이라고 낙스는 생각했다.

셋째, 낙스는 '지속적이고 열정적인 신앙'(constant and fervent faith)이라는 표현도 사용했다.13 낙스는 기도에 관한 글14에서 담대함(Boldnes)의 원인을 예수 그리스도(JESUS CHRYST)로 설명하면서 그리스도를 통해 신자들은 지속적이고도 열정적인 신앙을 소유한다고 말했다.15 낙스는 신자들이야말로 지속적이고 열정적인 신앙을 통해 하나님의 무한한 자비(infinit mercie)

---

8 Knox, *Works*, 1:279.

9 Knox, *Works*, 1:485.

10 Knox, *Works*, 4:169(THE CONFESSION OF OUR FAITH, WHICH ARE ASSEMBLED IN THE ENGLISHE CONGREGATION AT GENEVA).

11 Knox, *Works*, 2:592.

12 Knox, *Works*, 1:555(EPITAPHIUM).

13 Knox, *Works*, 3:88.

14 Knox, *Works*, 3:83(A DECLARATIOUN WHAT TREW PRAYER IS, HOW WE SULD PRAY, AND FOR WHAT WE SULD PRAY. SET FURTH BE JOHNE KNOX, PREACHER OF GODIS HOLIE WORD).

15 Knox, *Works*, 3:88.

와 지식(knawledge)을 알게 되는 사람들이라고 설명한다.[16] 그러므로 지속적이고 열정적인 신앙을 통해 신자들은 하나님의 무한한 자비와 지식을 더 깊고 넓고 높게 인식하고 느끼게 될 것이다.[17]

넷째, 낙스는 신앙을 '살아 있는 신앙'(lively faith)으로도 묘사했다.[18] 낙스는 살아 있는 신앙을 설명하면서 "완전한 지속"(perfite contynuance)이라는 단어를 사용했는데 신앙이 살아 있을 때 비로소 하나님과의 관계, 신앙고백, 성화 등이 지속성을 가지고 유지될 수 있다는 맥락이다.[19] 사실 죽음의 가장 큰 특징은 더 이상 지속성이 없는 것이다. 지속성이라는 속성은 살아서 역동적으로 움직이는 존재만 견지 가능한 속성이다. 이런 측면에서 신자의 삶은 살아 있는 신앙으로 모든 영역 속에서 지속성을 가지고 삶을 영위해 나갈 필요가 있음을 낙스는 역설하고 있다.

다섯째, 낙스는 *Works* 전반에 걸쳐 '참된 신앙'(true faith)의 중요성과 필요성에 대해 강조에 강조를 거듭하고 있다. 낙스는 예정론에 대한 글[20]에서 참된 믿음에 대해 다루고 있는데[21] 우리 마음에 새겨진 참된 믿음(true faith be established in our hartes)은 우리에게 두 가지의 유익을 준다고 말하고 있다. 참된 믿음은 겸손함(humilitie)과 더불어 받은 은혜에 감격하여 하나님

---

16 Knox, *Works*, 3:88.
17 Knox, *Works*, 3:88.
18 Knox, *Works*, 4:185.
19 Knox, *Works*, 4:185. "ALMIGHTIE and ever lyvinge God, vouchsave, we beseche thee, to grant us perfite contynuance in thy lively faith, augmentinge the same in us dayly, tyll we growe to the full measure of our perfection in Christ, wherof we make our confession, sayinge, I BELEVE in God, &c."
20 Knox, *Works*, 5:7(AN ANSWER TO THE CAVILLATIONS OF AN ADVERSARY RESPECTING THE DOCTRINE OF PREDESTINATION).
21 낙스의 예정론에 대한 구체적인 연구로는 Jae-Eun Park, "John Knox's Doctrine of Predestination and Its Practical Application for His Ecclesiology," *Puritan Reformed Journal*, 5.2 (July 2013), 65-90을 참고하라.

께 찬양(praise)을 올려드릴 수 있게 만들어 준다고 설명한다.[22] 낙스는 로마 가톨릭 전통에 대해 비판을 가하면서 로마 가톨릭 사제(Papisticall clergie)야 말로 참된 믿음으로부터 쇠퇴한 사람들이라고 평가했다(… those that have condemned me (the hole rable of the Papisticall clergie) have declyned from the true faith).[23] 낙스는 참된 믿음은 반드시 선행(goode workes)을 이끌어 낸다고도 강조했다(we may growe and increase dayly more and more in true faithe, which continually ys excersised in all maner of goode workes).[24]

여섯째, 낙스는 앞서 살펴보았던 보편 신앙, 정통 신앙, 지속적이고 열정적인 신앙, 살아 있는 신앙, 참된 신앙과 대척점에 서 있는 잘못된 신앙으로 '약한 신앙'(weak faith) 개념을 꺼내 들기 시작한다.[25] 낙스에게 있어 약한 신앙은 강제하는(compellit) 행태로부터 시작되는 신앙이다. 아직 고백할 내용도 잘 알지 못하는데 고백을 강요하고(compellit to confess), 아직 하나님을 인식 하지도 못하고 인정하지도 않는데 하나님을 향한 인식을 강요하면(compellit to acknawledge) 결국 억지로 신앙 고백하기 때문에 그런 신앙은 약한 신앙 이 될 수밖에 없다.[26] 낙스는 약한 신앙이 있다는 것은 사실 아무것도 없는 것이며 그런 신앙이 있다면 결국 아무것도 없는데 있는 척하는 위선적인 신앙 인이 되는 지름길이라고 일갈한다(They had Faith, but thow hast none! They had trew repentance, thow art but ane hypocrite!).[27]

---

22 Knox, *Works*, 5:25.
23 Knox, *Works*, 4:479.
24 Knox, *Works*, 4:196.
25 Knox, *Works*, 3:136.
26 Knox, *Works*, 3:136.
27 Knox, *Works*, 3:148.

지금까지의 논의를 요약해보자. 낙스는 신앙 앞에 다채로운 형용사를 붙임을 통해 신앙의 핵심 요소들을 특징적으로 풍성한 형태 가운데 묘사하고 있다. 그러므로 신앙은 단순한 진리로부터 시작되지만 그 모양과 색깔과 모습은 대단히 풍성하다.

2. 신앙의 근거

신앙의 모양과 색깔과 모습이 이처럼 다채롭다면 과연 이 신앙의 궁극적 근거는 무엇인가? 과연 신앙은 어디서부터 오는 것일까? 낙스는 이런 일련의 질문을 '선택'(election)의 맥락 속에서 명쾌하게 풀어나간다.

낙스는 신앙의 궁극적 근거를 '하나님의 선택'에 두었다(Faith springeth frome Election).[28] 낙스에게 있어서 믿음의 궁극적 근거가 하나님의 선택이라는 사실은 의심할 필요도 없는 사실이라고 확증했다(there is no way more proper to buyld and establish faith, then when we heare and undoubtedly do beleve that our Election).[29] 낙스는 이 사실이야말로 대단히 굳건한 사실이라고 생각했고, 그 이유를 성령 하나님의 인치심(seal)에서 찾았다(the Spirit of God doth seale in our hartes).[30] 사실 교회 역사 속에서 믿음의 근거를 인간의 '자유 선택 의지'에서 찾았던 전례는 지극히 많았다.[31] 펠라기우스주의가 그랬고 중세 로마 가톨릭식의 반(牛)펠라기우스주의도 그랬다. 17세기의 아르미니우스주의와 소시니우스주의도 인본주의적 전

---

[28] Knox, *Works*, 5:28.
[29] Knox, *Works*, 5:26.
[30] Knox, *Works*, 5:26.
[31] Cf. 박재은, 『칭의, 균형 있게 이해하기: 하나님의 주권 대 인간의 역할, 그 사이에서 바라본 칭의』 (서울: 부흥과개혁사, 2016), passim.

철을 그대로 밟았다. 하지만 낙스는 인간으로부터 시작되는 모든 형태의 인본주의를 철저히 배격했고 믿음의 근거를 끝까지 하나님의 선택과 그의 기쁘신 뜻 가운데서 찾았다(consisteth not in ourselves, but in the eternal and immutable good pleasure of God).[32]

낙스는 신앙이 하나님의 선택으로부터 시작되었다는 가르침만이 참된 지식에 근거한 참된 교리라고 선언했다(as Faith springeth frome Election, so is it established by the true knowledge of that doctrine onely).[33] 하지만 교회 역사의 시계는 돌고 돈다. 낙스 당시에도 신앙이 하나님의 선택으로부터 시작되지 않았다고 가르쳤던 거짓 교사들이 많았다. 낙스는 참된 지식에 근거한 참된 교리를 모르는 사람들이 오늘날에도 계속해서 이 교리에 대해 맹렬히 반대하고 있다는 사실을 지적했다(this day is moste furiously oppugned by those who do not understand).[34] 이처럼 참된 교리는 언제나 공격을 받는다.

낙스는 신앙의 근거를 하나님의 선택에 두면서 신앙이 본질적으로 갖고 있는 '신적인 기원'을 강조했는데 강조의 포인트는 믿음이야말로 하나님께서 주시는 부르심의 '선물'이라는 포인트였다. 낙스에게 있어 우리의 믿음은 확실한 토대에 근거하는데(then is oure faith assuredly grounded)[35] 그 이유는 우리의 믿음은 하나님의 선물이고 부르심이기 때문이다(because the giftes and vocation of God).[36] 사실 낙스는 신앙을 설명하면서 하나님의 '신실하심'(faithfullness)에 대해 자주 언급하는데 그 이유는 믿음으로 우리를 부르시

---

32 Knox, *Works*, 5:26.
33 Knox, *Works*, 5:28.
34 Knox, *Works*, 5:28.
35 Knox, *Works*, 5:27.
36 Knox, *Works*, 5:27.

는 하나님의 부르심은 그 자체로 신실한 은혜이기 때문이다(he is faithful that hath called us).[37]

　논의를 요약해보자. 낙스는 우리 신앙의 근거를 철저히 하나님으로부터 찾았다. 인간 속에는 믿음의 그 어떤 근거도 찾아볼 수 없다. 그 이유는 신앙의 시작은 하나님의 선택이고, 선택은 영원 전부터 이루어지는 하나님의 작정이기 때문이다.

3. 신앙과 말씀의 관계

　신앙의 궁극적 근거가 하나님의 선택이라면, 신앙은 어떤 방식을 통해 우리에게 오는 것일까? 낙스는 이 질문에 대한 답을 *Works* 전반에 걸쳐 일관성을 가지고 답한다. 즉 낙스는 신앙은 '하나님의 순전한 말씀'(the plaine Worde of God)으로부터 온다는 사실을 줄기차게 강조했다.[38] 낙스는 하나님의 순전한 말씀으로부터 시작되는 우리의 믿음이야말로 "성령 하나님의 명백한 증거"(evident testimonies of the Holie Ghoste)라고 불렀다.[39]

　여기서 주목할 점은 낙스가 성령 하나님, 말씀, 신앙을 서로 유기적으로 연합시키며 논의를 진전하고 있다는 점이다.[40] 낙스에게 있어 신앙의 시작은 하나님의 말씀이었다. "선명한 하나님의 말씀을 통해"(by the manifest word of God)[41] 믿음이 창출되는데, 이 믿음이 "구원에 있어 필수적이라는 사실을

---

37 Knox, *Works*, 5:27.
38 Knox, *Works*, 4:525.
39 Knox, *Works*, 4:525.
40 개혁파 신학 전통은 성령 하나님, 말씀, 신앙을 늘 유기적인 관계성 속에서 포괄적으로 이해했다. 이에 대한 구체적인 논의로는 박재은, "양자의 영으로 읽는 헤르만 비치우스의 성령론," 『종교개혁과 성령』, 개혁주의 신학과 신앙 총서 제14권 (부산: 개혁주의학술원, 2020), 371-403을 참고하라.

성령 하나님께서 증언"(the Holy Spreit witnesseth to be necessarie to salvatioun)하신다고 낙스는 생각했다.[42] 왜 성령 하나님께서 하나님의 말씀을 통해 믿음이야말로 구원에 있어 필수적이라는 사실을 증언하실까? 그 이유는 하나님의 말씀은 성령의 감동으로 기록되었고, 그 말씀을 들으면(롬 10:17)[43] 믿음이 나서 구원에 이르기 때문이다.

낙스는 참된 믿음은 반드시 "그 어떤 공격에도 넘어지지 않는 하나님의 말씀에 근거"(faith, whiche is grounded upoun the invincible worde of God)해야 함을 강조했다.[44] 하나님의 말씀이 가진 특징을 묘사하는 낙스의 단어 선택에 주목할 필요가 있다. 낙스는 천하무적의, 아무도 꺾을 수 없는, 아무도 바꿀 수 없는, 도저히 공략할 수 없다는 뜻이 서려 있는 invincible이라는 단어를 사용함을 통해 하나님의 말씀이 가진 굳건함과 확실함을 한껏 드러냈다. 특히 낙스는 invincible이라는 단어를 여러 차례 사용했는데, 그중 많은 경우 하나님의 말씀의 특징을 묘사할 때 사용했다. 예를 들면, "그의[하나님의] 거룩한 말씀의 꺾을 수 없는 능력"(invincible force of his holy worde)[45]이라든지 "하나님의 거룩한 말씀의 꺾을 수 없는 진실성"(the invincible veritie of Goddes holy Worde)[46]과 같은 표현들이다.

그 어떤 것이 되었든 쉽게 공략당하는 연약한 성질의 것에 근거하면 반드시 연약한 성질의 것으로 필연적으로 전락하고 만다. 신앙도 마찬가지이다. 쉽게 공략당하지 않으며, 천하무적의 아무도 꺾을 수 없는 하나님의 말씀으로부터

---

41 Knox, *Works*, 1:311(FORME OF THE PROTESTATIOUN MAID IN PARLIAMENT).

42 Knox, *Works*, 1:311.

43 "그러므로 믿음은 들음에서 나며 들음은 그리스도의 말씀으로 말미암았느니라"(롬 10:17, 이후부터 특별한 명시가 없는 한 성경 인용은 개역개정역이다).

44 Knox, *Works*, 1:311.

45 Knox, *Works*, 3:276.

46 Knox, *Works*, 3:298.

비롯된 신앙만 쉽게 공략당하지 않고 쉽게 꺾이지 않는 신앙으로 발돋움할 수 있다.

낙스는 참된 믿음(true faith)에 대해 설명하면서 참된 믿음은 오로지 기독교적이고(Christes), 복음적이며(Evangile), 참된(truelie) 설교가 선포될 때만 창출된다고 기록했다.[47] 게다가 낙스는 영생은 믿음 안에 서 있을 때 가능하며(must trie if ye stand in faith), 참되고 살아있는 신앙(a true and livelie faith)의 확신을 가지려면 예수 그리스도가 참되게 설교 될 필요가 있다고 일침을 놓았다(ye must nedes have Christ Jesus truly preached).[48]

낙스는 교리, 신앙, 말씀, 종교의 유기적 관계성을 다음과 같이 묘사했다. "우리는 우리의 교리를 성경의 명백한 증거 위에 세우며 우리의 종교와 신앙의 주요한 원리들 위에 세운다"(we build our doctrine upon evident testimonies of the Scriptures, and upon the chief principalles of our religion and faith).[49] 낙스의 이 문장을 풀어쓰면, 말씀에 근거하지 않으면 더 이상 교리가 아니고, 말씀으로부터 오지 않는 종교와 신앙의 원리들도 더 이상 교리가 아니라는 말이다. 작금의 교회 형편을 살펴보면 말씀에 근거하지 않는 교리들이 편만해지고 있으며, 그 결과 이상한 형태의 종교 원리와 신앙의 행태가 뿌리를 내려 결국 수많은 신앙의 독버섯들이 양산되고 있다. 그 독버섯을 먹는 순간 혀가 마비되고 장이 꼬여 영적인 사망에 이르게 된다. 잘못된 교리가 주는 해악은 결국 그 교리를 통해 하나님께 영광을 올려드리기

---

47 Knox, *Works*, 4:527. "true faith is engendred, norished, and mentained in the heartes of Goddes elect by Christes Evangile truelie preached"
48 Knox, *Works*, 4:527. "And thus if ye loke for the life everlasting, ye must trie if ye stand in faith; and if ye would be assured of a true and livelie faith, ye must nedes have Christ Jesus truely preached unto you."
49 Knox, *Works*, 5:166.

보다는 오히려 특정 교주, 특정 교회, 특정 교단, 특정 종교 집단의 이익만이 추구되어 결국 하나님의 영광이 가려지는 혹독한 결과가 초래된다.[50] 낙스도 이 점을 마음 깊이 양지했고, 그 결과 우리의 교리를 반드시 '성경의 명백한 증거' 위에 세워야 한다고 낙스는 역설에 역설을 거듭했다.

논의를 요약해보자. 신앙은 '하나님의 말씀'으로부터만 온다. 그 어떤 공격에도 넘어지지 않고 굳건히 서 있는 하나님의 말씀으로부터 비롯된 믿음만 그 어떤 공격에도 넘어지지 않고 굳건히 서 있게끔 만드는 믿음으로 거듭날 수 있다.

4. 신앙과 구원

낙스는 신앙을 '구원론'의 맥락 하에서 면밀하게 다루고 있다. 믿음과 관련해서 구원에 관한 낙스의 견해는 크게 세 가지로 요약 가능하다. 이신칭의,[51] 양자 됨, 행함[52] 등이 바로 그것들이다. 하나씩 살펴보도록 하겠다.

첫째, 낙스에게 있어 구원은 '우리의 죄를 사함'(remissioun of oure synnis)이다.[53] 죄 사함을 받지 못하면 여전히 '죄인'이지만, 죄 사함을 얻으면 더 이상 죄인이 아니라 '의인'으로 인정 받는다. 죄가 없으므로 죄인이 아니라 의인으로 칭함 받는 것이다. 그렇다면 어떻게 죄 사함을 받아 의롭다 인정 받을 수 있는가? 낙스는 이를 '이신칭의' 원리로 풀어나간다.

---

50 모든 교리, 신앙, 말씀, 종교의 근본 존재 이유를 '하나님의 영광'으로 이해했던 바빙크의 관점도 주목해 볼 필요가 있다. 이에 대한 구체적인 연구로는 박재은, "하나님의 영광에 대한 헤르만 바빙크의 견해,"「생명과말씀」 34.3 (2022), 161-200을 참고하라.

51 박재은, "존 낙스의 칭의론," passim.

52 Cf. 박재은, 『성화, 균형 있게 이해하기: 하나님의 주권 대 인간의 역할, 그 사이에서 바라본 성화』 (서울: 부흥과개혁사, 2017), passim.

53 Knox, *Works*, 3:99.

낙스는 소위 구원의 서정(the *ordo salutis*)을 부르심(he calleth), 칭의(by faith justifieth), 성화(by his holie Spirit sanctifieth), 견인의 순서로 진행하고 있다(Jesus preserveth to the end).[54] 낙스는 부르심, 칭의, 성화, 견인을 언급하면서 칭의의 서정 속에서 '믿음을 통한'(by faith) 칭의를 특징적으로 묘사한다. 물론 회심 이후 구원의 서정 모든 영역 속에서 믿음은 필요하다.[55] 하지만 낙스는 다른 서정 속에서는 믿음에 대한 말을 많이 하지 않지만, 칭의의 영역 속에서는 믿음을 통한 칭의를 뚜렷하고 선명하게 언급한다. 즉 이신칭의 원리를 구체적으로 표방하고 있다.

하나님의 말씀은 모두에게 보편적으로 주어지는 것이 아니다(the Apostle speaketh not universally of all men).[56] 물론 일반적인 부르심(general calling)의 영역에서는 말씀이 보편적으로 미친다. 하지만 보편적 부르심은 효과적이지 않다. 효과적인 부르심(effective calling)은 보편적으로 미치지 않고 오히려 "믿음을 통해 의롭다 인정 받은 자"(justified by Faith)에게만 미친다.[57] 하나님의 말씀이 믿음을 통해 칭의 된 자에게만 효과적으로 미치는 이유는 "하나님의 사랑이 성령 하나님을 통해 그들의 마음에 쏟아 부어지기 때문이다"(…had the love of God poured into their heartes by the Holie Ghost).[58]

---

54 Knox, *Works*, 5:125. "Now, of this manifest diversitie which we see in mankinde, we conclude, that God hath aswell his Elect, whom of mercie he calleth, by faith justifieth, and by his holie Spirit sanctifieth, and in knowledge of himself and of his Sonne Jesus preserveth to the end."

55 '회심 이후'라는 표현을 사용한 이유는 부르심과 중생(거듭남)은 인간의 믿음이 작동하는 영역이 아니기 때문이다. 하지만 효과적인 부르심과 거듭남 이후에는 인간의 믿음의 역할이 필요하다.

56 Knox, *Works*, 5:53.

57 Knox, *Works*, 5:53.

58 Knox, *Works*, 5:53.

낙스는 믿음을 통해 칭의 되는 신학적 원리를 다음과 같이 묘사한다. 믿음으로 의롭다 인정받는 이유는 믿음으로 우리가 그리스도를 받기 때문이며 (inasmuche as we thereby receive Jesus Christ)[59] 그리스도가 우리의 중보자라는 사실이 복음의 약속에 근거한 사실이기 때문이다(a Mediatour: and in that, that we are grounded upon the promises of the Gospel).[60] 죄인을 의롭다 칭하는 이유는 중보자 그리스도의 사역 때문이지 우리의 어떤 행함과 공로 때문이 전혀 아니다.[61] 낙스는 이 사실을 '믿음으로' 고백하고 있다(I Confesse).[62] 즉 이신칭의 복음은 고백의 내용이지 논리적 분석의 결과물이 아니다.[63]

이신칭의 복음이 말하는 바는 구원이 여타 다른 문제가 아니라 바로 '믿음의 문제'라는 점을 선포하는 것이다. 구원에 대한 교리, 즉 구원론(the doctrine concerning our salvation)은 믿음의 문제(matters of faith)[64]이지 그 외 다른 문제가 아니라는 점을 낙스는 분명히 하고 있다.[65] 하지만 이신칭의 복음의 주체는 인간이 아니다. 인간이 '믿었기 때문에' 구원받는 것이 아니다. 만약 인간이 믿었기 때문에 구원받으면 그런 구원은 인간 스스로가 해나가는 구원이다. 오히려 이신칭의 복음의 적용 주체는 '성령 하나님'이시다. 비록 육체의 소욕으로 늘 죄악 가운데 빠져 살지만 여전히 승리를 확신할 수 있는 이유는

---

59 Knox, *Works*, 6:364.
60 Knox, *Works*, 6:364.
61 Knox, *Works*, 6:364.
62 Knox, *Works*, 6:364.
63 그러므로 '신앙고백'은 신자에게 있어 가장 소중한 믿음의 행위이다. 이에 대한 구체적인 논의로는 헤르만 바빙크, 『찬송의 제사: 신앙고백과 성례에 대한 묵상』, 박재은 역 (군포: 다함, 2020)을 참고하라. 바빙크는 신앙고백이야말로 하나님 앞에 온전히 드리는 '찬송의 제사'라고 고백했다.
64 Knox, *Works*, 6:218.
65 Knox, *Works*, 6:218.

"성령 하나님께서 자유로움 가운데 [우리의] 믿음을 통해 우리 마음을 다스리고 통치하고 계시기"(holie Spirit freely by faith doeth so reule and reign in our heartes) 때문이다.[66]

둘째, 낙스는 이신칭의 복음과 더불어 양자 혹은 입양 교리를 설파한다.[67] 낙스는 오직 주 예수 그리스도만이 우리의 주(our Lord)라고 말하며, 오직 우리의 주이신 그리스도께서 우리를 "믿음을 통해"(through faith) 하나님의 자녀로 만들어 주신다고 기록했다(onely Jesus Christe our Lord … made us the childrene of God).[68] 특히 낙스는 양자에 대해 논하면서 하나님의 은혜를 더 강조하고 있다. 낙스는 하나님의 은혜를 "그의[하나님의] 본성"(his nature)으로 표현함을 통해 죄인들을 믿음으로 의롭다 칭해 자신의 자녀로 입적시키시는 하나님의 하염없는 은혜를 거듭 강조하고 있다.[69]

낙스는 하나님의 자녀가 되었다는 사실 그 자체가 힘든 상황 속에 빠져 살아가는 하나님의 자녀들에게 큰 위로와 힘이 된다고 강조하고 있다.[70] 낙스는 신자들조차도 "매우 깊은 절망의 감옥"(so deip a doungeon of desperatioun)에 갇힐 수 있다고 보았고,[71] "참혹한 어둠"(trubilsum

---

66 Knox, *Works*, 5:119. "holie Spirit freely by faith (which also is the gift of God) doeth so reule and reign in our heartes, that albeit the flesh lusteth against the spirit, yet are we assured of victorie."

67 낙스가 전개하는 양자 교리와 웨스트민스터 신앙고백서의 12장 내용(자녀로 삼으심에 관하여) 사이에는 뚜렷한 연속성이 존재한다. "하나님께서는 의롭다 하심을 얻은 모든 자들을 그의 외아들 예수 그리스도 안에서 그리고 그 분 때문에 자녀로 삼으시는 은혜에 참여하게 하신다. 그것에 의해 그들은 하나님의 자녀들의 수에 들어가며 그들의 자유와 특권들을 누리고, 그의 이름이 그들 위에 붙여지며 양자(養子)의 영을 받고, 담대히 은혜의 보좌에 나아가고, '아바 아버지'라 부를 수 있게 되고, 아버지와 같이 그에 의해 불쌍히 여김을 받으며 보호함을 받으며 공급함을 받으며 징계를 받고, 그러나 결코 버림을 당하지 않으며 구속의 날까지 인치심을 받고 영원한 구원의 상속자들로서 그 약속들을 이어 받는다"(웨스트민스터 신앙고백서, 12장).

68 Knox, *Works*, 4:169.

69 Knox, *Works*, 4:169.

70 Knox, *Works*, 3:147.

darknessis) 속에서 허우적댈 수도 있다고 보았다.[72] 하지만 낙스는 하나님 아버지의 선하심이 이 모든 문제들을 해결해줄 것이며 극복할 수 있는 힘과 능력을 충분히 주실 것을 예찬하고 있다.[73] 그 어떤 장애물도 자기 자녀를 향한 '하나님의 무한한 선하심'을 가로막을 수 없을 것을 낙스는 확신하고 있다.[74] 낙스에게 있어서 신앙을 유지하고 보존하는(how persing ar the eyis of faith) 가장 효과적인 방식은 하나님 아버지의 선하심을 깊이 묵상하는 방식이다.[75]

그렇다면 어떻게 죄인이 하나님의 자녀가 되어 하나님의 자녀로서의 권세를 누릴 수 있을까? 오직 믿음뿐임을 낙스는 역설한다. 신자들은 믿음을 통한 칭의로 인해 자기가 하나님의 자녀가 되었음을 확증한다(they may be assured of their adoption by the justification of faith).[76] 그러므로 믿음은 영적인 시야를 열 수 있게 도와주고 하나님 아버지의 뜻을 발견할 수 있는 능력까지도 부여준다. 믿음이 없으면 어둠 속을 걸어갈 수밖에 없다(without the brightnes … doeth walk in darkenes).[77] 하지만 믿음의 토대 위에 서 있으면, 하나님의 뜻을 이해할 수 있다(as it is the foundacion of faith … man understandeth the good wil of God).[78] 믿음을 통해 자기 스스로가 하나님의 자녀임을 자증한다.

---

71 Knox, *Works*, 3:147.

72 Knox, *Works*, 3:147.

73 Knox, *Works*, 3:147. "suche gudness as is sufficient and abill to overcum, devour, and swallow up all the iniquiteis of his elect"

74 Knox, *Works*, 3:147. "none of thame ar abill to ganestand or hinder Godis infinit gudnes to schew his mercie to his trubillit childrene."

75 Knox, *Works*, 3:147.

76 Knox, *Works*, 5:36.

77 Knox, *Works*, 4:133.

78 Knox, *Works*, 4:133.

셋째, 낙스는 행함도 강조한다. 물론 낙스가 강조하는 행함은 '행위 구원'의 맥락에서의 행함은 절대 아니다. 오히려 믿음을 통해 의롭다 인정받은 하나님의 자녀가 성령 하나님의 조력과 더불어 '하나님의 자녀답게 살아가는' 맥락 속에서의 행함이다. 낙스는 이 원리를 다음의 짧은 한 문장에 고스란히 담았다. "믿음이 의롭게 하지만 [믿음에 근거한] 행위도 의롭게 한다"(faith doth justifie, but that works doth also justifie).[79] 이 문장을 행위 구원으로 오해해서는 안 된다. 오히려 야고보서의 맥락, 즉 "행함이 없는 믿음은 죽은 것이니라"(약 2:26)의 맥락에서 이해해야 한다.

칭의와 성화의 관계성은 뿌리와 열매의 관계성과 같다. 칭의는 구원의 뿌리다. 만약 칭의의 뿌리가 든든하다면 성화의 열매는 필연적으로 맺힐 수밖에 없다. 만약 성화의 열매가 없다면 그 유일한 이유는 뿌리가 건강하지 않기 때문이다. 열매가 뿌리를 만들 수 없다. 오히려 뿌리가 열매를 만든다.

마찬가지로 이신칭의 복음이 참된 복음이라면 반드시 믿음에 근거한 행위와 열매가 도출되지 않을 수 없다. 물론 하나님은 행위가 아닌 믿음으로만 영광을 받으신다(by faith and not by workis, that ye may glorie in Him).[80] 하지만 믿음이 참된 믿음이라면 참된 믿음은 참된 행위를 이끌어 내며, 하나님은 참된 믿음에 근거한 참된 행위로도 영광을 받으신다.

믿음과 행위의 관계성은 '우선순위' 설정이 가장 중요하다. 낙스는 행위의 원인을 믿음으로 보고 있고, 믿음의 원인은 선택으로 보고 있다.[81] 이런 우선순위가 바뀌어, 만약 믿음의 원인이 행위고, 선택의 원인이 믿음이라면 이는 더 이상 개혁파 구원론이 될 수 없고 결국 아르미니우스주의적 구원론으로

---

79 Knox, *Works*, 3:131.
80 Knox, *Works*, 3:372.
81 Knox, *Works*, 5:157.

전락할 수밖에 없다.[82]

논의를 요약하겠다. 낙스는 신앙에 근거한 구원론을 전개하면서 칭의, 양자, 성화 모두 다 믿음을 통해 이루어지는 하나님의 구원 선물이라고 강조했다. 이처럼 믿음은 복된 열매를 다채롭게 만들어내는 참으로 복된 구원의 선물이다.

5. 스코틀랜드 신앙고백서에 나타난 신앙[83]

스코틀랜드 신앙고백서 작성에 있어 낙스의 기여가 존재한다는 사실은 분명하다.[84] 특히 낙스의 신앙론을 다루는 본고의 주제에 비추어볼 때 신앙고백서 자체가 가지고 있는 근원적 성격에 먼저 주목해 볼 필요가 있다.

스코틀랜드 신앙고백서 서문에 보면 "우리의 신앙 고백"(the Confessioun of this oure Faith)이라는 표현이 등장한다.[85] 신앙을 고백하려면 먼저 신앙의 대상을 정확히 규정해야 한다. 바로 그 규정 작업이 신앙고백서의 존재 이유다. 신앙의 대상은 "하나님의 약속 안에"(in the promeise of God) 근거하며, "그의[하나님의] 말씀 안에서"(in his word) 드러난다.[86] 하나님의 약속과 그의 말씀 안에 뚜렷하게 드러나는 신앙의 대상은 주 예수 그리스도시다.

스코틀랜드 신앙고백서는 신앙에 대해 크게 두 가지 맥락에서 다루고 있는

---

82 박재은, 『칭의, 균형 있게 이해하기』, passim.

83 스코틀랜드 신앙고백서에 대한 개괄적인 이해로는 David B. Calhoun, "The Scots Confession: 'Craggy, Irregular, Powerful, and Unforgettable,'" *Presbyterion*, 43.2 (Fall 2017), 3-14을 참고하라.

84 Ian Hazlett, "The Scots Confession 1560: Context, Complexion and Critique," *Archiv für Reformationsgeschichte*, 78 (1987), 287-288.

85 Knox, *Works*, 2:96.

86 Knox, *Works*, 2:98.

데, 하나는 12장에서 다루고 있는 성령 안에서의 믿음(FAITH IN THE HOLY GHOST)이며,[87] 또 다른 하나는 14장에서 다루고 있는 하나님 앞에서의 선행 (WHAT WORKIS AR REPUTED GOOD BEFOIR GOD)이다.[88] 각각 살펴보도록 하겠다.

첫째, 스코틀랜드 신앙고백서 12장[89]은 믿음과 성령 하나님에 대해 고백하는 장이다. 12장은 먼저 믿음의 본질에 대해 설명하고 있는데 우리의 믿음은 육체와 피(flesche and blood)로부터 오는 것이 아니라 "성령 하나님의 영감"(the inspiratioun of the Holy Ghost)으로부터 온다. 그러므로 우리의 믿음은 "우리 속에 있는 자연적인 능력"을 가지고 있지 않다(no naturall poweris within us). 스코틀랜드 신앙고백서 12장은 성령 하나님의 본성에 대해 정확히 고백하고 있는데 성령 하나님은 "성부와 성자와 동일한 분이시

---

87 Knox, *Works*, 2:103-104.
88 Knox, *Works*, 2:105-107.
89 12장의 전문은 다음과 같다. "This our Faith, and the assurance of the same, proceidis not frome flesche and blood, that is to say, frome no naturall poweris within us, but is the inspiratioun of the Holy Ghost: Whome we confesse God, equall with the Father and with the Sone; who sanctifieth us, and bringeth us in all veritie by his awin operatioun; without whome we should remane for ever enemyes to God, and ignorant of his Sone, Christ Jesus. For of nature we ar so dead, so blynd and so perverse, that neather can we feill when we ar pricked, see the lycht when it schynes, nor assent to the will of God when it is reveilled;onlie the Spreit of the Lord Jesus quickinneth that which is dead, removeth the darknes from our myndis, and boweth oure stubburne heartis to the obedience of his blessed will. And so as we confesse that God the Father created us when we war not; as his Sone, our Lord Jesus redeamit us when we war ennemyes to him: so also do we confesse that the Holy Ghost dois sanctifie and regenerat us, without all respect of any merite proceading from us, be it befoir, or be it after oure regeneratioun. to speak this one thing yit in more plane wordis, as we willinglie spoyle oureselves of all honour and glorie of oure awin creatioun and redemptioun; so do we also of oure regeneratioun and sanctificatioun: For of our selves we ar nott sufficient to think ane good thoght; but he who hes begune the good work in us, is onlie he that continueth us in the same, to the praise and glorie of his undeserved grace."

다"(equall with the Father and with the Sone).

이뿐만 아니라 12장은 삼위일체의 위격적 경륜의 역할을 정확히 고백하고 있는데, 성부 하나님은 우리를 창조하신 분이시고(God the Father created us), 성자 하나님은 우리를 구원하신 분이시며(his Sone, our Lord Jesus redeamit us), 성령 하나님은 우리를 거룩하게 하고 거듭나게 하시는 영이시다(the Holy Ghost dois sanctifie and regenerat us). 스코틀랜드 신앙고백서 12장은 성부, 성자, 성령 하나님이 우리 안에서 착한 일(the good work)을 시작하셨고 우리에게 은혜를 베풀어 주셨다는 사실을 고백하고 있다.

특히 주목할 고백은 우리의 신앙이 우리 자신의 자연적 능력을 통해 온 것이 아니라 성령 하나님의 영감(inspiratioun)으로부터 왔다는 고백이다. 그러므로 신앙고백서 12장의 제목은 "성령 안에서의 신앙"(FAITH IN THE HOLY GHOST)이다.[90] 신앙은 성령 안에서만 존재하고 영위되고 보존된다.

둘째, 스코틀랜드 신앙고백서 14장[91]은 하나님 앞에서 선하다고 인정받는

---

[90] Knox, *Works*, 2:103.

[91] 14장 전문은 다음과 같다. "We confesse and acknawledge, that God hes gevin to man his holy law, in whiche not onlie ar forbiddin all sick workis whiche displease and offend his Godlye Majestie; but also ar commanded all sick as please him, and as he hath promised to rewarde. And these workis be of two sortis; the one ar done to the honour of God, the other to the proffit of our nychtbouris; and baith have the reveilled will of God for thair assurance. to have one God, to wirschepe and honour him; to call upoun him in all our trubles; to reverence his holy name; to hear his word; to beleve the same; to communicat with his holy sacraments;—ar the workis of the First Table. to honour father, mother, princes, reullaris, and superiour poweris; to love thame; to supporte thame, yea, to obey thair charges (not repugnyng to the commandiment of God); to save the lyves of innocents; to represse tyranny; to defend the oppressed; to keep our bodyes cleane and holy; to lyve in sobrietie and temperance; to deall justlie with all men, boyth in word and in deed; and, finallie, to represse all appetite of our nychtbouris hurte; —ar the good workis of the Second Table, whiche ar most pleasing and acceptable unto God, as those workis that are commanded by him self. the contrarie whairof is syn most odiouse, whiche always displeasses him, and provokes him to anger,—

믿음의 행위에 대해 고백하는 장이다. 14장 초반부에서는 하나님께서 인간들에게 주신 "거룩한 법"(holy law)에 대해 논하고 있다. 이 거룩한 법은 첫 번째 돌판(the First Table)과 두 번째 돌판(the Second Table)으로 구성되는데, 첫 번째 돌판은 하나님을 기쁘시게 하는 돌판이고 두 번째 돌판은 사람들과의 관계에 대한 돌판이다.[92] 이 두 돌판에 새겨진 하나님의 명령을 다 지켜 행하지 않는 것을 가리켜 죄라고 부른다(the transgressing of any other commandiment in the First or Secound Table, we confesse and affirme to be syn). 하나님은 이 죄를 혐오하시고 죄 때문에 불쾌함을 느끼신다.

  그렇다면 어떻게 하나님의 거룩한 법을 지킬 수 있을까? 믿음으로 가능하다 (Good workis we affirme to be these onlie that ar done in faith).[93] 믿음으로 하나님을 기쁘시게 만들 수 있고, 믿음으로 선행을 할 수 있고, 믿음

---

as, nott to call upoun him allone when we have nead; not till hear his word with reverence; to contempne and despyse it; to have or to wyrschipe idolles; to mainteane and defend idolatrie; lychtlie to esteame the reverent name of God; to prophane, abuse, or contempne the sacramentis of Christ Jesus; to disobey or resist any that God hes placed in authoritie, (while thei pas not ower the boundis of thair office); to murther, or to consent thairto, to bear hattrent, or to suffer innocent blood to be schedd geve we may ganestand it; and, finallie, the transgressing of any other commandiment in the First or Secound Table, we confesse and affirme to be syn, by the which Goddis hote displeasour is kendilled against the proude and unthankfull world. So that Good workis we affirme to be these onlie that ar done in faith, [and] at Goddis commandiment, who in his law hes expressed what be the thingis that please him: And Evill workis, we affirme, nott onlie those that ar expressedlie done against Goddis commandiment, but those also that, in materis of religioun and wirschipping of God, have no [uther] assurance butt the inventioun and opinioun of man, whiche God frome the begynning hes ever rejected; as by the prophete Esaias, and by our maister Christ Jesus, we ar taught in these wordis—"In vane do they wirschepe me, teiching the doctrine being preceptis of men."

92 Knox, *Works*, 2:105.
93 Knox, *Works*, 2:105-107.

으로 하나님의 명령과 계명을 지켜 행할 수 있다. 그러므로 스코틀랜드 신앙고백서 14장의 제목 "하나님 앞에서의 선행"(WHAT WORKIS AR REPUTED GOOD BEFOIR GOD)이 뜻하는 바는 "믿음 안에서 행하는"(done in faith) 것만 하나님 앞에서 선한 행위라는 것이다. 믿음을 통과하지 않은 모든 행위는 하나님 앞에서 죄악으로 점철된 악한 행위다.

논의를 요약해보자. 스코틀랜드 신앙고백서는 신앙고백서답게 믿음의 핵심 원리에 대해서 정확히 고백하고 있다. 12장 고백을 통해 신앙을 이끌어내시는 성령 하나님이 여실히 드러나고, 14장 고백을 통해 믿음을 통한 행위만이 하나님 앞에 선한 행위라는 사실이 분명히 드러난다.

III. 실천적 고찰 및 적용

적용되지 않는 신학은 공허하고 무의미하다.[94] 그 이유는 신학은 그 본질상 사변이나 관념이 아니라 우리 삶 깊숙한 곳에 실천적 영향력을 행사하는 능력을 가지고 있기 때문이다. 신학의 원천이 하나님의 말씀이라면 그 말씀은 "살아 있고 활력이 있어 좌우에 날선 어떤 검보다도 예리하여 혼과 영과 및 관절과 골수를 찔러 쪼개기까지 하며 또 마음의 생각과 뜻을 판단"(히 4:12)한다. 그러므로 말씀에 근거한 신학은 우리의 마음과 생각과 뜻을 찔러 쪼개 삶의 구체적인 현장 속에서 구체적인 변화를 이끌어낸다.

그렇다면 낙스의 신앙론은 우리에게 어떤 실천적 적용을 주고 있는가? 크게 세 가지로 정리해보겠다.

---

94 바빙크, 『찬송의 제사』, passim.

첫째, 신앙의 근거가 하나님의 '선택'이라는 사실[95]은 우리에게 겸손함을 한껏 자아내게 만든다.[96] 바울 사도는 이에 대해 다음과 같이 정확히 말하고 있다. "너희는 그 은혜에 의하여 믿음으로 말미암아 구원을 받았으니 이것은 너희에게서 난 것이 아니요 하나님의 선물이라 행위에서 난 것이 아니니 이는 누구든지 자랑하지 못하게 함이라"(엡 2:8-9). 만약 믿음의 근거가 하나님의 선택이 아니라 인간 개인의 결정이나 판단, 혹은 믿고자 하는 자유 선택 의지라면 믿는 자는 반드시 믿음 때문에 스스로를 '자랑'하게 될 것이다. 하지만 믿음의 궁극적 근거가 하나님의 영원 전 작정에 근거한 선택이라면, 그 믿음의 행위 속에는 그 어떤 인간의 '공로'도 단 1도 존재하지 않는다. 그 이유는 영원 전에 존재했던 사람은 아무도 없으며, 영원 전에 믿을 선택을 한 인간도 아무도 없기 때문이다. 그러므로 신앙의 근거가 하나님의 선택이라는 사실은 우리에게 무한한 '감사 거리'를 제공한다. 결국 믿는 자는 하나님의 무한한 은혜를 이미 누린 자다. 그러므로 신자에게 있어 '불평'과 '불만'은 사치다.

둘째, 낙스는 '신앙'과 '하나님의 말씀' 사이의 유기적 관계를 지속적으로 묘사하고 강조하고 있다.[97] 그 이유는 신앙은 하나님의 말씀으로부터만 오기 때문이다. 이것이 정답이다. 사도행전 6장을 살펴보면 사도들이 다음과 같이 선포한다. "우리는 오로지 기도하는 일과 말씀 사역에 힘쓰리라 하니"(행 6:4). 어떤 사람은 사도들의 이런 태도를 향하여 '무책임'하다고 비판하기도 한다. 하지만 왜 사도들은 말씀과 기도 사역에만 전무하려고 했을까? 그 이유는 말씀

---

95 Knox, *Works*, 5:26-28.
96 웨스트민스터 신앙고백서 14장(구원얻는 믿음에 관하여)의 1절 내용은 신앙의 근거를 설명하는 낙스의 주장과 일맥상통한다. "선택된 자들이 그것으로 말미암아 믿어 그들의 영혼의 구원에 이를 수 있는 믿음의 은혜는 그리스도의 영께서 그들의 마음 속에 행하신 일이시며 일반적으로 말씀의 사역으로 이루어진다. 또한 그것으로 그리고 성례들의 집행과 기도로 그것은 증가되고 강화된다."
97 Knox, *Works*, 4:525.

과 말씀에 근거한 기도만이 '신앙'을 불러일으키는 유일한 은혜의 방편이기 때문이다. 이처럼 정답은 정해져 있다. 심지어 이것이 정답이라는 사실에 대해서 모두 다 안다. 그럼에도 불구하고 하지 않는다. 그러므로 교회는 다시금 '말씀 사역'으로 돌아가야 한다. 여타 다른 프로그램을 아예 하지 말라는 뜻이 아니다. 모든 것을 다 할 수 있다. 하지만 '말씀에 근거한 것'만 해야 한다. 낙스가 강조하듯이 개인의 사적 신앙생활과 교회의 공적 신앙생활은 모두 다 "그 어떤 공격에도 넘어지지 않는 하나님의 말씀에 근거"(faith, whiche is grounded upoun the invincible worde of God)[98]해야 한다. 그렇지 않으면 신앙은 고사하고 '불신앙'만 부추기는 꼴로 전락하게 될 것이다.

셋째, 내 신앙이 현재 어떤 신앙인지 치열하게 고민해야 한다. 앞서 살펴본 것처럼, 낙스는 신앙을 다양하게 묘사했는데, 보편(catholic) 신앙, 정통(orthodox) 신앙, 지속적이고 열정적인(constant and fervent) 신앙, 살아있는(lively) 신앙, 참된(true) 신앙, 약한(weak) 신앙 등 신앙의 다양한 모습과 양태를 다채롭게 적극적으로 묘사했다. 참된 신자라면 현재 내 신앙의 상태가 어떤지 자성과 반성을 거듭해야 한다. 신앙의 상태는 마치 롤러코스터처럼 상승과 하강의 상태를 거듭한다.[99] 참된 신자라고 해서 언제나 신앙의 빛이 찬란하게 비추는 것은 아니다. 때로는 좌절에 빠지고 때로는 원망과 불평에 빠질 수도 있다.[100] 그러므로 현재의 신앙 상태에 대한 '정확한 진단'이 필수적

---

98 Knox, *Works*, 1:311.

99 "이 믿음은 정도에 있어서 서로 달라 약하거나 혹은 강하고; 자주 그리고 여러 방식으로 공격을 당하며 약화될 수 있으나 승리를 얻고; 많은 사람들 속에서 자라 그리스도를 통하여 충만한 확신에 이르니, 그리스도는 우리의 믿음의 창시자이실 뿐만 아니라 또한 완성자이시다"(웨스트민스터 신앙고백서, 14.3).

100 "성화는 인성 전체에 걸쳐 이루어지지만 이 세상에서는 불완전하다. 부패성의 어떤 잔재들이 아직도 각 부분에 남아 있어서, 그것 때문에 계속적이며 화해할 수 없는 싸움이 일어나며 육신의 소욕은 성령을 거스리고 성령의 소욕은 육신을 거스리신다"(웨스트민스터 신앙고백서, 13.2).

이다. 정확한 진단 없이는 정확한 치료는 불가능하기 때문이다. 죄인은 아픈 자들이다. 영적으로 심각하게 아픈 자들이다. 그러므로 평생 치료가 필요하다. 평생 치료를 '점진적 성화'(progressive sanctification)라고 부른다.[101] 평생 신앙을 점검하면서 보편, 정통, 지속적인, 열정적인, 살아있는, 참된 신앙으로 발돋움할 수 있도록 말씀과 기도에 전무해야 한다. 때로는 신앙이 흔들려 약한 신앙의 행태를 보일 때도 있을 것이다. 그럴 때일수록 스스로가 영적으로 아프다는 사실을 인정하고 병원을 찾아가야 한다. 이 지점에서 누가복음 5장의 맥락을 살펴볼 필요가 있다. "예수께서 대답하여 이르시되 건강한 자에게는 의사가 쓸 데 없고 병든 자에게라야 쓸 데 있나니 내가 의인을 부르러 온 것이 아니요 죄인을 불러 회개시키러 왔노라"(눅 5:31-32). 믿음이 흔들릴 때는 믿음을 주신 분에게 찾아가서 치료를 받아야 한다. 그 외 다른 비법(祕法)은 없다. 예수 그리스도의 말씀이라는 정공법(正攻法)만 있을 뿐이다.

IV. 나가며

'종교'(宗敎, religion)라는 단어의 국어 사전적 정의는 다음과 같다. "신이나 초자연적인 절대자 또는 힘에 대한 믿음을 통하여 인간 생활의 고뇌를 해결하고 삶의 궁극적인 의미를 추구하는 문화 체계."[102] 이런 사전적 정의가 신학적 정의나 종교학적 정의는 아니지만 본고의 주제와 결부 지어 볼 때 의미 있는 정의일 수 있다. 종교는 신이나 초자연적인 절대자 혹은 힘에 대한 '믿음'

---

101 박재은, 『성화, 균형 있게 이해하기』, passim.
102 https://ko.dict.naver.com/#/entry/koko/6afe4463b38c456d9d9119628ac6c7da
(네이버 국어사전, 2023년 6월 21일 접속).

이다. 즉 '신앙'이 종교의 알파와 오메가인 것만큼은 분명하다.

　앞서 살펴본 것처럼, 낙스는 종교 중에서도 기독교라는 종교가 가지고 있는 '기독교 신앙'의 본질과 속성에 대해 *Works* 전반에 걸쳐 훌륭하게 묘사했다. 낙스는 신앙을 묘사하는 다채로운 표현들, 신앙의 근거인 선택, 신앙과 말씀 사이의 유기적 관계성, 신앙과 구원, 스코틀랜드 신앙고백서에 언급된 신앙의 모습까지 기독교 신앙이 가진 독특성과 더불어 기독교 신앙의 근본적 원리를 개혁파 신학의 빛 아래서 효과적으로 증거했다.

　종교개혁 운동은 종교를 개혁한 운동이다. 만약 종교가 곧 신앙이라면, 종교개혁 운동은 곧 신앙개혁 운동과 같다. 신앙이 변질되면 종교도 변질되고, 신앙이 왜곡되면 종교도 왜곡된다. 정답은 이미 정해져 있다. 하나님의 말씀에 근거한 신앙만이 참된 신앙이고, 흔들리지 않는 신앙이며, 마지막에 참 빛을 맛볼 수 있도록 우리를 이끄는 참된 신앙이다.[103]

　결국 '나를 믿을 것인가' 아니면 '하나님을 믿을 것'인가이다. 낙스는 인간보다는 하나님을 믿고 그 하나님 중심적인 신앙으로 스코틀랜드를 개혁해나갔다. 낙스의 신앙개혁은 곧 종교개혁의 횃불로 타올라 스코틀랜드뿐만 아니라 전 유럽에 개혁의 불길이 들불같이 번지게 일조했다.

　본고의 존재 이유를 바로 이 지점에서 찾아야 한다. 아무리 신앙에 대한 논리적 분석, 신학적 판단, 교리적 고찰이 굳건해도 그 고찰 및 분석이 삶에 아무런 영향을 끼치지 않는다면 사실 이 모든 작업은 철저히 무의미한 작업으로 전락할 수밖에 없다. 그러므로 낙스의 신앙론이 내 신앙론이 되어야 하고 그 신앙론 대로 살아내는 것이 바로 본고의 유일한 존재 이유요 존재 가치이다.

---

103 Knox, *Works*, 5:25.

〈참고문헌〉

김요섭. 『존 녹스: 하나님과 역사 앞에 살았던 진리의 나팔수』. 서울: 익투스, 2019.

김중락. 『스코틀랜드 종교개혁사』. 안산: 흑곰북스, 2017.

박재은. "존 낙스의 칭의론." 『종교개혁과 칭의』. 개혁주의 신학과 신앙 총서 16권. 부산: 개혁주의학술원, 2022.

_____. "하나님의 영광에 대한 헤르만 바빙크의 견해." 「생명과말씀」 34.3 (2022), 161-200.

_____. "양자의 영으로 읽는 헤르만 비치우스의 성령론," 『종교개혁과 성령』. 개혁주의 신학과 신앙 총서 제14권. 부산: 개혁주의학술원, 2020.

_____. 『성화, 균형 있게 이해하기: 하나님의 주권 대 인간의 역할, 그 사이에서 바라본 성화』. 서울: 부흥과개혁사, 2017.

_____. 『칭의, 균형 있게 이해하기: 하나님의 주권 대 인간의 역할, 그 사이에서 바라본 칭의』. 서울: 부흥과개혁사, 2016.

황봉환. 『스코틀랜드 종교개혁과 존 낙스의 신학』. 서울: 예영커뮤니케이션, 2001.

Bannatyne, Richard. *Memorials of Transactions in Scotland*. Edinburgh: Edinburgh Printing Company, 1836.

Baron, Eustace Percy. *John Knox*. Richmond: John Knox Press, 1965.

Calhoun, David B. "The Scots Confession: 'Craggy, Irregular, Powerful, and Unforgettable.'" *Presbyterion*, 43.2 (Fall 2017),

3-14.

_____. "John Knox (1514-1572) After Five Hundred Years." *Presbyterion*, 40.1-2 (Fall 2014), 1-13.

Campbell, David. 『존 녹스와 떠나는 여행』. 이용중 역. 서울: 부흥과개혁사, 2006.

Dawson, Jane E. A. *John Knox*. New Haven: Yale University Press, 2015.

Hazlett, Ian. "The Scots Confession 1560: Context, Complexion and Critique." *Archiv für Reformationsgeschichte*, 78 (1987), 287-288.

Knox, John. *The Works of John Knox*. Edited by David Laing. 6 Vols. Edinburgh: J. Thin, 1854.

Kyle, Richard G. & Dale Walden Johnson. *John Knox: An Introduction to His Life and Works*. Eugene: Wipf & Stock, 2009.

_____. *The Ministry of John Knox: Pastor, Preacher, and Prophet*. Lewiston: E. Mellen Press, 2002.

_____. "John Knox's Concept of History: A Focus on the Providential and Apocalyptic Aspects of His Religious Faith." *Fides et historia*, 18.2 (June 1986), 5-19.

Lloyd-Jones, David Martyn & Iain H. Murray. 『존 녹스와 종교개혁』. 조계광 역. 서울: 지평서원, 2011.

McCord, James I. "Faith of John Knox." *Theology Today*, 29.3 (Oct 1972), 239-245.

McEwen, James S. The *Faith of John Knox: The Croall lectures for 1960*. Richmond: John Knox Press, 1961.

Melville, James. *The Autobiography and Diary of Mr. James Melville*. Edited by Robert Pitcairn. Edinburgh: Wodrow Society, 1841.

Park, Jae-Eun. "John Knox's Doctrine of Predestination and Its Practical Application for His Ecclesiology." *Puritan Reformed Journal*, 5.2 (July 2013), 65-90.

Reid, W. Stanford. 『하나님의 나팔수: 죤 낙스의 생애와 사상』. 서영일 역. 서울: 기독교문서선교회, 1984.

Ridley, Jasper. *John Knox*. Oxford: Oxford University Press, 1968.

베자의 신앙에 대한 이해
칼빈과의 연속성과 불연속성의 관계에서

양신혜

Theodore de Beze(1519-1605)

총신대학에서 신학을 공부하고, 서강대에서 종교학(M.A)을 전공하였다. 이후 독일 베를린에 있는 훔볼트 대학에서 공부하였다. 합동신학대학원대학교에서 외래교수로 교회사를 가르쳤고, 지금은 총신대학교에서 겸임교수로, 그리고 수원신학교에서 강의하며 장지교회를 섬기고 있다. 저서로 『칼빈과 성경해석』과 『베자, 교회를 위해 길 위에 서다』, 『언더우드와 함께 걷는 정동』, 그리고 다수의 논문이 있다.

양신혜

Ⅰ. 들어가는 말

베자의 인식론은 칼빈과 그 이후 정통주의자들과의 연속성과 불연속성을 판단하는 주요 논제로 다루어져 왔다. 이 논제에서 다루어진 주요 논쟁점은 베자의 신앙에 대한 이해가 주지주의인지, 아니면 주의주의인가였다. 지금까지의 연구에서 키켈(Kickel), 암스트롱(Amstrong), 홀드롭(Holtrop), 브레이(Bray), 비처(Bizer) 등은 베자를 이성주의자로 간주하였다.[1] 대표적으로 키켈은 칼빈의 주의주의를 베자가 이성을 중심으로 하는 주지주의로 바꾸었다고 주장하였다.[2] 이와 달리 조엘 비키는 베자가 칼빈보다 오히려 덜 지식에 강조점을 두고 있다는 입장을 취하는데, 그 근거로 베자가 객관적인 하나님의 말씀과 약속보다는 오히려 주관적으로 사람의 마음과 삶으로 들어가 신앙을 점검하는 경향이 증가하고 있다는 것을 제시하였다.[3] 이런 대립을 낳게 된 원인을 멜리슨은 『베자에게 있어서 믿음, 이성 그리고 계시』(*Faith, reason, and revelation in Theodore Beza, 1519-1605*)에서 신앙에 대한 정의의 문제와 더불어 지성과 의지의 관계에 대한 부정확한 사용의 결과로 보았다.[4] 이외에

※ 이 논문은 2023년 5월 20일에 한국개혁신학회가 총신대학교에서 개최한 학술대회에서 발표한 논문임을 밝힙니다.

1 베자를 이성주의자로 간주한 근거는 성경을 신학적 지식의 원천으로 삼아 이성을 중시했다는 사실을 제시하였다. 이런 경향은 이후 성경비평의 길을 여는 초석을 마련해 주었고, 이 흐름에 대항하여 17-18세기 정통주의자들은 '이성'을 부정적으로 바라보게 되는 결과를 낳았다고 주장하였다. 이런 맥락에서 이들은 베자를 칼빈과 칼빈주의자들의 불연속성을 낳는 대표자로 간주하였다.

2 Walter Kickel, *Vernunft und Offenbarung bei Theodor Beza* (Neukirchener Verlag, 1967), 280-81.

3 Joel Beeke, *Assurance of Faith* (New York; Bern; Frankfurt am Main; Paris: Lang, 1991, 1994).

4 Jeffrey Mallinson, *Faith, Reason, And Revelation in Theodore Beza* (New York: Oxford University Press, 2003), 맬리슨은 그의 책(*Faith, Reason, And Revelation in Theodore Beza*)에서 칼빈과 정통주의자들과의 관계를 이해하는 있어서 네 가지의 문제점을 지적하였다. 첫째로 믿음의 정의의 문제, 둘째 칼빈에 대한 시대착오적인 이해가 동일한 주제와

믿음의 교리와 구원의 확실성의 혼돈을 지적하였다. 이 논제는 켄달이 베자가 믿음과 구원의 확실성을 암묵적으로 구분하였다는 주장에 기초한다. 켄달은 베자가 하나님의 선택을 받은 자들에게만 그리스도의 속죄가 제한적으로 적용된다는 주장을 했다는 점에 주목하였다. 그는 베자가 예수 그리스도와의 연합과 선택의 교리를 신앙의 지식적 확실성의 근거로 삼아 믿음의 교리와 구원의 확실성을 암묵적으로 구분하였다는 결론에 도달하였다.5 마음에서 일어난 의심으로 인해 흔들리는 성도들에게 하나님의 선택 교리는 인식론적 차원에서의 확실성을 담보하는 객관적 토대가 된다. 이와 달리 성령의 개입으로 인한 경험은 구원의 내적 증거로써 하나님을 전적으로 신뢰하는 결과를 낳는다. 이처럼 베자가 구원의 확실성을 위한 선택 교리와 성령에 기초한 경험을 구별함으로써 칼빈에게서 멀어졌다고 주장하였다.6 이와 달리 멜리슨(Mallison)은 베자가 믿음의 단계를 구분하고 있으며, 그 과정에서 구원의 확실성과 신뢰를 강조하고 있으나, 베자는 신앙을 전인적 차원에서 이해하여 신뢰로서의 확실성을 믿음의 한 요소로 이해하고 있음을 논증하였다.7 본 논문에서는 베자가 신앙을 어떻게 이해했는지를 살피고, 어떤 측면에서 주지주의적 또는 주의주의적 특성

관련하여 베자에 대한 오해를 낳았다. 셋째, 지성과 의지의 관계에 대한 부정확한 사용에 근거했기 때문에 16세기 심리능력에 대한 오해가 잘못된 결론을 유추하였다. 마지막으로 구원의 확신에 대한 교리와 믿음에 대한 교리를 혼동하고 있다고 한다. Jeffrey Mallinson, *Faith, Reason, And Revelation in Theodore Beza* (New York: Oxford University Press, 2003), 207-8. Brian A. Gerrish, *Saving and Secular Faith: In Invitation to Systematic Theology*(Minneapolis: Fortress Press, 1999), 6.

5 켄달은 "Calvin and English Calvinism"에서 베자의 이해가 칼빈과의 관계에서 불연속성을 논증하는 근거로 다음의 네 가지를 지적하였다. (1) 성도들의 확실성은 그리스도의 죽음을 직접적으로 바라보는 것에 두었다. (2) 믿음과 확실성의 암묵적 구별을 촉발시켰다. (3) 구원의 서정에서 믿음보다 회개를 우선시하는 경향을 낳았다. (4) 신앙에 대한 이해에서 주의주의의 씨앗을 놓았다. R. T. Kendall, *Calvin and English Calvinism to 1649* (U. K. : Paternoster Press, 1997), 29.

6 Kendall, *Calvin and English Calvinism to 1649*, 29.

7 Mallinson, *Faith, Reason, And Revelation*, 227-234.

을 지니고 있는지를 살펴보고자 한다. 그리고 켄달이 지적한 믿음의 교리와 구원의 확실성의 암묵적 구분이 실제로 베자에게서 나타났는지를 살피면서, 그의 신앙에 대한 이해가 칼빈을 계승하고 있는지를 판단하고자 한다.[8]

II. 베자의 신앙 이해

베자가 그의 신앙고백서에서 정의한 '신앙'은 빛의 자녀와 어둠의 자식을 구분하는 기준이자, 전적으로 성령이 주는 하나님의 선물이다.

> 신앙은 성령이 오직 그의 은혜와 선함으로 하나님께서 선택한 **우리의 마음에 새기는 확실한 지식**이다. 그 지식으로 우리는 예수 그리스도를 통한 구원의 약속을 확신하고 스스로에게 적용하여 전유한다. 신앙은 *예수 그리스도가 죽고 부활하셨다는 것을 믿을 뿐만 아니라, 예수 그리스도를 끌어안는다. 그를 믿는 자는 누구든지 오직 그를 신뢰하고 더 이상 구원을 의심하지 않고 확신한다*.[9]

신앙은 하나님의 의지에 따른 은혜와 자비의 선물이다. 그렇기 때문에 신앙은 하나님이 선택한 자들에게 주어진다. 베자는 하나님이 선택한 자들에게 주어진 신앙은 "마음에 새기는 확실한 지식"이라고 정의한다. 신앙은 첫째, 하나님이 선택한 자에게 주어진 지식이다. 이 지식은 예수 그리스도가 우리를 구원하기 위해 십자가에 죽고 부활하셨다는 구속사역과 연결된다. 그러므로

---

8 한국에서 베자에 대한 연구는 미미하다. 그렇기 때문에 본 논문이 앞으로의 베자연구에 기초 작업이 되길 바라는 바람에서 작은 발걸음을 떼고자 한다. 칼빈과 정통주의자의 연속성과 불연 속성 연구의 주요 주제로 부각된 예정론에 대한 논의와 연구는 다음과 같다. 양신혜, "테오도르 베자의 윤리적 판단의 척도로서의 이성과 믿음에 대한 이해," 「개혁논총」 51(2020), 53-84.

9 *The Christian Faith*, 4.5: 14. 강조와 밑줄은 필자에 의한 것임.

신앙은 하나님이 그리스도를 통해 성취한 구원의 지식이다. 둘째, 하나님은 이 지식을 하나님이 선택한 자의 마음에 새긴다. 예수 그리스도의 구원의 지식을 알고 확신하고 스스로에게 적용하여 자신의 것으로 만드는 과정이다. 하나님이 그리스도 안에서 나를 위하여 구원을 행하셨음을 의심하지 않고 확신한다. 그리스도인은 예수 그리스도의 사역을 의심하지 않고, 십자가의 구원이 나를 위한 사건임을 확신할 뿐만 아니라 그 사역을 감당한 그리스도를 신뢰(*fiducia*)한다고 주장한다. 베자의 신앙은 하나님의 선물로서 성령에 의해 주어진 것이라는 전제 아래에서 예수 그리스도의 구속사역과 하나님이 선택한 자에게 마음에 새긴 '확실한 지식'일 뿐만 아니라 구속사역을 성취한 예수 그리스도에 대한 '신뢰'를 포괄한다.[10]

III. 확실한 지식

베자가 정의한 신앙의 특징에서 우선, 신앙은 하나님의 의지의 결과이자 성령의 선물임을 전제하고, 하나님을 아는 지식이 우리의 마음에 어떻게 새겨지는가를 중심으로 살펴보고자 한다. 신앙은 하나님이 주신 '확실한' 지식이다. 이 확실한 지식은 하나님이 예정한 자에게 주어진 지식이며 예수 그리스도의 구속사역을 내용으로 하는 객관적 지식(교리)이다.

1. 하나님의 예정

---

10 칼빈의 신앙은 확실한 지식(동의를 동반한 지식)이라는 것과 신뢰라는 것이다.

베자에게 있어서 그리스도와의 연합은 하나님의 의지적 작정의 결과이다. 하나님의 작정에 따라서 하나님은 그리스도 안에서 선택한 자들을 부르신다. 하나님은 선택을 받은 자에게 믿음을 선물로 주신다. 하나님이 선택한 자는 '필연적으로' 그리스도 안에서 부르심을 받는다. 그리고 하나님은 선택한 자들을 '효과적으로' 구원으로 인도하신다. 하나님의 예정은 하나님의 의지에 근거하기에 '필연적으로' 그가 선택한 자에게서 이루어진다. 하나님은 그의 영을 보내어 '효과적으로' 구원을 성취하신다. 그러므로 하나님의 섭리는 실수할 수 없으며 결과적으로 선택받은 자는 누구든 멸망할 수 없다(요 6:37).[11]

베자는 하나님의 작정에 따른, 의지적 결단으로서의 선택을 두 가지 차원에서 설명한다. 하나님의 의지의 차원에서 '필연성' 내지는 절대성을 다룬 반면, 이 땅에서 우리에게 어떻게 적용되어 효과적으로 나타나는지를 살핀다. 그렇다면 하나님의 선택이 '효과적으로' 우리에게 나타나는 방식은 무엇인가?[12] 베자는 하나님의 선택을 이해하기 위해서는 '아래에서부터', 즉 이 땅에서 살아가는 인간의 관점에서부터 출발해야한다고 주장한다. 그 이유는 하나님의 위엄은 너무나 찬란하여 전혀 보지 못하게 하기 때문이다. 하나님의 위엄은 인간의 이성과 경험을 넘어서는 초자연적 현상이기에 '위로부터'의 관점에서 예정을 논의하는 것은 강요와 강폭이 된다. 반면에 베자의 '아래로부터'의 선택 이해는 '경험적'이며 '실존적' 특징을 지니기에 인간의 관점에서 이해될 수 있으며,

---

11 Theodor Beza, "The Sum of All Christiantiy or the Description and Distribution of the Causes of Salvation of the Elect and the Destruction of the Reprobate," *Collected from the Sacred Writings*, in *The Potter and Caly: The Main Presdestination Writings of Theodore Beza*, trans. Philip C. Holtrop(Grand Rapids: Calvin College, 1621), 78-80.

12 Theodor Beza, "The Sum of All Christiantiy," 81-82. 양신혜, 『베자: 교회를 위해 길 위에 서다』 (서울: 익투스, 2020), 86-114 참조.

스스로에게 적용할 수 있다. 이 경험론적이고 실존적 이해의 토대에서 제기되는 효과적 적용이 부르심과 성화이다. 베자는 신앙고백서에서 아래로부터 선택을 언급하면서 '성화와 더불어'를 첨가한다. 베자가 성화를 첨부한 이유는 선한 의도에서 선한 행위를 낳기 때문이다. 이 땅에서 행해지는 성화의 증거로부터 더 높은 곳으로 올라가는 단초가 마련되기 때문이다.[13]

하나님의 작정에 따른 구원의 선택은 변하지 않는다. 하나님의 뜻에 따라서 선택한 자에게 믿음을 주실 뿐만 아니라, 그가 걸어가는 성화의 과정을 인내로 인도하기 때문이다. 인생의 길에서 장애물이 있을지라도 그 구원의 완성은 하나님의 예정에 따른 성취이다. 그러므로 장애물로 인하여 잠시 동안 믿음이 약해질 수 있지만 결코 하나님은 선택한 자들을 포기하지 않으신다. 단지 믿음이 잠시 동안 "감추어지고 잠자고 있을 뿐"이다. 양자의 영의 씨앗은 우리의 마음 한편에 존재한다.[14] 하나님의 선택이 성취되는 그날까지 마귀가 유혹하여 의심을 불러일으키는 때도 있으나 묵묵히 그리스도와 교제를 나누는 성화의 길을 걸어가게 하신다. 하나님이 성도에게 요구하는 믿음은 완벽한 신앙(perfect faith)이 아니라 오직 '참된 신앙'(only a true faith)이기 때문이다. "우리의 구원은 우리의 신앙에 달려있는 것이 아니라 오직 믿음으로 붙잡게 된 예수 그리스도에게 달려있다." 믿음이 약하고 그 힘이 미약하다할지라도 믿음의 불꽃 하나는 진실하기 때문에 우리의 구원을 확신시키기에 충분하다.[15] 이 길을 걸어가는 그리스도인은 "하나님은 결코 자신의 마음을 바꾸지 않으실 뿐만 아니라 그가 일단 하고자하는 것은 어떤 방해물이 생긴다할지라도 완성하

---

13 Beza, *The Christian Faith*, 4.19, 31.
14 Beza, *The Christian Faith*, 4.20, 34.
15 Beza, *The Christian Faith*, 4.20, 33.

신다."는 사실을 잊어서는 안 된다.[16]

2. 그리스도의 구속

성령이 주는 하나님의 선물은 하나님이 선택한 자들의 마음에 주시는 확실한 지식이다. 이 지식은 바로 "복음의 교리"로서, 예수 그리스도의 구원의 사역이다. 죄에서 우리를 구원하기 위해서 그는 십자가에 달려 죽으시고 죽음에서 부활하셨다. 하나님은 그가 선택한 자들에게 특별하게 다가가신다. 이 특별한 다가감이 하나님의 은혜이자 호의이자 성령의 선물이다. 하나님은 그가 선택한 자에게 예수 그리스도의 사역을 마음에 새긴다. 확실한 지식은 하나님의 선택과 예수 그리스도의 구속사역을 신앙의 내용으로 한다. 성령은 "예수 그리스도를 통한 하나님의 구원의 약속을 확신시키고 스스로에게 적용하고 전유"하도록 한다. 베자의 신앙에 대한 정의에서 확실한 지식은 첫째, 하나님에 의해서 선택한 자에게 주어진다. 둘째, 하나님이 선택한 자는 그리스도가 행한 구원의 교리가 진리임을 인식할 뿐만 아니라 구원의 확신을 갖는다.[17] 셋째, 신앙은 하나님의 호의와 은혜의 결과이자 성령의 선물이다. 넷째, 신앙은 예수 그리스도의 구속사역을 스스로에게 적용하여 그 유익을 누리게 한다.

---

16 Beza, *The Christian Faith*, 4.20, 34.

17 *Theorei Bezae Vezelii Tractionum Theologicarum, in quibus pleraque Christianae Religionis dogmata adversus haereses nostris temporiibus renovatas solide ex Verbo Dei defenduntur*(이하 *TT*로 표기) i, 82: hoc vero remedium duplici Spiritus sancti efficacia applicatur. Primum enim, Spiritus sanctus disponitt intelligentiam nostram ad percipiendam doctrinam Evangelii, quae alioqui mundo videtur mera stultitia. Deinde animo nostro persuadet, istam tratuitatae in Jesu Christo salutis doctrinam non solum veram esse, (nam et diaboli intelligunt verissimam illam esse, et tamen non servantur) sed etiam illam *ad nos perinere*.

IV. 참된 신앙에 도달하는 방식

베자는 신앙을 예수 그리스도의 구속사역을 믿을 뿐만 아니라 "예수 그리스도를 끌어안는다."고 표현하였다. 그는 이를 『질문과 응답』에서 4단계로 서술하였다. 우선, 그리스도를 아는(apprehension) 단계, 그와의 접붙임(ingrafting)과 연합(incorporation)의 단계, 이 땅에서 그리스도와의 교제(fellowship with Christ)의 단계를 거쳐 종국에는 그리스도 안에서 영원한 생명을 "소유"하는 단계로 나아간다.[18] 이는 그리스도인이 걸어가는 구원의 여정으로, 각 단계에서 어떻게 우리의 것으로 소유하게 되는지를 살펴보고자 한다.

1. '확실한' 지식: 동의

성경이 가르치는 하나님의 존재와 그가 작정한 그리스도의 구속 사역은 누구에게나 열려있다. 심지어 마귀의 자녀들도 예수 그리스도의 구원의 이야기를 성경을 통해서 알 수 있다.

> 지금 우리가 말하는 믿음은 단지 하나님이 신적이고 그의 말씀의 내용이 모두
> 진실이라는 것을 믿는 것이 아니다(이런 믿음은 사탄도 가지고 있으며 그것으로
> 떨지 않기 때문이다).[19]

---

18 Beza, *A Little Book of Chrisitian Questions and Response In which the principal headings of the Christian Religion are briefly set forth* (Eugene, Oregon: Pickwick, 2009), 40.

19 Beza, *The Christian Faith*, 4.5: 14.

A81 어둠의 자식들로부터 빛의 자녀들을 구분하는 믿음은 마귀들도 저들 가운
데서 사실을 일반적으로 인식할 뿐만 아니라, 그 지식으로 마귀가 선지자들과
사도들의 문헌의 기록들이 진리라고 깨닫는 일이 벌어진다.[20]

모든 사람은 성경이 가르치는 바를 '일반적으로' 알 수 있다. 이 지식을
베자는 "일반적이고 분명하지 않은 믿음"(general and confused belief)이라
고 정의한다. 이 믿음은 아직 '단순한 동의'에 불과하다. '단순한'이라는 수식어
와 '동의'가 일어나는 과정이 구체적으로 어떤 상태인지를 생각해 보고자 한다.
우선, '동의'는 주체와 인식 대상과의 관계에서 이루어지는 행위이다. 인식
행위에서 주체는 능동적이며 이성의 활동을 통해서 지식을 수집한다. 타락한
인간에게도 자연의 빛이나 이성의 활동은 남아있기에 일반적 사실에 대한 지식
을 얻을 수 있다. 이 지식을 단순한 지식이라고 칭한 이유는 그 지식에 대한
'확실성'을 얻는 방법과 정도에 있어서 텍스트가 전하는 문자적 의미를 넘어서
지 않는 일반적인 지식이기 때문이다. 그렇기 때문에 마귀들도 거부할 수 없는
보편적 지식에 해당한다. 이를 마귀도 "선지자들과 사도들의 문헌의 기록들이
진리라고 깨닫는 일이 벌어진다"고 표현하였다.

그렇다면 마귀들도 하나님의 말씀을 읽고 진리라고 깨닫는 그 지식은 어떻게
얻게 되는 것인가? 베자는 타락한 인간에게 남아있는 지성의 능력 중 '탐구'를
높이 평가한다.[21] 탐구는 어떤 사실에 대한 확실성을 담보하는 논리적 추론의

---

20 Beza, *A Little Book of Chrisitian Questions and Response In which the principal
   headings of the Christian Religion are briefly set forth* (Eugene, Oregon: Pickwick,
   2009), 40.
21 Beza, *Questions and Responses*, 143.

과정이기 때문이다. 이 추론의 과정을 통해서 진리임을 확신하게 된다. 이 확신은 "참과 거짓을 구분하기 위한 하나님이 주신 척도"[22]를 통해서 얻어진 것이기 때문이다. 이 "좋은 변증"을 통해 "믿음 체계의 일관성"을 담보할 수 있다고 보았다. 베자가 하나님의 선택을 통해서 구원의 확실성을 담보한 것도, 논리적 추론에 근거한 "좋은 변증"을 통하여 얻은, 일관성을 지닌 믿음의 체계의 결과이다. 이 지성의 추론 과정을 통해서 잘못된 해석 또는 이해를 배제하여 올바른 믿음의 체계를 세워간다.[23] 여기에서 불일치를 넘어서 하나의 일치된 교리로 세워가는 이 과정을 베자는 "하나님의 선물"이라고까지 단언한다.[24] 이 과정에서 참과 거짓을 판단하는 인간의 의지가 작동하게 된다. 이 논리적 추론의 결과로서의 지식에 대한 동의는 의지적 차원에서의 도덕적 판단으로 나아간다. 이성의 도덕적 판단이 인간의 본성적 '정욕'을 거슬러 싸울 능력으로 지속적으로 나타난다.[25] 하나님께서 인간을 창조할 때 주신 인간의 이성은 의지를 제어하는 능력을 지녔기에, 인간의 의지는 이성을 따른다. 그러므로 이성은 "윤리적 판단의 신중함과 양심, 감정적 훈련의 부족을 제어"할 수 있다.[26] 이런 맥락에서 베자는 이성이 의지를 통제할 수 있는 능력으로 주지주의의 입장을 취한다.

인간이 하나님을 아는 단계에서 하나님을 신뢰하며 하나님과 더불어 살아가는 데까지 나아가야만 한다. 베자가 『질문과 응답』 1문에서 하나님께서 인간을

---

22 Beza, *Correspondance de Théodore de Bèze*(CB) xxi, 219: logia certum est et a Deo divinitus datum κριτηριον quo verum a falso in rebus omnibus discernatur.

23 Mallinson, *Faith, Reason and Revelation*, 75.

24 Beza, preface to Ursinus, *Organi Aristotelei*, iii. 베자의 이성에 대한 역할에 대해서는 다음의 글을 참조하라. 양신혜, "베자의 윤리적 판단으로서의 이성과 믿음에 대한 이해," 참조.

25 Beza, *Question and Responses*, Q. 142.

26 Beza, *Question and Responses*, A. 142

이 세상에 둔 이유는 "그를 알고 섬기기 위해서"라고 답한다. 하나님을 아는 지식과 그를 영화롭게 하는 것과 그를 믿는 것이 이 땅에서 살아가는 우리의 목적이다.27 그렇기 때문에 이 지식은 기독교 신앙과 경건에 있어서 본질적인 것이다. 하나님을 영화롭게 하고 그에게 예배를 드리기 위해서 그를 알아야 하고 그를 인정해야 한다. "온전한 지식"(healthful knowledge)을 통해서 예배를 드릴 수 있다. 하나님을 사랑하기 전에 하나님을 알아야만 한다는 것이 하나의 기준이 된다. 알지 못하는 것을 적절하게 경배할 수 없기 때문이다.28 인식의 대상으로서의 예수 그리스도의 구원사건에 대한 확실한 이해는 단순히 사실을 인식하는 역사적 믿음에서 머무는 것이 아니라 의지적 행위로 나타나야 한다. 다시 말해서, 의지는 지식과 분리되지 않으며 그 결과이다.

의지의 행위로까지 나아가는 지식이 참된 지식이다. 인간은 비록 타락했다 할지라도, 하나님의 말씀을 통해서 예수 그리스도의 구속과 하나님의 작정을 깨닫게 된다. 하지만 여기에서 멈춘 지식은 참된 지식이 아니다. 이 지식에서 하나님을 경배하는 자리에까지 나아가야 한다. 인간의 이성이 바르게 작동할 때의 지식이 참된 지식으로, 그 지식이 의지의 행위로까지 나아간다.

2. 경험: 그리스도와의 연합

하나님이 작정한 그리스도의 구원사건이 단지 교리를 아는 단계를 넘어서

---

27 Beza, *Questions and Responses*, 5.Q1 누가 우리를 이 세상에 창조하셨습니까? A1 하나님이 창조하셨습니다. 그의 유일한 선함(singularis bonitas)에 따라서 말입니다. Q2 무슨 목적으로 만들었습니까? A2 우리가 그를 예배하도록 하기 위해서, 그리고 우리의 영원한 생명을 보증함으로써 영광을 받기 위해서입니다.
28 *TT* i, 651.

'나를 위한' 사역임을 경험할 때 그 확신은 더욱 강화된다. 이 단계에서 하나님이 선택한 자에게 주신 선물로서 실존적 경험을 하게 된다. 이 경험의 생기(生起)는 예수 그리스도의 부활의 능력에 기인하는 것으로 다음과 같다.

새로운 피조물의 본성과 능력이 참으로 새롭게 되는 부활은 우리 안에 사는 동일한 예수 그리스도의 세 번째 효과이다. 부패한 우리의 본성으로 죽음에 처했음에도 불구하고 그는 새로운 힘을 주시고 우리를 새롭게 하신다. 그래서 우리의 이해와 판단은 성령의 순수한 은혜에 의해서 분명하게 밝혀지고 우리가 예수 그리스도로부터 이끌어낸 새 힘으로 다스린다(롬 8:14). 이전에는 그들에게 어리석었던 것이(고전 2:14) 그리고 혐오의 대상이었던 것(롬 8:7)이 이해되고 승인하기 시작한다. 두 번째 단계에서 의지는 죄를 미워하도록 고쳐지고 의를 감싸 안는다(롬 6:6). 마지막으로, 인간의 모든 능력들은 하나님이 금지한 것들을 피하고 그가 명령한 모든 것을 따르기 시작한다(롬 7:22; 빌 2:13).[29]

예수 그리스도는 십자가의 죽음을 이기고 부활하셨다. 그리스도의 부활은 인간이 부패한 본성에서 벗어나 새로운 삶의 근거를 제공한다. 이 구원의 생기가 바로 '나를 위한' 하나님의 구원의 확신을 강화시킨다. 이 실존적 경험을 통해서 그리스도 안에서의 접붙임과 연합이 이루어진다.

3. 신뢰: 그리스도와의 교제

하나님이 주신 선물로 그리스도 안에 거하는 자는 영원한 생명에 대한 약속을 소망하며 살아간다. 예수 그리스도의 구원이 나를 위한 사건임을 깨달아

---

29 Beza, *Christina Faith*, 4.13, 22.

알뿐만 아니라, 더 나아가 하나님의 선택이 실제로 나에게 일어났음을 확신한
다. 이 확신은 마음에 기쁨과 감사를 불러일으키며 마음을 변화시킨다.

> 하나님께서는 신자들의 마음에 성령의 능력을 보내시어 *우리의 마음을 비추어*
> *주시고* 점차적으로 우리의 *모든 의지와 애정을 변화*시키시기 때문이다. 그리고
> 우리 안에 있는 타고난 부패가 수정되어 우리는 악을 미워하고 그분의 율법에
> 규정된 선을 원하고 따르기 시작한다.[30]

성령의 빛은 하나님이 작정한 구원 사역이 '나'를 위한 사건임을 깨달아
알게 하신다. 이는 더 나아가 '나'의 마음에 기쁨과 감사를 불러일으킨다. 마음
에 일어난 기쁨과 감사는 '나'의 의지를 자극하여 그리스도 안에서 행하신
하나님의 놀라운 일에 감사하는 자리에 나아가게 한다. 이제 그리스도 안에서
하나님과의 관계를 회복하고 죄인의 자리에서 벗어나 새로운 사람으로 살아간
다.

그리스도 안에 거하는 자는 하나님의 말씀에서 하나님의 의도와 뜻을 '올바
르게' 이해한다. 하나님이 주는 빛 아래에서 지성의 논리적 추론은 도덕적
판단으로 나아간다. 이성의 도덕적 판단은 인간의 본성적 '정욕'을 거슬러 싸울
능력을 제공한다.[31] 하나님께서 인간을 창조할 때 주신 인간의 이성은 의지를
제어하는 능력을 지녔기에, 인간의 의지는 이성을 따른다. 이성은 "윤리적 판단
의 신중함과 양심, 감정적 훈련의 부족을 제어"하여 선한 행위를 하도록 추동한
다.[32] 이런 맥락에서 베자는 이성이 의지를 통제할 수 있는 능력으로 주지주의

---

30 Beza, *Apologia pro iustificatione*, 11.
31 Beza, *Question and Responses*, Q. 142.

의 입장을 취한다.

그리스도인의 삶은 종말을 향해 "점차적"으로 가는 여정이다. 하나님은 창세 전에 구원받을 자를 선택하셨고, 그들을 죄인의 자리에서 인도하여 새사람으로 살아가게 하시며 종국에 영원한 생명을 소유하게 하신다. 하나님은 그가 택한 자들을 고난의 여정에서 보호하시고 인도하신다. 그리스도인이 이 땅에서 완벽한 신앙을 만들어가는 삶이 아니라 비록 지그재그로 흔들거리며 걸어가지만 '참된 신앙'을 가지고 걸어가게 하신다. 이 길을 베자는 '그리스도와 교제'라 일컫는다. 이 교제를 유지하고 강화시키는 힘은 바로 그리스도의 구원사역에 대한 객관적 확실성(교리)과 그 사역의 주체인 하나님과 그리스도에 대한 신뢰에서 더욱 강화된다. 이 신뢰가 성도의 삶을 하나님께로 더욱 가까이 가게 한다.

이 땅에서 힘들지만 꿋꿋하게 고난을 헤치며 걸어가는 그리스도인은 이 삶의 여정을 이끄는 주체가 하나님이라는 사실을 잊어서는 안 된다. 하나님을 올바르게 깨달아 알게 하고, 그 지식을 다른 사람에게 전하는 전도사역이 나를 위한 사역임을 확신하고 더 나아가 그 사역의 주체인 하나님을 신뢰한다. 이 모든 여정은 하나님이 주신 성령의 선물이기에 구원의 지식과 더불어 경험(구원의 확실성)에서 일치한다. 이 구원의 확실성이 실제로 선한 행위를 낳는다.33 믿음은 성령의 선물이기에 경험을 수반한다. 성령이 준 경험은 하나님의 작정에 따른 예수 그리스도의 구속사역에 대한 지식과 결합된 의지의 친밀함을 형성한다. 그러므로 베자에게 있어서 믿음은 지식과 의지의 친밀한 전인적

---

32 Beza, *Question and Responses*, A. 142
33 Beza, *The Christian Faith*, 4.20: 33.

결합이라고 할 수 있다.

V. 구원의 지식과 그 확실성: 지식이냐? 의지냐?

베자는 신앙을 설명하는 과정에서 켄달이 지적하는 바와 같이 구원의 지식과 그 확실성을 암묵적으로 구분하고 있다. 그럼에도 불구하고 성령 아래에서 구분을 넘어선 전인적 신앙을 강조하고 있다. 이를 어떻게 이해해야 하는지 살펴보고자 한다. 그리고 베자의 신앙에 대한 이해가 칼빈의 신앙 이해를 계승하여 개혁신학적 연속성을 담보하고 있는지를 살펴보고자 한다.[34]

1. 구원의 지식과 그 확실성

베자는 신앙에 대하여 정의하면서 확실한 '지식'과 그 지식이 마음에 새겨지는 과정, 즉 '확실성'을 담보하는 과정에 주목하였다. 신앙의 한 축으로서의 확실한 지식으로 그는 예수 그리스도의 구속사역, 즉 예수 그리스도의 십자가와 부활이 어떻게 적용되는가에 주목하였다. 이 과정에서 그리스도의 구원의 지식이 하나님이 선택한 자에게 주어지는 선물임을 강조하였다. 그렇다면 예수 그리스도의 구원이 어떻게 하나님이 선택한 자에게 나타나는가? 이 관계에서 베자는 하나님의 구속이 하나님의 예정 아래에서 필연적으로 이루어진다는 것과 그 증표로써 하나님의 부르심에 주목하였다. 성도의 부르심은 성령 안에

---

34 칼빈과 칼빈주의자의 연속성에 대한 연구는 이전의 브라이언 암스트롱과 알 티 켄달 등을 중심으로 칼빈과 칼빈주의자의 불연속성을 주장하는 논제에 대한 반론을 제시하면서 등장하였다. 이 중심에 슈타인 메츠의 제자인 멀러가 있다.

서 영적 관계에 들어서는 실존적 경험에서 일어난다. 이처럼 베자는 구원의 확실성의 토대를 하나님의 선택과 구원의 교리를 통해서, 그리고 성령이 주는 선물로서의 경험을 통해서 확보하였다.

베자가 시도한 교리를 통한 확실성은 이성의 논리적 추론의 결과이다. 베자는 이성의 논리적 추론을 통해서 믿음의 체계를 세우는 작업을 신학이라고 보았고, 변증법을 논리적 확실성의 근거이자 참과 거짓을 구분하는 도덕적 판단의 척도로 여겼다. 그렇기 때문에 이성의 논리적 추론은 도덕적 판단으로 이어지면서 확실성을 강화시키는 역할을 수행한다. 두 번째로 성령이 주는 구원의 '확실성'은 이성의 이해와 더불어 성도의 정서와 양심에 나타난 경험의 표징이다. 이 확신은 하나님의 부르심의 결과로서 하나님의 예정교리와 밀접하게 연관되어 있다. 이 부르심의 경험에서 "우리가 창세전에 그리스도로 인하여 그토록 위대한 구원과 탁월한 영광을 우리의 것으로 정하셨음"을 깨달아 알아야만 한다. "만일 우리가 영원한 선택교리를 그리스도인의 확신에 대한 유일한 토대이자 근거로 인식하지 못한다면" 믿음의 효과들은 쓸모없어질 것이다.[35] 베자는 신앙의 결과로서 부르심에서 그리스도의 구속사역과 하나님의 선택을 유추하지 못한다면 부르심의 경험은 견고함을 유지하지 못한다. 하나님의 부르심은 이 땅에서 신자가 경험하게 되는 마음의 확증이며, 이 확신은 구원의 바위로서의 예수 그리스도와의 연합의 '경험'에서 유발된다.[36] 그리스도인들이 자신 안에 나타나는 영적인 효과들을 인식할 때, '내가 믿음을 가지고 있으

---

35 Beza, *The Christian Faith*, 4.19.

36 Beza, *An Excellent Treatize of Comforting Such, as are Troubled about Their Predestination. Taken Out of to Second Answer of M. Beza, to D. Andreas, in the Acte of Their Colloquie at Mompelgart*. In *A Golden Chaine, or. The Description of Theologie ... by that man of God, Mr William Perkins*, trans. Robert Hill (London: John Legatt, 1621), 568.

며' 그리스도와 연합되어 영생의 보증을 받았다고 결론 내리는 것은 '결코 잘못일 수 없다.'[37]

베자는 믿음의 '확신'을 성령을 통한 참된 지식의 결과로 간주한다: "각자가 믿음을 통하여 예수 그리스도를 자신에게 적용해서 '나는 믿음을 통해서 예수 그리스도 안에 있다. 이것은 내가 멸망할 수 없는 이유이다. 그리고 나는 나의 구원을 확신한다.'라는 결론을 이끌어내는 것이 필요하다(롬 8:1, 38, 39; 고전 2:16; 요일 5:19, 20)."[38] 이 믿음은 하나님이 작정하신 예정에서 발원하며, 그 예정의 결과로서 구원에 대한 확신은 '부르심'의 경험에서 출발하여 원인을 추정해간다. 하나님의 부르심에 대한 응답의 경험에서 출발하여 아버지로서의 하나님의 본성을 인식하게 된다. 베자는 예정으로부터 확실성을 유추하지 않고 결과에서부터 위로 올라가는 추론의 과정을 거친다. 그 이유는 인간의 지식이 온전하지 못하기 때문이다. 원인과 결과의 관계에서, 선택과 부르심, 믿음, 그리스도와의 연합, 성화의 내적 관계를 고려할 때, 성화와 그 열매들은 "구원의 제1원인인 영원한 은혜의 선택을 선포하는 데로 올라가기 시작하는 첫 단계"이다.[39] 이처럼 구원의 확실성은 예정이라는 교리에서 연원한다는 지식과 동시적으로 성령의 선물로서 주어진 경험으로 나타난다. 여기에서 '실천적 삼단논법'이 등장한다.

구원의 지식과 그 결과로서의 확실성의 관계는 칼빈의 신학에서 그 흔적을 발견할 수 있다. 칼빈이 『제네바신앙교육서』 1문에서 창조주 하나님을 아는

---

37 Beza, *Christian Faith*, 4.13.
38 Beza, *The Christian Faith*, 4.13, 20.
39 Beza, *Christian Faith*, 4.19.

지식에서 출발하여 경건한 방식으로 예배의 자리에까지 나아가게 하는 의지의 결단을 가르치고 있다(1-7문).**40** 이는 성령을 통해서 얻게 된 지식은 의지의 변화를 낳고 행위로 나타난다는 점을 가르치고 있다. 칼빈은 신앙의 확실성을 담보하는 근거로서의 지식을 하나님의 자비와 예수 그리스도의 구속사역에 두고 있다. 하나님을 아는 지식은 창조주 하나님을 아는 지식과 구속주로서의 하나님을 아는 지식(*duprex cognito Domini*)으로, "각각의 존재는 다른 것 없이는 있을 수 없는 것이다."**41** "하나님이 우리 아버지시라는 우리의 확신은 예수 그리스도에게만 발견될 수 있는 것이다. 그러나 하나님을 창조와 세상을 통치하시는 우리 아버지로 알기 때문에 우리가 그 지식을 확언하지 않는다면 그것은 온전한 것이 아니다." 왜냐하면 "성령을 통해서 예수 그리스도 안에 받아들여진 사람들만이 창조자를 그들의 아버지로 알 수 있기 때문이다."**42** 칼빈은 하나님의 호의에 주목하여 그 안에서 이루어진 하나님의 섭리로서의 구속행위에 주목한다.

칼빈이 『기독교강요』를 시작하면서 하나님을 아는 지식과 우리 자신을 아는 지식을 지혜의 총체로서 삼았다(1.1.1). 하나님을 아는 지식은 '경건'으로 나타난다. 경건을 "하나님을 향한 사랑과 결합된 경외심으로 하나님의 은총을 아는 지식이 그것을 불러일으킨다."(1.2.1)고 정의한다. 경건은 신실한 감정으로 하나님을 아는 지식과 밀접하게 연관되어 있다. 하나님을 아는 지식이 신실한 감정을 불러일으키고 "율법에 규정된 바와 같은 합당한 예배"를 드리는 단계로

---

40 박건택 편역, 『칼뱅작품선집』 III (서울: 총신대출판부, 2009), 156-157. 참조.
41 T. H. L. Parker, *Calvin: An Introduction to His Thought* (Louisville, Kentucky: Wesminster/Knox, 1995), 13.
42 Randall C. Zachmann, *The Assurance of Faith* (Minneapolis: Fortress Press, 1993), 96.

나아가야 한다고 한다. 베자는 이 경외심이 다시 하나님의 뜻에 합당한 선한 행위로 어떻게 나타나는지에 주목하여 지성에 따른 논리적 추론과 경험 안에서 어떻게 하나님을 아는 지식이 어떻게 인간의 의지로 나타나는지를 논리적으로 변증하였다.

칼빈은 『기독교강요』 3권 2장 24절에서 "그리스도께서는 끊을 수 없는 교제의 끈으로 우리와 꼭 붙어 계실뿐만 아니라 놀라운 영적 교통에 의해서 날이 갈수록 더욱더 우리와 한 몸이 되시며, 드디어 완전한 일체가 되신다."고 한다. 여기에 칼빈이 신앙을 그리스도와의 연합으로 이해하고 있음을 분명하게 알 수 있다.[43] 이 표현은 베자가 믿음을 정의하면서 그리스도와의 연합을 단계적으로 정의한 것과 유사하다. 그리고 요한복음 17장 6절 주석에서 칼빈은 "신앙은 하나님의 외적 예정으로부터 흘러온다. 그것은 모든 이들에게 무차별하게 주어지는 것이 아니니, 모든 이가 다 그리스도에게 속한 것이 아니기 때문이다."라고 서술하였다.[44] 이 구문에서 칼빈은 하나님의 절대적 예정과 그 적용 사이에 존재하는 인식론적 거리를 인지하였고, 이를 설명하기 위해서 하나님의 예정을 신앙의 궁극적 원인으로, 그리고 하나님의 부르심을 유효한 원인으로 구별하고 있음을 알 수 있다. 칼빈도 선택과 부르심의 관계에서 신앙을 서술하고 있으나, 이를 분명하게 체계화한 것은 베자에 의해서이다. 베자가 1586년 몽펠리아르드 회담에서 그리스도와의 연합에서 하나님의 선택과 부르심을 통한 구원의 확신을 논증하고 있다.[45]

---

43 Calvin, *OS* IV, 35.

44 Calvin, *CO* 47, 379.

45 몽벨리아르 회담의 역사적 배경은 양신혜, 『베자-교회를 위해 길 위에 서다』 (서울: 익투스, 2020), 392-405 참조. 양신혜, "테오도르 베자의 윤리적 판단의 척도로서의 이성과 믿음에 대한 이해," 「개혁논총」 51(2020), 53-84.

베자는 그리스도와의 연합과 하나님의 예정의 교리 아래에서 신앙을 체계화시켰다. 그는 타락한 이후에도 남겨진 하나님의 이성의 역할에 주목하였고, 중생의 체험을 한 그리스도인에게서도 이성이 참과 거짓을 구별하는 척도로서의 역할을 수행하고 있다는 점을 부각시켰다. 이 지점에서 켄달이 지적한 것처럼 베자가 신앙을 하나님의 선택에 따른 결과로 강조함으로써 구원의 확신은 오롯이 자기 자신에게 돌리는 결과를 낳았다고 할 수 있다. 하지만 베자가 하나님의 선택에 구원의 확실성을 강조한 이유는 고난의 길에서 그리스도인들이 흔들리지 않고 참된 신앙을 지키도록 독려하기 위함이었다. 고난으로 흔들거릴지라도 하나님이 작정한 구원의 흔적이 그리스도의 구속을 붙잡게 할 뿐만 아니라 그가 주신 경험이 하나님의 변하지 않은 예정의 증표라고 위로하였다. 고난의 길을 걸어가는 그리스도인이 기억해야 할 것은 구원의 확신이 하나님에게 있으며, 하나님이 작정하셨기에 그리스도인으로 부름을 받았다는 사실이 구원의 증표라는 사실이다. 베자는 그리스도와의 연합과 예정을 논리적 체계화를 통해서 고난의 길에 선 그리스도인을 위로하였다. 그가 "암묵적으로" 구분하여 설명한 이유는 지성의 논리적 추론에 따른 확신이 인간의 자의적 활동에 따른 결과가 아니라 하나님이 작정한 구원의 섭리에 따른 결과임을 보이기 위함이었다. 하나님이 주신 경험의 확신을 지성적 활동을 통해서 논리적으로 강화하였다. 베자는 하나님이 주신 선물로서의 결과인 구원의 확실성이 어떻게 우리에게 논리적으로 주어졌는지를 설명하는 데 관심을 기울인 것이다.

2. 믿음과 신뢰

베자는 하나님을 아는 올바른 지식에 믿음을 두고 있다면, 당연히 믿음을 유지해야만 하는데, 박해의 상황에서 인내하지 못하고 배교의 길을 걸어가는 성직자들을 어떻게 이해할 것인가란 문제에 직면하게 된다. 그는 이들의 신앙을 "일시적 신앙"(*fides temporaria*)[46] 또는 "가짜 신앙"(*fides fictitia*)[47]이라고 칭하였다. 신앙의 확실성이 하나님의 선택과 그리스도 안에서의 부르심, 예수 그리스도의 성취에 대한 하나님을 아는 올바른 지식에 달려 있다면, 어떻게 성직자들이 배교를 할 수 있는가? 라는 질문이 자연스럽게 제기되었다. 베자는 성령 안에서 하나님을 아는 올바른 지식이 어떻게 애정과 의지로 전환되는지에 주목하여 성령의 전인적 사역을 설명하였다. 성령이 비추는 마음의 지성이 애정의 경험을 통해서 의지의 행동으로 나타나면서 삶을 변화시킨다. 이 과정에서 삶을 유지시키고 지속하게 하는 힘은 바로 신뢰이다.[48] 피두키아(*fiducia*)는 그리스도의 약속을 신뢰하는 의지적 행위를 뜻한다. 그리스도의 약속이 실제로 성취된 부활에 대한 설교에서 참된 살아있는 믿음의 결과로 얻게 되는 양심의 평화를 피두키아의 근간으로 삼았다.[49] 피두키아는 그리스도 안에서 다시 얻게 된 하나님과의 관계에서 일어난다.

신뢰는 그리스도가 신자 안에서 일하심으로 말미암아 나타나는 효과를 인식

---

46 Beza, *Cours sur les Épîtres aux Romains et aus Hébreux 1564-66*(*CSE*), 230: Qui habent fidem temporalem: intellectus est de iis, qui tantum simulachrum fidei habent, vel tantummodo incipiunt credere.

47 *TT* i.503: Sed hanc lucem quae perditissimis etiam multis communicatur, dico diversam esse ab adpotionis et gratuitae in Christo iustificationis testimonio, quod est velut ipsa fidei definitio.

48 Beza, *Cathechimsus*, 183: I. Quid vero est fides? R. Fiducia quae uniquique Christiano in esse debet, se a deo Patre propter Iesum Christum amari. Q: 그렇다면 믿음이란 무엇인가? R: 모든 기독교인에게 피두키아가 있어야 하고 기독교인은 예수 그리스도로 인하여 아버지 하나님에 의해 사랑을 받는다.

49 Beza, *Sur la Resurrection*, 29. Cf. *NTB* Rom. 5:5.

하는 데서 시작되며, 그런 후에 그 원인을 유추하게 된다. 믿음의 결과로서의 신뢰 내지는 의지적 확신을 언급할 때, 믿음과 구분되는 것으로 설명한다. 하지만 이는 아버지로서의 하나님에 대한 인식을 전제한다. 성경이 가르치는 예수 그리스도의 구원의 사역에 대한 객관적 지식은 지성의 영역으로, 이 지식이 자신에게 적용되는 확신의 단계로 넘어간다. 진리의 확신과 그에 대한 신뢰는 참된 지식에 근거한 결과로서 주어지는 성령의 작용이다. 다시 말해서, 성령의 작용으로 인간에게 "동시에" 일어나는 일이다. 이 과정은 시간적 순서에 따른 것이 아니라 논리적 순서로서 지식과 그 결과일 뿐이다. 베자는 신앙을 성령을 통한 앎과 확신, 즉 진리의 인식작용과 의지의 확신을 포괄하는 전인적 사건으로 이해한다.

이 땅에서 하나님의 부르심으로 참된 믿음을 지녔으나 배교자의 길을 걸어가는 것은 우리의 확실성이 불완전의 상태에 있기 때문이다. 칼빈이 고민하였듯이, 이 땅에서 여전히 불안하고 불신의 질병이 남아 있어서 그것이 완전하게 완치될 수는 없다. 확실성이 의심과 혼재함에도 불구하고 "믿음은 우리를 향한 하나님의 뜻에 대한 미미하고 혼란스러운 지식이 아니라 확실하고 분명한 지식 안에서 쉰다"(3.2.18).[50] 불완전하다는 것은 시간적으로 "항상" 유지되는 것은 아니고 때로 의심과 불신의 공격을 당한다는 의미이다. 이런 맥락에서 신뢰는 온전한 믿음의 특성으로 자리매김을 한다.

베자가 믿음을 정의하면서 성령 아래에서의 확실한 지식을 배제한 '신뢰'만을 언급하기도 한다. 의지적 행위는 구원의 약속을 개인적으로 적용하는 과정

---

[50] Calvin, *OS* IV, 29.

으로, 이 주의주의적 행위의 효과는 신뢰(확신)의 감각(sense)이다. 베자는 그리스도와의 연합에서 그리스도의 영적인 능력을 강조한다. 이는 성경이 가르치는 지성적 앎을 의지의 영역으로 적용하는 힘이다. 이로써 성화는 "그리스도가 우리 안에 거하시는 확실한 효과"이다. 의지적 확신인 신뢰는 성령을 통한 앎에 근거하여 나타나는 결과로서, 확신은 선행하는 지식으로부터 유추되는 논리적 순서의 결과이다. 지식과 의지는 성령 안에서 동시에 생기나 논리적 순서로 본다면, 확실한 지식이 먼저이고, 그 결과로 신뢰가 형성된다. 어떤 경험이 일어나는 시공간 안에서 원인과 결과는 구분할 수 없는 하나의 사건으로 인격적으로 다가온다. 그러므로 믿음은 확실한 지식과 의지적 확신의 동시적 유발을 특징으로 갖는다.

베자가 신약성경 주석(1576)에서는 "결과가 원인과 구분되는 것처럼 피두키아(*fiducia*)를 믿음에서 제외"[51]시켰다고 한다. 이는 신뢰가 믿음과 구별하여 믿음의 결과로서 신뢰를 이해하고 있음을 암시한다. 이러한 표현인 믿음과 신뢰를 암묵적으로 구분하고 있는 증거구절이 된다.

Q: 그렇다면 믿음이란 무엇인가?
R: 모든 기독교인에게 피두키아(*fiducia*)가 있어야 하고 기독교인은 예수 그리스도로 인하여 아버지 하나님에 의해 사랑을 받는다.[52]

---

[51] Beza, *The New Testament of our Lord Jesus Christ translated out of Greeke by Theod. Beza: Whereunto are adjoyned brief summaries of doctrine upon the Evangelistes and Acte of the Apostles, together with the method of the Epistles of the Apostles by the Said Theod. Beza, and also short expositions on the phrases and hard places taken out of the large annotations of the aforesaid Author and Iach. NTB* Matt. 7:30. Camerarius, ed. P. Loseler, trans. L. Thomson (London, 1576). 켄달은 그의 글에서 베자가 믿음과 확신 사이에 내포된 구분을 촉발시켰다고 주장한다. Kendall, *Calvin and English Calvinism to 1649*, 29.

베자가 신앙고백서에서 신앙을 정의한 것과 구별된다. 베자가 그리스도의 약속을 신뢰하는 의지적 행위만을 신앙의 정의로 삼은 것일까? 그 이유를 찾기 위해서 당대의 시대적 배경을 고려할 필요가 있다. 베자가 예수 그리스도의 부활에 대한 설교에서 살아 있는 참된 신앙의 결과로서 양심의 평화를 언급하는데,53 이는 당대에 벌어진 위그노 박해와 연결되어 있다고 볼 수 있다. 프랑스는 푸아시 회담(Colloque de Poissy, 1561)에 이어 벌어진 바시학살(Massacre of Vassy, 1562.3.1.)로 인해 종교전쟁이 시작되었다. 10여년 지속된 종교전쟁을 종식하고 샤를 9세의 여동생 마르그리트 드 발루아(Marguerite de Valois)와 위그노 왕족인 앙리 드 나바르(후일 앙리 4세)의 결혼을 시도하였다. 하지만 그 결혼식은 오히려 파리를 피바다로 만드는 프로테스탄트 박해의 장이 되었다. 1572년 8월 23일 성 바돌로매 축일, 콜리니 제독 살해로부터 본격적으로 학살이 시행되었다. 지속적인 종교전쟁과 박해로 흔들리는 그리스도인을 위로하고 그들이 바라보아야만 할 그리스도를 다시 붙잡도록 촉구한다.

> 나는 성령이 지금이나 그 때나 매서운 유혹으로 방해를 받고, 그가 우리 안에 거한다는 확증은 무심결에 잠시 동안 우리를 완전히 떠나있는 것처럼 보인다는 것을 인정한다. 그렇지만 하나님께서 선택한 자를 구원하고자 하신 작정은 확실해서 결코 떠난 적이 없다. 그래서 적절한 때에, 결국 육체의 구름들을 내쫓아내고 구주의 구원의 기쁨이 항상 되돌아온다. 선택된 자들의 불안한 양심에 태양

---

52 Beza, *Cathechismus*, 183: I. Quid vero est fides? R. Fiducia quae uniquique Christiano in esse debet, se a deo Patre propter Iesum Christum amari. Mallinson, 228 재인용.

53 Beza, *Sur la Resurrection*, 29. Cf. NTB Rom. 5:5.

처럼 빛을 비추고 ... 양자의 영을 지닌 자들은 영생에 대한 확실한 서약을 가진다. 그래서 이 가장 위험한 싸움에서 사탄이 우리를 괴롭히는 것에서 우리가 확실한 승리를 할 수 있으며, 틀림없이 승리를 가져온다. 양자의 영이 우리 안에 존재하지 않는다면(그 영은 성화, 칭의, 생명과 믿음의 영이다), 전쟁이 없을 것이며 죄의 다스림이 우리 안에서 평화롭게 될 것이다.[54]

참된 믿음은 고난의 길에서 그리스도만을 붙잡고 걸어가는 삶이다. 그 길을 걸어가도록 독려하는 것이 베자의 목적이다. "피두키아가 일어나는 하나님의 호의에 대한 확신을 믿음이라고 한다." 베자가 『질문과 응답』에서 한 마지막 권고는 하나님이 선택한 자가 지속적으로 걸어갈 신뢰를 확실하게 한다. 이 신뢰는 신앙의 가장 뛰어난 효과로, 두려움 없이 하나님을 '아빠 아버지'라고 부르게 한다.[55] 이는 성령의 전적인 개입의 결과이다. 성령은 지성의 인식과 마음의 감성과 의지의 행동에까지 영향을 끼친다. 성령은 전인적 영향을 끼치는 추동력이다. 이러한 이해는 칼빈의 믿음에 대한 이해에서 동일하게 나타난다. 『기독교강요』 3권 2장 33절에서 성령으로 지성이 정화되고 하나님의 진리를 맛볼 수 있게 되며, 마음이 진리를 확신할 수 있다고 한다. 성령의 영향으로 지성, 감성, 의지의 확신이 전인적으로 드러나게 된다. 베자도, 우리가 이미 위에서 살펴본 것처럼, 칼빈의 믿음에 대한 이해를 계승하여 성령 아래에서 이루어진 전인적 변화를 일으키는 동력으로서의 믿음을 받아들인다는 결론을 내릴 수 있다.

---

54 Beza, *Questiones and Responses*, 98

55 *NTB* Heb. 3:6: Fiduciam vocat fidei effectum illud preastantissimum, quo sit ut intrepide clamerimus Abba Pater. *The New Testament of our Lord Iesus Christ*, 98

VI. 결론

베자는 신앙을 성령의 선물로서 이해한다. 신앙은 성령 아래에서 하나님이 선택한 자에게 주어진다. 선택한 자에게 성령이 주는 선물은 지식이다. 이 지식은 예수 그리스도의 구속 사역이다. 이 구원의 교리가 실제로 하나님의 선택을 받은 자에게 주어진 지식으로 구원의 확실성의 객관적 근거이다. 이 객관적 근거가 하나님의 의지적 결과이기에 구원의 확실성이 강화된다. 베자는 교리의 체계화를 통해서 구원의 확실성을 강화한다. 이성의 논리적 추론을 통해서 얻게 된 구원의 확실성은 이 땅에서 선택한 자의 마음에 새기는 과정이며, 양심에 새겨진 확증이다. 그는 변증법을 논리적 확실성의 근거로 삼으며 참과 거짓을 구분하는 도덕적 판단의 척도라고 여겼다. 그렇기 때문에 이성의 논리적 추론을 통해서 도덕적 판단으로 이어지면서 확실성이 강화된다.

교리를 체계화하는 과정을 통해서 신앙은 더욱 공고화된다. 이 교리의 체계화에서 베자는 하나님의 예정과 그 부르심에 주목한다. 하나님의 신적 권위로서의 예정이 실제로 선택받은 자에게 부르심으로 나타나기 때문이다. 하나님이 그리스도 안에서 나를 위하여 구원을 행하셨음을 의심하지 않고 확신한다. 그리스도인은 예수 그리스도의 사역을 의심하지 않고, 십자가의 구원이 나를 위한 사건임을 확신한다. 이 확신은 예수 그리스도의 구속을 자신의 것으로 만드는 과정에서 나를 위한 예수 그리스도의 사역을 고백한다. 그뿐만 아니라 그 사역을 감당한 그리스도의 사랑에 감복하여 그를 전적으로 신뢰하게 된다. 논리적 추론에 따른 교리의 체계화와 인간의 의지적 결단이 성령 아래에서 일치된다. 하나님의 선물로서의 믿음이 지닌 특징은 바로 성령에 의해 이루어지는 예수 그리스도의 구속사역과 하나님이 선택한 자에게 마음에 새긴 '확실한 지식'일 뿐만 아니라 구속사역을 성취한 예수 그리스도에 대한 '신뢰'이다.

베자는 신앙을 정의하면서 확실한 지식의 내용으로서의 예정과 그리스도의 구속을 논리적 추론을 통해서 확실성을 강화하는 과정을 거칠 뿐만 아니라 성령의 선물을 통해서 얻게 되는 부르심의 영적 경험이 '동시에' 일어난다는 점을 강조하였다. 그럼에도 불구하고 베자가 신앙을 정의하면서 교리의 내용을 아는 지식을 배제하고 '신뢰'만을 강조하기도 한다. 그 이유는 당대의 교회가 직면한 박해의 상황에서 신앙을 변증하기 위한 방법이었다. 또 하나는 하나님의 예정이 이 땅에서 그리스도인에게 어떤 모습으로 나타나는지를 확인하는 근거로 삼았다. 하나님의 예정은 그의 뜻에 따라서 반드시 이루어지기 때문에, 이 인식을 가진다면 박해와 고난의 상황에서도 인내할 수 있게 된다. 하나님에 대한 올바른 지식은 고난에도 불구하고 인내할 수 있는 힘의 동력으로써 작동한다. 이 작동의 근거는 확실한 지식에 달려있다. 복음의 교리를 진리로 알고 그 진리에 전적으로 동의하며 그 구원을 이루는 하나님과 그리스도를 전적으로 신뢰하게 된다. 신뢰와 지식의 확실성과의 관계에서 신뢰는 지식의 확실성에 기원한다. 이 두 관계는 확실한 지식에서 결과적으로 신뢰가 형성된다. 이 원인과 결과로 설명할 때, 신뢰를 구분한 것이다. 이 구분은 이해를 위한 설명이며 믿음이 외적으로 나타내는 표지로서의 신뢰가 지식의 결과로서 주지주의의 특성을 지니고 있음을 보여준다.[56]

---

[56] 고마루스는 구원하는 믿음은 확실한 지식(notitia)으로, 이를 통해서 하나님의 말씀에 계시된 모든 것에 동의(assensus)할 뿐만 아니라 성령으로부터 말씀의 사역을 통해서 이루어지는 확실한 신뢰(fiducia)이다. Gomarus, *De fide salvifica*(1603), ii.

하지만 이 구별은 논리적 구별일 뿐이며 신앙은 우리의 지성과 마음과 의지에서 전인적으로 생기해야만 한다. 신앙은 어떤 순서에 따라서 생겨나는 것이 아니라 '경험' 안에서 지식과 확실성이 담보되고, 지식은 삶의 과정에서 확실성을 더욱 공고화할 뿐만 아니라 견고하게 한다. 전인적으로 생기하는 신앙을 구별하고 그 과정을 설명하는데 집중한 이유는 믿음의 길을 걸어가는 그리스도인이 배교자의 길을 걸어가는 현상을 설명할 수 없었기 때문이다. 그들은 예수 그리스도의 구속사역을 알고 있을 뿐만 아니라 하나님의 구원계획에 동의하나, 지성적 동의에 머물렀기에 고난을 겪게 되었을 때 넘어져 믿음에서 벗어나는 일이 일어난다고 설명한다. 이처럼 베자는 칼빈의 신앙에 대한 이해를 목회적 상황에서 나타난 배교자를 설명하고자 시도하였다. 이 현상을 설명하기 위해서 한편으로는 하나님을 아는 지식을 신앙의 자리에서 분리하여 배교자들에게도 하나님을 아는 지식이 가능함을 보였다. 그 지식이 있음에도 불구하고 하나님을 경배하는 삶으로 나아가지 못하기 때문임을 보였다. 왜 의지의 도덕적 행위로까지 나아가지 못했는지 그 이유가 바로 올바른 지식을 얻지 못하였을 뿐만 아니라 의지를 통제하여 도덕적 행위를 낳는 데까지 하나님을 아는 지식이 확실하지 못했기 때문이다.

칼빈을 계승하여 제네바의 목사회를 이끈 베자의 신학에서는 내용에 있어서 차이가 있는 것이 아니라 단지 베자는 칼빈의 신학을 더욱 정교하게 체계화하였을 뿐이다. 베자와 칼빈의 차이는 목회적 상황에서 강조점과 방법에 따라 나타날 뿐이다.[57] 베자는 칼빈이 『기독교강요』 3권에서 모든 신자들이 모두

---

57 Beeke, "Does Assurance Belong to the Essence of Faith?," 48.

다 동일한 정도의 확신을 가졌다고 생각하지 않았다. 사실, 확신은 각기 다른 사람들에게 부여된 '믿음의 분량'에 따라 다른 것으로 여겼다. 이러한 현실에 대한 이해를 베자가 더욱 체계적으로 설명하였다. 그러므로 베자는 칼빈의 계승자이며 그의 신학을 더욱 체계화하여 공고히 하였다고 결론을 내릴 수 있다.

〈참고문헌〉

양신혜. 『베자: 교회를 위해 길 위에 서다』. 서울: 익투스, 2020.

_____. "베자의 성령 이해 – 성령의 부르심과 성도의 '삶'." 개혁주의학
　　술원 편집. 『종교개혁과 성령』. 부산: 고신대학교 출판부, 2020:
　　199-232.

_____. "테오도르 베자의 윤리적 판단의 척도로서의 이성과 믿음에 대한
　　이해." 「개혁논총」 51(2020), 53-84.

Beck, Andreas J. "Rationalität und Scholastik in der
　　reformierten Orthodoxie, insbesondere bei Keckermann,
　　Voetius und Coccejus." Herman J. Selderhuis/
　　Ernst-Joachim Waschke Hg. *Reformation und Rationalität*.
　　Göttingen: Vandenhoeck & Ruprecht, 2015: 263-288.

Beeke, Joel R. *Assurance of Faith Calvin, English Puritanism,*
　　and the Dutch Second Reformation. New York, San
　　Francisco etc.: Peter Lang, 1991.

Beza, Theodore. *Theodori Bezae Vezelii, volumen (primum,*
　　alterum, tertium) Tractationum Theologicarum, in quibus
　　pleraque christiane Religionis dogmata adversus haereses
　　nostris temporibus renovatas solide ex Verbo Dei
　　defenduntur. Geneva, 1570-82.

_____. *The New Testament of our Lord Jesus Christ*
　　tranlated out of Greek by Theod. Beza: Whereunto are

adjoyed brief summaries of docrine upon the Evangelistes and Actes of the Apostles, together with the method of the Epistles of the Apostles by the Said Theod. Beza, and also short expositions on the phrases and hard places taken out of the large annotations of the aforesaid Author and Iach. Camerarius. ed. P. Loseler. trans. L. Thomson. London, 1576.

_____. "The Sum of All Christiantiy or the Description and Distribution of the Causes of Salvation of the Elect and the Destruction of the Reprobate," *Collected from the Sacred Writings,* in *The Potter and Caly: The Main Presdestination Writings of Theodore Beza,* trans. Philip C. Holtrop(Grand Rapids: Calvin College, 1621.

_____. *Apologia pro iustificantione per unius Christi viva fide apprehensi iustitiam gratis imputatam.* Geneva, 1590.

_____. *Theses theologicae de praedestinatione et utraque illius specie, electione ac reprobatione ... Sub praesididio Rev. et Clariss. viri D. Theodori Bezae ... a.d.XII Kalend. Septemb. responsurus est Johnnes Polyander Junius Metensis.* Geneva, 1590.

_____. *An Excellent Treatize of Comforting Such, as are Troubled about Their Predestination. Taken Out of to*

Second Answer of M. Beza, to D. Andreas, in *the Acte of Their Colloquie at Mompelgart.* In *A Golden Chaine, or. The Description of Theologie ... by that man of God, Mr William Perkins.* trans. Robert Hill. London: John Legatt, 1621.

_____. James Clark trans. *The Christian Faith.* Edinburgh: Crawford.

_____. Kirk M. Summers trans. *A Little Book Christian Questionas and Responses.* Eugene, Oregon: Pickwick, 1986.

Calvin, John. Petrus Barth, Guilemus Niesel ed. *Johannis Calvini Opera Selecta IV.* Monachii in Aedibus: Chr. Kaiser, 1974.

_____. Guilielmus Baum Eduardus, Cuntiz Eduardus Reuss, *Joannis Calvini Opera quae supersunt omnia.* vol 47, Sheitschke: Braunweig, 1892.

Kichel, Walter. *Vernunft und Offenbarung bei Theodor Beza Zum Problem des Verhältnisses vom Theologie, Philosophie und Staat.* Neukirchen-Vluyn: Neukirchener Verlag des Erziehungsvereins, 1967.

Kendall, R. T. *Calvin and English Calvinism to 1649.* U. K. : Paternoster Press, 1997.

Maillinson, Jeffrey. *Faith, Reason, And Revelation in Theodore*

Beza 1519-1605. New York: Oxford University, 2003.

푸티우스의 신앙론

권경철

Gisbertus Voetius(1589-1676)

총신대학교 신학대학원을 졸업하고, 미국 필라델피아 근교에 위치한 웨스트민스터 신학교 (Westminster Theological Seminary)에서 17세기 제네바 신학자 프랑수아 투레티니 (Francis Turretin)에 대한 논문으로 역사신학 박사학위(Ph.D.)를 취득하였다. 총신대학교 신학대학원 외래교수를 역임했으며, 경기도 평촌에 위치한 열린교회 부목사로 사역하고 있다.

권경철

I. 서론

신앙 혹은 믿음이라는 말만큼 자주 쓰면서도 정확히 이해하기 어려운 말도 드물 것이다. 그리스도인들이 교회에서 신앙(믿음)이 있다, 신앙이 없다, 혹은 신앙심이 깊다 등의 표현을 사용하는 것은 일반적인 일이다. 하지만 신앙이라고 하는 말의 정확한 의미를 규명하고 어떻게 하는 것이 신앙인지에 대해서 설명하는 것은 생각보다 단순한 작업이 아니다. 이는 신앙이라는 말 자체가 다양하고 넓은 의미로 사용될 수 있기 때문에, 신앙이라는 단어가 갖는 언어의 무게를 정하고 그 의미론적 경계선과 범위를 규정하는 것이 쉽지 않을 수 있기 때문일 것이다.

이러한 난해함은 신앙에 대한 신학적 연구에 있어서도 사라지지 않는다. 신학에 있어서 신앙, 혹은 믿음이라는 주제를 깊이 연구한다는 것은, 성도의 구원과 관련된 모든 부분들을 살펴보면서 동시에, 기독교 신앙의 근원과 그 권위의 근거에 대해서 살펴본다는 것을 의미한다. 따라서 신앙이라는 주제는 구원론적인 측면에서도 다루어질 수 있지만, 신학 서론 및 교회와 종말에 관한 논의와도 밀접하게 연결되어 있고, 심지어는 신론과 인간론과 기독론과 성령론을 포함한 신학 전반에 걸친 논의와도 관계되어 있다고 할 수 있다. 그러면서도 신앙이 전면에 드러나서 주목을 받는 경우는 많지 않으며, 도리어 신앙 혹은 믿음이야말로 기독교의 모든 진리를 뒷받침하는 진리라는 사실에만 주목하여 더 이상 깊은 연구를 하지 않는 경우가 빈번하다. 그러다보니 신앙에 관해 전 포괄적이고 만족할만한 깊이로 다룬다는 것은 신학자들에게도 쉽지 않은 일이다.

이와 같은 어려움 때문인지, 아니면 다른 이유에서인지, 푸티우스는 신앙에 대한 모든 논의를 전반적으로 포괄하는 글을 남기지는 않았다. 그래서 푸티우스의 신앙론에 관해 살펴보려면 푸티우스의 작품 곳곳에 흩어져 있는 신앙에 관한 글들을 모아서 정리하고 비교하며 분석할 필요가 있다. 물론 푸티우스가 신앙론에 대해 관심이 없었다고 속단하는 것은 옳지 않다. 사실 푸티우스는 신앙의 성질과 속성이 어떠하며, 그 성질과 속성이 경건의 연습에 있어서 어떠한 기여를 할 수 있는지에 대해서 어느 누구보다도 진지하게 탐구한 신학자였다. 그러나 푸티우스가 믿음에 관한 모든 논의를 포괄하는 글을 쓴 것은 아니기에 이 점에 있어서 그의 생각을 알기에는 다소 어려움이 있다.

따라서 필자는 다소 산만하게 펼쳐져 있는, 믿음에 대한 푸티우스의 논의들을 일목요연하게 다루기 위하여, 그의 신앙론을 크게 두 가지 부분으로 단순화하여 살펴보려고 한다. 첫째는 신앙이라는 것 자체에 대해서 다루는 부분이다. 신앙의 정의, 즉 그 성질과 속성에 대한 내용들이 여기에 포함된다. 다른 하나는 신앙의 효과, 즉 기독교에 있어서 신앙이 담당하는 역할과 그 구원론적 적용을 다루는 부분이다. 신앙의 결과로 나타나는 구원서정 및 경건훈련에 관한 부분이 여기에 포함된다. 그런데 이러한 논의의 과정에서 푸티우스가 과거 신학자들의 신앙론에 긍정적이든 부정적이든 영향을 받았다는 사실이 드러나게 되기 때문에, 필자는 이 글에서 먼저 역사 속에 나타난 신앙론에 대해서 간단히 살펴보고 그 다음에 푸티우스의 신앙론을 분석한 후, 마지막으로 모든 관찰을 종합하여 푸티우스의 신앙론은 소위 "제2의 종교개혁"(*Nadere Reformatie*)이라고 불리우는 푸티우스의 실천적 경건운동의 맥락에서 이해되어야만 한다는 결론에 도달하도록 하겠다.[1]

---

[1] 푸티우스는 개혁파 내부에서의 경건주의 운동이라고 할 수 있는 *Nadere Reformatie*에 있어서 핵심적인 역할을 감당했다. 푸티우스의 작품들과 이 운동 사이에 있는 관련성에 대해서는 Andreas J. Beck, *Gisbertus Voetius(1589-1676) on God, Freedom, and Contingency: An Early Modern Reformed Voice* (Leiden: Brill, 2022), 108-148을 보라.

II. 역사 속에 나타난 신앙론

푸티우스가 활동하기 이전에도, 초대교회 교부들로부터 중세 말기의 신학자들과 종교개혁자들에 이르기까지의 많은 신학자들이 신앙에 대한 논의를 했다는 것은 주지의 사실이다. 초대교회 교부들은, 이단에 맞서 사도들이 간직했던 신앙의 내용을 지켜내는 것을 신앙이라고 부르는 경향이 있었다. 예를 들어, 리옹의 감독 이레니우스는 사도들이 공개적으로 믿고 전파하였던 믿음을 가리켜 신앙의 규칙(*regula fidei*)이라고 부르곤 했다. 이 신앙의 규칙이 정리되어 후대에 전수되면서 기독교 신앙고백들이 탄생하였고, 그 신앙고백의 내용을 마음으로부터 받아들이는 것이야말로 신앙의 핵심 요소 중 하나였다.

그런데 푸티우스가 가르치고 배웠던 신앙론은, 초대교회 교부들의 신앙론을 그대로 반복하기만 한 것이 아니라, 중세와 종교개혁을 거치면서 한층 더 다듬어지고 정교화 된 신앙론이었다. 중세에 이르면, 신앙의 내용뿐만 아니라 그 깊이를 구별하기 위해 소개된 다양한 구분법들과 용어가 본격적으로 표준화되게 되었다. 먼저 롬바르드의 베드로(Petrus Rombardus)를 위시한 중세 신학자들은, 신앙을 크게 세 단계로 구별하여 생각하였다.[2] 첫째는 마치 역사책을 믿듯이 하나님 말씀을 믿는 막연한 신앙이다(*Credere Deo*). 이 단계의 신앙은 구원받는 믿음이라고 볼 수 없다. 둘째는 하나님의 존재는 믿지만 하나님과의 사랑의 교제는 없는 신앙(*Credere Deum*)이다. 이러한 신앙 역시도 구원받는 믿음으로는 부족하다. 첫 번째와 두 번째 종류의 믿음은 모두 부족한 믿음이기

---

2 Richard Muller, *Dictionary of Latin and Greek Theological Terms* (Grand Rapids, MI: Baker, 1985), 85-86.

에, 중세 말기의 유명론자 가브리엘 비일(Gabriel Biel)은 첫 번째와 두 번째 단계 등과 같은 신앙을 가리켜 은혜가 본격적으로 주입되기 전에 획득된 믿음(*Fides acquisita*)이라고 부르기도 했다.[3] 그리고 마지막 셋째가 하나님과 그리스도를 믿는 성숙한 신앙(*Credere in Deum et Christum*)이다. 이러한 성숙한 믿음을 가진 사람은 구원받은 성도로서 하나님과의 사랑의 교제를 나눌 수 있다.

이러한 구분법은 종교개혁 시대에도 널리 사용되었다. 예를 들어, 칼빈은 그의 기독교강요 초판에서 기독교 신앙에서 사도신경이 차지하는 위치에 대해서 설명하면서 중세 신앙론의 범주를 빌려온다. 그에 따르면, 신앙 혹은 믿음의 형태에는 두 가지가 있다.[4] 첫째는 역사를 믿는 믿음과도 같은 수준으로 하나님의 존재를 인정하는 데에 그치는 신앙이다. 칼빈에 따르면, 이러한 신앙이야말로 야고보서가 말하는 대로 귀신도 가질 수 있는 수준의 신앙이라고 할 수 있다. 둘째는 그리스도를 구세주로 믿고 하나님을 신뢰하는 신앙이다. 이러한 신앙이여야 참으로 구원받는 믿음이라고 할 수 있다. 칼빈이 여기서 중세의 구분법을 염두에 두고 있는 것인지는 확실하지 않지만, 중세와 칼빈 간에 존재하는 이러한 유사점을 볼 때, 신앙론에 있어서 중세와 종교개혁이 절대적으로 단절되지는 않았다는 것을 알 수 있다.

물론 종교개혁자들이 중세를 반복하기만 한 것은 아니다. 그들은 중세의

---

3 Heiko A. Oberman, *The Harvest of Medieval Theology* (Grand Rapids, MI: Baker, 2000), 72.

4 "..Duas esse fidei formas. Altera est: si quis credat Deum esse, historiam quae de Christo narratur veram esse arbitretur; quale est nobis iudicium de iis, quae vel olim gesta narrantur, vel ipsi praesentes spectavimus...Altera est: qua non modo Deum et Christum esse credimus, sed etiam in Deum credimus, et Christum, vere ipsum pro Deo nostro ac Christum pro salvatore agnoscentes." Jean Calvin, 『라틴어 직역 기독교강요』, 문병호 역 (서울: 생명의말씀사, 2009), 140-141.

신학적 유산 위에 서서 그것을 비판적으로 계승하고 발전시켰다. 특히 그들은 신앙론에 인간의 의로운 행위가 개입할 여지를 없앰으로써, 다만 하나님의 은혜요 하나님의 선물인 믿음으로써 칭의되고 구원을 받는다는 주장을 강화하고자 했다. 이를 위해 종교개혁자들은 먼저 중세 신학자 다수가 주장했던 구분, 즉 사랑으로 형성된 성숙한 믿음(*fides formata*)과 은혜의 상태 밖에서 사랑으로 형성되지 않은 채 잠재적으로 가지고 있는 믿음(*fides informis*)사이의 구분을 거부하였다.[5] 실제로 칼빈은 그의 1539년판 라틴어 기독교강요의 프랑스어판으로 출간된 1541년판 기독교강요에서, 이러한 구분을 비판하였다. 그에 따르면, "궤변가들과 소르본 신학자들"은 "믿음의 힘을 그들의 애매하고 난해한 정의로 약화"시키는 것도 모자라서, "성숙한 신앙과 미성숙한 신앙이라는 뭔지도 모를 하찮은 구분을 첨가함으로써 믿음이라는 말을 하나님 경외와 온전한 경건이 없는 공허한 견해로 돌려버렸다."[6]

그리고 소위 믿음의 세 가지 구성요소라고 하는 인식(*notitia*)과 동의(*assensus*)와 신뢰(*fiducia*)라는 구분을 종교개혁 신앙에 맞게 재정립함으로써 신앙의 올바른 내용에 기반한 구원의 확신의 가능성을 긍정한 것 역시도, 멜랑흐톤과 칼빈을 위시한 종교개혁자들의 공헌이었다. 멜랑흐톤은 이미 개신교 최초의 조직신학서 중 하나인 1521년판 *Loci communes*에서부터 믿음에 대한 논의를 포함시키고는, 믿음의 지식적이면서도 동의와 신뢰를 자아내는 특성에 대해 설명했다. 이전에 중세 말기 유명론자들이 믿음에 존재하는 지식적 동의의 요소를 부정하지는 않았으면서도 그것의 의지적 요소를 강조함으로써 신인협력론적 경향을 드러내었다는 평가를 받는 것과는 대조적으로,[7] 멜랑

---

5 Muller, *Dictionary of Latin and Greek Theological Terms*, 115-117.
6 Calvin, 『기독교강요: 프랑스어 초판 1541』, 박건택 역 (용인: 크리스천 르네상스, 2015), 257.
7 Oberman, *The Harvest of Medieval Theology*, 70.

흐톤은 오직 은혜라는 종교개혁의 기치에 맞게 신앙의 지성적인 요소 및 동의하며 확신하는 요소를 균형 있게 재해석했던 것이다. 칼빈 역시도 믿음에는 지식적인 요소와 확신이라는 요소가 있다고 하면서 멜랑흐톤과 비슷한 언급을 했다. 칼빈에게 믿음이란, "우리를 향한 하나님의 선한 의지에 대한 견고하고 확실한 지식(science)"인 동시에,[8] "마음의 견고하고 굳은 확신(persuasion)"이다. 그러므로 롬바르드의 베드로나 토마스 아퀴나스가 말하는 잠재적인 신앙(*fides implicita*) 혹은 절대적인 믿음, 즉 믿음에 대해서 구체적으로 알지 못하고 교회의 결정을 맹신하는 것은 참된 신앙을 방해하는 것에 불과하다.[9]

종교개혁자들이 전통을 활용하면서도 그 전통을 있는 그대로 답습하지 않고 종교개혁 신앙에 맞게 개조했던 것처럼, 종교개혁의 후예인 개신교 정통주의 신학자들은 자기들의 신학적 정체성을 지키면서도 초대교회와 중세 및 종교개혁에 이르기까지의 신앙론 전통을 17세기 개신교 교회와 학교에 유익이 되는 방식으로 가공하였다. 17세기 정통 신학자들은 신앙론에 관한 저서를 출간한 루터파 신학자 맛디아 플라키우스 일리리쿠스(Mattias Flacius Illyricus, 1520-1575), 그리고 캠브리지 교수를 역임하였던 프랑스 개신교도 베드로 바로(Peter Baro, 1534-1599) 등과 같은 인물들의 뒤를 따라,[10] 때로는 아리스토텔레스의 학문 방법론을 비판적으로 활용하기도 하고, 때로는 역사 속에 나타난 선배들의 신앙론을 비판적으로 활용하기도 하면서 자신의 신앙론을 전개해나갔다. 푸티우스 역시도 17세기 정통신학의 대변자이기에, 전통적인 논의들을 잘 반영하면서 자신의 신앙론을 전개해나갔다. 하지만 그의 신앙론은 단순히 선배들의 유산을 답습하는 데에 그치지 않고, 자기 시대의 화두인 "제2

---

8 Calvin, 『기독교강요: 프랑스어 초판 1541』, 261.
9 Calvin, 『기독교강요: 프랑스어 초판 1541』, 281.
10 Gisbertus Voetius, *Selectarum Disputationum Theologicarum* (Utrecht: 1655), 2:497.

의 종교개혁"에 기여하는 방향으로 전개되어 나갔는데, 이 점에 대해서는 이제부터 자세히 살펴보도록 하겠다.

III. 푸티우스의 실천적 신앙론

푸티우스의 글을 읽다보면, 초대교회로부터 시작하여 중세와 종교개혁에 이르는 전통에 대해서 해박한 지식을 가지고 있는 것을 볼 수 있다. 앞에서 언급했던 것처럼, 이 사실은 신앙론에 있어서도 마찬가지이다. 푸티우스는 1638년에 역사 속에 나타난 신앙론을 염두에 두고 "신앙의 실천에 관하여"라는 제목으로 신앙의 정의와 그 효과에 대해 분석하는 글을 썼고, 그 내용을 『신학논제선집』 제2권에 수록하였다. 이제부터 필자는 그 글을 주로 분석하되 때때로 여러 다른 곳에서 나타난 푸티우스의 신앙론도 살핌으로써, 푸티우스가 역사적인 신앙론 전통을 무시하지 않으면서도 자기 시대의 실천적인 경건의 증진에 기여하는 신앙론을 주창하고 싶었다는 점을 밝히도록 하겠다.

푸티우스에게 신앙론이 특히 중요했던 이유는, 그가 "제2의 종교개혁"이라고 일반적으로 알려진 개혁파 경건주의 운동의 대표주자였기 때문이었다. 그는 신앙의 실천이라는 분야가 신학의 분류상으로 볼 때 경건훈련 신학(theologiae asceticae)의 주요한 부분으로 여겨져야 할 것이라는 제안을 했는데,[11] 이러한 제안은 신앙론을 구원론의 작은 한 분야쯤으로 축소시키곤 하는 오늘날 신학의 동향과는 매우 다른 것이다. 다른 많은 위대한 신학자들이 그러했듯이, 푸티우스에게 신앙이란 단순한 추상명사가 아니었다. 신앙이란

---

[11] Voetius, *Selectarum Disputationum Theologicarum*, 2:496.

성령의 역사하심의 실제적인 결과이기에, 살아있는 신앙은 반드시 구체적인 경건의 실천을 낳는다는 것이 그의 생각이었다.

신앙이라는 것이 이처럼 연구의 가치가 있는 중요한 주제이기에, 푸티우스는 먼저 신앙론을 이론적으로 정의하고 정립하기에 적합한 범주와 분류법을 탐색하고, 그 다음으로는 신앙의 효과, 즉 경건의 실천 방안을 설명하는 방식으로 글을 전개해나간다.[12] 더 구체적으로 말하면, 이론 부분에서 푸티우스는 신앙의 의미와 유형, 그리고 신앙의 본질과 신앙 정도의 차이라는 네 가지 범주를 통해 신앙의 정의를 내리고 그 속성을 규정하려고 하며, 실천 부분에서는 신앙이 있는 사람의 신앙생활 모습이 어떠한지에 대해서 묘사하려고 한다.[13]

푸티우스에 따르면, 성경과 교부들은 신앙이라는 말을 좁은 의미로 사용하기도 하고, 넓은 의미로도 사용하기도 했다.[14] 자세한 용례는 신앙론에 대한 일리리쿠스의 작품과 마티아스 마티니의 용어사전을 참고하라고 하면서도,[15] 푸티우스는 몇 가지 실례를 통하여 자신의 주장을 입증해 보인다. 일단 좁고 엄밀한 의미에서 신앙을 가진다는 것은, 하나님께서 권위 있게 말씀하신 진리에 동의(assensus, persuasio)한다는 뜻이다.[16] 테르툴리아누스와 아우구스티누스 등과 같은 교부들뿐만 아니라 성경 요한복음 1장12절, 3장33절과 36절, 디모데전서 1장15절, 이사야 7장9절, 히브리서 11장1절, 로마서 4장18절과 26절, 및 8장38절, 그리고 야고보서 1장6절과 출애굽기 14장31절에서도 이렇게 좁고 엄밀한 의미로 신앙이라는 단어가 사용되곤 한다.[17] 반면 넓은

---

12 Voetius, *Selectarum Disputationum Theologicarum*, 2:496.
13 Voetius, *Selectarum Disputationum Theologicarum*, 2:497.
14 Voetius, *Selectarum Disputationum Theologicarum*, 2:497.
15 Voetius, *Selectarum Disputationum Theologicarum*, 2:497.
16 Voetius, *Selectarum Disputationum Theologicarum*, 2:497.

의미에서의 신앙이란, 바로 신앙이라는 말이 환유법이나 제유법으로 쓰인 경우를 가리킨다.[18] 이러한 용례는 성경 로마서 2장14절과 14장20절 및 23절에서 찾을 수 있다.[19] 환유적으로 볼 때 로마서14장15절은 신앙의 주체를 양심이라고 밝히고 있고, 갈라디아서 1장23절과 디모데전서 1장19절 그리고 2장18절은 신앙의 내용이 바로 신앙의 객체라고 말씀한다.[20] 또한 신앙의 결과는 로마서 1장8절에 있듯이 믿음이 고백되어 드러나는 것이며, 신앙의 원인은 사도행전 17장31절과 1장 3절, 마태복음 23장23절, 로마서 3장3절, 그리고 디도서 2장10절 말씀이 말씀하는 바, 그리스도의 부활과 그에 따른 신실함과 진실함이다.[21]

   신앙의 정의에 대해서 위와 같이 개관한 후 푸티우스는 이제 신앙의 유형이라는 두 번째 범주로 화제를 옮긴다. 여기에서 푸티우스는 전통에 충실하게도 아리스토텔레스와 아퀴나스의 용어를 빌려서 신앙의 유형을 크게 두 종류로 구분하는데, 하나는 원래 있는 그대로 묘사하는 신앙이며(univocus), 다른 하나는 인간이 유추적인 방식으로(analogia) 묘사하는 신앙이다.[22] 전자의 관점에서 볼 때, 신앙이란 하나님으로부터 나서 흔들릴 수 없는 필연적인 것으로서, 표적과 이적을 통해 증거 된 복음에 동의하는 것을 뜻하지만(마17:20; 고전 12:9; 13:2; 막 9:21-22; 행14:9; 빌1:27; 요20:31), 후자의 입장에서 볼 때에 믿음이란 인간적인 측면에 따라 흔들릴 수 있는 우연적인 여지를 가진 실체로 해석될 수도 있다.[23] 따라서 살아있는 믿음 혹은 칭의 받는 신앙이란

---

17 Voetius, *Selectarum Disputationum Theologicarum*, 2:497.
18 Voetius, *Selectarum Disputationum Theologicarum*, 2:497.
19 Voetius, *Selectarum Disputationum Theologicarum*, 2:497.
20 Voetius, *Selectarum Disputationum Theologicarum*, 2:497.
21 Voetius, *Selectarum Disputationum Theologicarum*, 2:497.
22 Voetius, *Selectarum Disputationum Theologicarum*, 2:497.
23 Voetius, *Selectarum Disputationum Theologicarum*, 2:497-498.

전자를 가리키며, 죽은 믿음 혹은 역사하지 않는 믿음이란 후자를 가리킨다.[24] 구원받는 믿음을 가리켜 사랑으로 형성된 믿음이라고 불렀던 중세 신학자들과는 달리, 푸티우스는 구원받는 믿음을 가리켜 칭의를 형성하는 믿음이라고 부르는 경향이 있는데, 이것은 푸티우스가 종교개혁의 원칙인 오직 은혜라는 신학에 맞는 신앙론을 내세우기 위해 의도적으로 사용하는 표현으로 보인다. 물론 푸티우스가 중세의 용어를 모두 버리는 것은 아니다. 그는 심지어 은혜의 주입이라는 표현을 재해석하여 사용하는 일에도 거리낌이 없었다. 하지만 사랑으로 형성된 믿음이라는 표현만큼은, 종교개혁에 있어서 매우 중요했던 칭의론 사상의 개혁을 무너뜨린다는 오해를 불러일으킬 여지가 있어 득보다는 실이 많다는 판단하에 표현을 바꾸었을 것으로 볼 수 있다.

어쨌든 푸티우스에 따르면, 참으로 구원 받는 믿음이란, 성령으로 말미암아 택한 백성에게 주입되는 특별한 은혜로서, 이 은혜를 통하여 믿음과 소망과 사랑이 서로 연결되어 하나님의 백성을 거듭나게 하고 그들을 새로운 피조물로 만드는 것이다.[25] 신자들로 하여금 새로운 피조물이 되도록 하지 못하는 위선적인 신앙은 그 자체로 죽은 것이니 하나님의 심판을 견디지 못할 것이며, 그러한 신앙이란 귀신의 죽은 믿음만큼이나 효력이 없는 것이다(약2:17-20; 딛 1:26; 벧후1:8).[26] 사울과 여로보암, 그리고 예후 등과 같은 이스라엘의 왕들이야말로 그러한 죽은 믿음을 가졌던 위선자들의 좋은 예이다.[27] 그러한 죽은 신앙은, 그 초자연적인 근원으로 보든지 혹은 그 효과로 보든지 혹은 그 성향과 역사하는 행위로 보든지 간에, 모든 면에서 살아있는 신앙 혹은

---

24 Voetius, *Selectarum Disputationum Theologicarum*, 2:498.
25 Voetius, *Selectarum Disputationum Theologicarum*, 2:498.
26 Voetius, *Selectarum Disputationum Theologicarum*, 2:498.
27 Voetius, *Selectarum Disputationum Theologicarum*, 2:499.

구원을 얻는 신앙과는 확연하게 구별된다.[28]

그리하여 살아있는 신앙은 믿음의 활동(actus fidei)을 낳는다.[29] 여기서 푸티우스는, 중세에도 자주 쓰였던 "믿음의 활동"이라는 표현을 자신이 개신교적인 의미로 순화시켜서 사용하고 있음을 암시한다. 믿음의 활동이라는 표현이 "형성된 믿음"이라는 중세의 구분을 벗어나지 못하고 결국 칭의와 성화를 혼동하도록 만들 것이라는 일각의 우려를 불식시키기 위해, 푸티우스는 자신이 "믿음의 활동"이라는 표현을 쓸 때 다면적인 의미로 사용하지 않으며, 오히려 그리스도와의 연합과 칭의라는 단일한 결과를 낳는 단일한 믿음이요, 죽은 믿음과 대조되며 칭의를 형성하고야 마는 참된 신앙만을 가리키는 표현으로 순화하여 쓰고 있음을 밝힌다.[30] 푸티우스 자신이 순화시켜서 사용하는 "믿음의 활동"이라는 표현에는 지성과 의지도 포함되어 있기에, 그 표현은 인간의 그 어떤 공로가 아닌 오직 그리스도의 복음을 믿고 그것에 동의하고 확신하는 것을 가리키기에 적당한 표현이 될 수 있다.[31]

물론 신앙 자체가 단일한 실체라고 하더라도, 그 실체에 여러 가지 측면이 있다는 사실을 부정하는 것은 아니다. 실제로 신앙론을 전개할 때 하나님으로부터 출발하여 우리 안으로 신앙이 들어오는 측면에 초점을 맞출 수도 있고, 반대로 우리에게서 출발하여 하나님의 약속을 향해가는 측면에 초점을 맞출 수도 있는 것이다.[32] 이러한 맥락에서 볼 때, 성경에 나오는 하나님의 인치심이라는 것 역시도 "믿음의 활동"의 한 측면으로 묘사될 수 있다(롬 5:5; 고후1:22; 벧전 3:21-22).[33] 그리고 단일한 신앙의 여러 가지 측면이 있다는 것을 인정함

---

28 Voetius, *Selectarum Disputationum Theologicarum*, 2:499.
29 Voetius, *Selectarum Disputationum Theologicarum*, 2:499-500.
30 Voetius, *Selectarum Disputationum Theologicarum*, 2:499-500.
31 Voetius, *Selectarum Disputationum Theologicarum*, 2:500.
32 Voetius, *Selectarum Disputationum Theologicarum*, 2:500.

으로써 신앙의 성숙도의 차이 역시도 설명할 수 있다. 굳세지 못한 어린아이 같은 초보적인 신앙은 혼란스럽고, 불확실하고, 불안한 측면이 있다고 한다면, 굳세고 성숙한 어른과도 같은 믿음은 확신으로 가득 차 있는 것이 사실이기 때문이다.[34]

이처럼 순화된 신앙론은, 내가 믿는 바가 확실한지를 분별하고 구원의 확신을 갖기 위한 17세기 특유의 보조재료라고 할 수 있는, 소위 "실천적 삼단논법"(practical syllogism)으로 이어진다. 이는 곧 자신이 버림받지 않고 칭의되었다는 사실을 확신하기 위해서는, 우리 죄를 속하기 위하여 죽으신 구세주 예수 그리스도를 믿는 사람은 모두 구원을 얻는데, 나도 그리스도를 믿으니 구원을 얻고 칭의를 받았다는 사실을 되뇌는 것이 도움이 된다는 권면이다.[35] 그리고 이와 같은 참된 신앙에는 큰 확신과 기쁨이 동반된다.[36]

결과적으로, "믿음의 활동"이라는 표현은, 행위를 통한 신인협력을 믿음의 조건으로 내세우기 위한 표현으로 사용될 수 없으며, 인간의 공적을 긍정하는 소키누스주의자들이나 아르미니우스 항론파 사람들의 주장도 성립할 수 없다.[37] 다만 믿음의 확신의 정도 차이는 믿음의 강하고 약함을 막론하고 다양한 정도로 존재할 수 있다.[38]

신앙의 정의와 속성에 대해 설명을 마친 푸티우스는, 신앙의 효과 또는 실천 부분으로 논의를 옮겨간다. 먼저 그는 신앙의 동기와 방법에 관련된 질문들에 대해 답변한다. 신앙의 동기는 크게 세 가지이다. 첫 번째 동기는 다름이 아니

---

33 Voetius, *Selectarum Disputationum Theologicarum*, 2:500.
34 Voetius, *Selectarum Disputationum Theologicarum*, 2:500, 2:502.
35 Voetius, *Selectarum Disputationum Theologicarum*, 2:501.
36 Voetius, *Selectarum Disputationum Theologicarum*, 2:501.
37 Voetius, *Selectarum Disputationum Theologicarum*, 2:502.
38 Voetius, *Selectarum Disputationum Theologicarum*, 2:503.

라 신자가 구원받아야만 할 필요성이 있다는 사실이다.[39] 두 번째 동기는 신앙의 탁월하고도 숭고한 속성이다. 하나님은 표적과 이적으로 영광을 나타내시고, 사람은 "그리스도와 연합되고 하나님과 화목되며, 칭의되고 입양되며 거룩해지고 영화되어 자유와 평화와 기쁨과 행복"을 누리며 평안함 속에서 영생에 이르는 열매를 맺는다는 것은 실로 동경할만한 일이 아닐 수 없다.[40] 이생에서는 믿음으로 원수를 대적하며 승리의 삶을 살고, 내생에서는 불신자의 비참한 결말과는 전혀 다르게 천사도 흠모할만한 삶을 산다는 것은 신앙에 있어서 훌륭한 동기부여의 수단이 된다.[41] 마지막 세 번째 동기는, 신앙을 가지기에 유리한 환경이다. 성경에 나오는 이야기를 자주 보고 듣는 것뿐만 아니라, 신앙위인들이나 순교자들의 일대기를 읽음으로써 신앙을 가지려는 동기가 더해질 수 있다.[42]

그렇다면 어떻게 하면 신앙을 가지기에 좋은 환경을 만들 수 있겠는가? 푸티우스에 따르면, 가난한 심령이 되는 것이 중요하다.[43] 반드시 구원을 받아야 한다는 영적 '배고픔'이 있어야 한다.[44] 다른 말로 하면, 복음의 약속을 사모하고 은혜를 갈망하는 마음을 간직한다면 신앙을 가지기에 유리한 환경을 만들 수 있다.[45]

이처럼 참된 신앙이 촉진되면, 그 결과로 다음과 같은 현상이 나타나곤 하는데, 이것들이야말로 참된 신앙의 표지라고 할 수 있다.[46] 일단 반드시 구원을

---

39 Voetius, *Selectarum Disputationum Theologicarum*, 2:503.
40 Voetius, *Selectarum Disputationum Theologicarum*, 2:503.
41 Voetius, *Selectarum Disputationum Theologicarum*, 2:503.
42 Voetius, *Selectarum Disputationum Theologicarum*, 2:503-504.
43 Voetius, *Selectarum Disputationum Theologicarum*, 2:504.
44 Voetius, *Selectarum Disputationum Theologicarum*, 2:504.
45 Voetius, *Selectarum Disputationum Theologicarum*, 2:504.
46 Voetius, *Selectarum Disputationum Theologicarum*, 2:505.

받고야 말겠다는 간절한 마음과 함께, 죄에 대해 애통하는 마음이 생겨난다.[47] 그리고 의에 주리고 목마르게 된 나머지(마5:6), 불신자들의 불의를 접할 때 말로 다 할 수 없는 탄식을 하게 된다.[48] 육체와 성령간의 갈등을 경험하는 가운데에서도, 신자는 인내함으로써 살아있는 믿음의 표징을 보이게 된다.[49] 이 때 성령께서는 신자의 영과 더불어 증거하실 뿐 아니라 신자의 양심에도 증거하시게 된다.[50] 그리하여 신자는 세상의 영을 받지 않고 하나님으로부터 온 영을 받은 사람으로서 사탄의 거짓으로 점철된 육신의 유혹을 분별해내면서 세상과 구별된 삶을 살게 된다.[51] 또한 참된 신앙의 표지 중에서도 으뜸되는 표지는 바로 성령께서 마음을 격동시키시는 것이다(시51:10; 슥12:1, 10; 시38:8; 스9:6; 고후7:9-11).[52] 성령께서는 신자의 마음을 움직여 절박하면서도 겸손하게 만들 뿐만 아니라, 죄에 대한 애통과 슬픔과 부끄러움을 갖게 하여 간절히 회개하고 복음의 약속을 믿도록 역사하신다.[53] 하나님의 진리 말씀을 신자의 양심에 적용시키는 성령의 내적 증거 역시도 이 격동시킴의 일부이다.[54] 그렇게 성령께서는 신자를 칭의 시키실 뿐만 아니라 새로운 순종을 할 수 있는 마음을 주셔서 성화를 촉진시키시는 것이다.[55] 이처럼 성령께서 신자에게 구원으로 인을 치실 때, 신자는 깨끗한 마음을 가지게 되며(행15:9,11), 기도의 영을 소유하게 되고(롬8:15, 16, 26, 27), 하나님의 사랑과 소망과

---

47 Voetius, *Selectarum Disputationum Theologicarum*, 2:505.
48 Voetius, *Selectarum Disputationum Theologicarum*, 2:505.
49 Voetius, *Selectarum Disputationum Theologicarum*, 2:505.
50 Voetius, *Selectarum Disputationum Theologicarum*, 2:505.
51 Voetius, *Selectarum Disputationum Theologicarum*, 2:505.
52 Voetius, *Selectarum Disputationum Theologicarum*, 2:506.
53 Voetius, *Selectarum Disputationum Theologicarum*, 2:506.
54 Voetius, *Selectarum Disputationum Theologicarum*, 2:506.
55 Voetius, *Selectarum Disputationum Theologicarum*, 2:506.

기쁨과 겸손이 동반된 믿음 안에서 고요한 심령(롬5:1, 3-5)과 견딤으로 신앙생활을 하게 된다.[56] 그런 사람은 하나님의 말씀을 있는 그대로 받아들이고, 깊은 겸손과 절제를 나타내며, 내면에 위로와 승리를 경험하면서 성령으로 살고 성령으로 행한다.[57]

결론 부분에서 푸티우스는 다시금 실천적인 경건의 증진이라는 그의 목표로 되돌아온다. 믿음은 거듭남을 통해 주입되고, 새로운 성향은 회심 시에 주어지므로, 신자의 중생과 회심은 단회적이라고 할 수 있다.[58] 하지만 새로운 피조물이 되어 새로운 순종으로 믿음을 표현하는 소위 "믿음의 활동"은 반복적인 것이다.[59] 따라서 신자는 율법을 청종하여 하나님의 판단에 복종하고, 종의 영으로 애통하면서 죄를 슬퍼하고, 그리스도 안에 죄에 대한 치유책이 있음을 믿고 그리스도께 나아와 진리로 이끌려 그 진리를 신봉하고, 소망과 경건한 두려움 속에 복음의 약속을 적용하며, 양심을 더럽히는 것을 멀리하고 주 앞에서 낮추는 신앙생활을 해야 한다.[60] 성경의 판단을 따를 때에만 성령께서 감동을 주셔서 믿음의 내용에 동의(assensus)할 수 있게 되므로, 신자는 양심을 살펴 깨끗한 양심이 되기를 힘써야 하고, 하나님의 호의를 기억하며 묵상함으로써 신앙을 반복적으로 새롭게 해야 한다.[61] 그리하여 신앙이 삶 속에서 나타나도록 하는 것은 신자로서 당연한 일이다.[62] 이처럼 신앙의 실천을 강조함으로써, 푸티우스는 "제2의 종교개혁"에 걸맞는 신앙론을 정립할 수 있었다.

푸티우스는 신앙과 경건의 실천간의 관계에 대한 그의 관심을 말년까지 철회

---

56 Voetius, *Selectarum Disputationum Theologicarum*, 2:506.
57 Voetius, *Selectarum Disputationum Theologicarum*, 2:507.
58 Voetius, *Selectarum Disputationum Theologicarum*, 2:508.
59 Voetius, *Selectarum Disputationum Theologicarum*, 2:508.
60 Voetius, *Selectarum Disputationum Theologicarum*, 2:508-509.
61 Voetius, *Selectarum Disputationum Theologicarum*, 2:510.
62 Voetius, *Selectarum Disputationum Theologicarum*, 2:510.

하지 않고 간직하였던 것으로 보인다. 우리는 그 증거를 『신학논제선집』 제5권에 수록된 "신앙의 규범과 신앙의 판단자에 대한 신학논쟁"("Disputatio theologica de judice & norma fidei")이라는 글에서 찾을 수 있다.[63] 그에 따르면, 신학계에서 믿음 혹은 신앙이라는 단어는, 유다서 3절 말씀에 있는 대로 기독교 신앙이라는 참된 가르침을 신봉하는 것을 뜻한다.[64] 이 신앙은 정신의 활동이요 정신의 성향이지만, 대상을 향한 활동이 동반된다는 점에서 객관적인 지식과는 구분된다.[65] 신앙에 대한 이 같은 간명한 정의 이후에 푸티우스는, 성경해석의 규범과 믿음의 판단자는 성경 그 자체이고, 그 어떤 인간 이성이나 교황의 권위도 성경의 권위 위에 설 수 없다는 논지를 전개한다.[66]

푸티우스가 신앙과 경건의 실천간의 관계에 대한 그의 관심을 말년까지 철회하지 않고 간직하였다는 또 하나의 증거는, 쟝 드 라바디(Jean de Labadie)와의 신학논쟁이었다. 처음에 푸티우스는 라바디가 신앙적 유익을 줄 것이라고 기대한 나머지 제네바에서 활동하던 라바디가 제엘란드주에 위치한 미델부르그로 청빙을 받아 오는 것을 막지 않았다. 그러나 시간이 갈수록 라바디는 신비주의적이고 분리주의적인 성향을 드러내었고, 결국 네덜란드 교회는 라바디의 열광주의를 경계하게 되었다. 푸티우스는 라바디가 교회의 치리에 복종하지 않고 질서를 깨뜨린 것에 대해서는 잘못이라고 생각했으나, 신앙적인 열심을 고취시키고 기쁨을 경험할 것을 강조하는 라바디의 신앙노선에 대해서는 대체로 동정적인 태도를 유지하였다.[67]

---

63 Voetius, *Selectarum Disputationum Theologicarum* (Utrecht: 1669), 5:419.

64 Voetius, *Selectarum Disputationum Theologicarum*, 5:420.

65 Voetius, *Selectarum Disputationum Theologicarum*, 5:420.

66 Voetius, *Selectarum Disputationum Theologicarum*, 5:420-435.

67 권경철, "기스베르투스 푸티우스의 성령론," 『종교개혁과 성령』 (부산: 개혁주의학술원, 2020), 316.

푸티우스가 신앙과 경건의 실천간의 관계에 대한 관심을 평생 유지하였다는 마지막 증거는, 바로 1664년 출간된 그의 저서『수도 혹은 경건연습』이다.[68] 앞에서 살펴보았듯이, 푸티우스는 신앙의 실천이란 곧 수도 혹은 경건연습이라고 생각하였다. 그러므로 신학생을 위한 교육과정과 신앙훈련을 다룬 이 책의 제목이『수도 혹은 경건연습』이라는 사실은, 그가 시종일관 신앙론에 얼마나 일관된 관심을 가졌는지를 증명해준다. 푸티우스에게 신앙론이란 단순히 사변적인 이론 신학만이 아니라, 제2의 종교개혁을 좌우할 실제적인 실천신학이었던 것이다.

IV. 결론

개혁파 경건주의를 대표하는 신학자답게, 푸티우스는 신앙의 실천적인 측면에 많은 관심을 가지고 있었다. 이 관심은 그의 경력의 초창기라고 할 수 있는 1638년부터, 그의 경력의 끝자락인 1669년에 이르기까지 지속되었다. 물론 푸티우스는 신앙의 실천적인 부분뿐만이 아니라 이론적인 부분도 주의 깊게 다루었다. 그에게 신앙이란 좁은 의미에서는 진리에 대한 동의요 복종이며, 넓은 의미에서는 양심과 지성과 의지까지 모두 포괄하는 폭넓은 신뢰이다. 그리고 신앙에도 종류의 차이가 있고 정도의 차이가 있어서, 하나님으로부터 온 신앙은 필연적인 측면이 있으나, 인간이 본 신앙은 우연적이고 불완전하다고 그는 주장하였다. 또한 푸티우스는 구원받는 믿음을 설명하기 위해 참된 믿음과 거짓된 믿음을 구별했던 중세의 구분법을 다소 차용하면서도, 오해를

---

68 Voetius, *TA ASKHTIKA sive exercitia pietatis* (Gorinchem, 1664)

막기 위하여 "사랑으로 형성된 믿음"이라는 표현보다 "칭의를 형성하는 믿음"이라는 표현을 더 선호하였다. 그러나 이 모든 이론적인 논의는 결국 믿음의 실천, 즉 "믿음의 활동"(actus fidei)으로 이어져야만 한다. 참으로 구원받는 믿음을 가진 신자는, 심령의 가난함과 애통함과 겸비함을 보이게 되고, 중생과 회심을 통하여 단번에 받은 믿음의 도를 간직하며 반복적으로 새로운 피조물이 되는 성화의 은혜를 누리며 살게 된다. 그러나 무엇보다도 신앙이 있다는 가장 확실한 증거는, 신자 안에 내주하시는 성령께서 마음을 격동시켜 열심을 내도록 하시는 것이다. 그와 같은 성령의 인도하심에 따라서 성화의 은혜를 삶 속에서 표현하는 사람이 바로 새로운 순종으로 하나님께 영광을 돌리며 경건의 훈련을 하는 믿음의 사람인 것이다.

참된 신앙과 거짓 신앙에 대한 푸티우스의 통찰은 그의 후임으로 우트레흐트 대학교 신학교수가 되는 마스트리히트를 통하여 조나단 에드워즈(Jonathan Edwards)에게까지 전파되었다. 부흥 시대에 신앙을 가졌다가 넘어진 많은 사람들을 보면서 에드워즈는 푸티우스의 통찰을 다시금 생각했을 것이다. 참 신앙의 표지에 대한 에드워즈의 진술이 여러모로 푸티우스의 그것과 유사한 것은 우연이 아니다. 이를 통해 보건대, 푸티우스는 죽었으나 그의 신앙론은 믿음으로써 17세기를 넘어 18세기와 오늘날까지 말하고 있다 하겠다.

〈참고문헌〉

권경철. "기스베르투스 푸티우스의 성령론," 『종교개혁과 성령』. 부산: 개혁주의학술원, 2020, 309-338.

Beck, Andreas J. *Gisbertus Voetius(1589-1676) on God, Freedom, and Contingency: An Early Modern Reformed Voice*. Leiden: Brill, 2022.

Calvin, Jean. 『라틴어 직역 기독교강요』. 문병호 역. 서울: 생명의말씀사, 2009.

_____. 『기독교강요: 프랑스어 초판 1541』. 박건택 역. 용인: 크리스천 르네상스, 2015.

Muller, Richard. *Dictionary of Latin and Greek Theological Terms*. Grand Rapids, MI: Baker, 1985.

Oberman, Heiko A. *The Harvest of Medieval Theology*. Grand Rapids, MI: Baker, 2000.

Voetius, Gisbertus. *Selectarum Disputationum Theologicarum*. Volume 2. Utrecht: 1655.

_____. *Selectarum Disputationum Theologicarum*. Volume 5. Utrecht: 1669.

_____. *TA ASKHTIKA sive exercitia pietatis*. Gorinchem, 1664.

청교도의 신앙론
신앙의 정의, 구원의 확신, 구원의 서정을 중심으로

우병훈

1664년 웨스트민스터 총회의 모습

서울대학교 자원공학과(B.Eng.)와 서양고전학 대학원(M.A 졸업, Ph.D 수학)을 거쳐, 고려신학대학원(M.Div)과 미국의 칼빈신학교(Th.M, Ph.D)에서 공부했다. 저서로 『그리스도의 구원』, 『처음 만나는 루터』, 『기독교 윤리학』, 『룻기, 상실에서 채움으로』, 『교리 설교』, 『구속사적 설교』, 『교회를 아는 지식』, 『구원, 그리스도의 선물』, 번역서로 『교부들과 함께 성경 읽기』(공역) 등이 있으며, 박사논문이 B. Hoon Woo, *The Promise of the Trinity: The Covenant of Redemption in the Theologies of Witsius, Owen, Dickson, Goodwin, and Cocceius* (Göttingen: Vandenhoeck & Ruprecht, 2018)로 출간되었다. 국내외 저널에 게재한 수십 편의 논문을 calvinseminary.academia.edu/BHoonWoo에서 볼 수 있다. 현재 고신대학교 신학과 교의학 부교수이다.

우병훈

Ⅰ. 들어가며

　청교도 시대는 신앙의 문제가 중요한 신학적 주제로 다뤄지던 시대였다. 청교도들이 논쟁했던 주요 논적들은 율법주의자, 반율법주의자, 로마 가톨릭 신학자, 아르미니우스파, 소키누스파 등이었다. 이들과 논쟁할 때마다 청교도들은 신앙론을 다룰 수밖에 없었다. 다양한 논쟁의 핵심에서 결국 신앙에 대한 이해가 항상 다뤄져야 했기 때문이다. 신학적 주제로 보자면, 이신칭의, 영원칭의, 구원의 서정, 언약, 회심준비론 등이 모두 신앙론과 직간접적으로 관련이 되었다. 상황이 그러하기에 여러 청교도들이 신앙론을 집중적으로 다루면서 책을 썼던 것은 이상한 일이 아니다.[1] 대표적으로 존 오웬의 경우 칭의론을 다루면서 신앙론을 깊이 있게 다루었고, 그러면서 로마 가톨릭의 벨라르미누

---

[1] John Rogers, *The Doctrine of Faith Wherein are Practically Handled Ten Principall Points, which Explain the Nature of Vse of It* (London: Printed for N.N. and William Sheffard, 1627); John Ball, *A treatise of Faith Divided into Two Parts the First Shewing the Nature, the Second, the Life of Faith: Both Tending to Direct the Weak Christian* (London: Printed for Edward Brewster, 1657); John Downe, *A Treatise of the True Nature and Definition of Justifying Faith: Together with a Defence of the Same, against the Answere of N. Baxter* (Oxford: Printed by Iohn Lichfield for Edward Forrest, 1635); John Preston, *The Breast-plate of Faith and Love a Treatise Wherein the Ground and Exercise of Faith and Love, as They are Set upon Christ Their Object, and as They are Expressed in Good Works, is Explained* (London: Printed by George Purslow, 1651); Jeremiah Burroughs, *The Ninth, Tenth, and Eleventh books of Mr Jeremiah Burroughs: Containing Three Treatises: I. Of Precious Faith. II. Of Hope. III. The Saints Walk by Faith on Earth; by Sight in Heaven. Being the Last Sermons that the Author Preached at Stepney, Neer London* (London: Printed by Peter Cole, 1655); Thomas Goodwin, *The Object and Acts of Justifying Faith* (Edinburgh; Carlisle, PA: Banner of Truth Trust, 1985), 한역: 토머스 굿윈, 『믿음의 본질 1, 2』, 임원주 역(서울: 부흥과개혁사, 2013); John Owen, "The Doctrine of Justification by Faith," in John Owen, *The Works of John Owen*, ed. William H. Goold, vol. 5 (Edinburgh: T&T Clark, 1862), 7-400, 한역: 존 오웬, 『칭의론』, 박홍규 역(서울: 퍼플, 2019). 이상은 Hyonam Kim, *Salvation by Faith: Faith, Covenant and the Order of Salvation in Thomas Goodwin 1600-1680* (Göttingen: Vandenhoeck & Ruprecht, 2019), 7n4에서 재인용하고 추가함.

스, 바스쿠에즈, 수아레즈 등과 소키누스주의자인 쉴리히팅기우스
(Schlichtingius), 그리고 반율법주의자들, 아르미니우스주의자들, 피스카토
르 등을 비판했다.[2]

이 글은 청교도의 신앙론을 세 가지 주제에서 고찰하고자 한다. 첫째 부분에
서는 웨스트민스터 신앙고백서와 대소교리문답을 중심으로 믿음의 정의를 살
펴보겠다. 이를 통하여 청교도들이 가졌던 신앙론의 기초적인 내용을 알 수
있기 때문이다. 둘째 부분에서는 신앙의 확신 문제를 다루겠다. 이 주제 역시
웨스트민스터 신앙고백서와 관련이 되면서 동시에 청교도의 신앙론에서 중요
하게 다뤄졌던 주제이기 때문이다. 셋째 부분에서는 구원의 서정과 신앙론의
관계를 다루겠다. 이 또한 웨스트민스터 신앙고백서에 나오는 주제인 동시에
청교도 신앙론의 특징을 잘 보여주기 때문이다. 이 세 가지 주제를 통해서
이 글은 청교도 신앙론이 하나님 중심적이며, 그리스도론과 깊은 관련성을
가지며, 은혜를 강조하는 특징이 있음을 보여주고자 한다.

II. 웨스트민스터 총회의 역사

청교도의 신앙론을 살피기에 앞서 웨스트민스터 총회의 역사를 고찰하는
것은 의미가 있다. 웨스트민스터 신조와 청교도들은 깊은 연관성이 있기 때문
이다. 물론, 청교도는 다양성이 있었다. 예를 들어서 교파로 보자면, 올리버
크롬웰 시대(Oliver Cromwell, 1599-1658)에 청교도 안에는 장로교회, 회
중교회, 침례교회가 다 포함되었다.[3] 하지만 동시에 청교도들은 신학적 통일성

---

2 우병훈, "존 오웬의 칭의론," 『종교개혁과 칭의』, 개혁주의 신학과 신앙 총서 16 (부산: 고신대학
   교 개혁주의 학술원, 2022), 327-377을 보라.

이 있었다. 청교도는 개혁파 정통주의 운동의 한 부분으로 스스로를 간주했기 때문이다.[4] 청교도의 시작과 끝을 보통 1558-1689년으로 생각한다. 1558년은 엘리자베스 1세의 통치가 시작되던 해이고, 1689년은 관용령이 시행된 해이다. 관용령이란 당국에 등록된 예배 처소에서 회집하는 조건으로 삼위일체를 믿는 개신교 비국교도에게 예배의 자유를 허락한 결정을 말한다.[5] 청교도들은 로마 가톨릭(반[半]펠라기우스파), 소키누스파(반[反]삼위일체론자), 아르미니우스파(예지예정론자), 반율법주의자들을 반대하는 일에는 하나가 되었다.[6] 그리고 "율법과 복음"의 관계, "성찬론"에 있어서 루터보다는 대륙의 개혁파에 가까운 길을 갔다.[7] 청교도 신학을 잘 이해하기 위해서는 웨스트민스터 총회와 그 문서들에 대해서 알고 있어야 한다. 반대로 청교도 신학을 잘 파악하면 웨스트민스터 문서들을 보다 깊이 있게 이해할 수 있다. 웨스트민스터 총회에서 작성된 문서들은 당대 최고의 청교도들이 작성한 문서들이며, 청교도 신학의 핵심을 잘 보여주기 때문이다.

웨스트민스터 신조들은 독특한 정치적 상황 속에서 탄생했다.[8] 17세기 중반

---

3 조엘 비키, 마크 존스, 『청교도 신학의 모든 것』, 김귀탁 역(서울: 부흥과개혁사, 2015), 15-16. 회중교회주의자들 가운데 대표자들은 토머스 굿윈(Thomas Goodwin, 1600-1680), 필립 나이(Philip Nye, c. 1595-1672), 윌리엄 브리지(William Bridge, 1600-1671), 후기 존 오웬(John Owen, 1616-1683) 등이었다. 이중에서 굿윈, 나이, 브리지는 웨스트민스터 총회에 참석했다. Van Dixhoorn, *The Minutes and Papers of the Westminster Assembly 1643-1652*, 1:209에 나오는 총회의 좌석 배치도(추측한 것)를 보라. 한편, "독립파", "분리파", "옹호자들" 등의 용어는 동일한 집단, 즉 회중주의적인 청교도들을 가리키는 용어이다. 비키, 존스, 『청교도 신학의 모든 것』, 제 39장 각주5를 보면, 그들이 가장 선호한 명칭은 "회중주의자(Congregationalists)"였다. 반대로, 그들은 "독립파"라고 불리기 싫어했는데, 그 명칭이 거만하고 뻔뻔하게 들렸기 때문이다. "Dissenting Brethren", *An Apologeticall Narration* (London: for Robert Dawlman, 1643), 23.
4 비키, 존스, 『청교도 신학의 모든 것』, 19.
5 비키, 존스, 『청교도 신학의 모든 것』, 17n18.
6 비키, 존스, 『청교도 신학의 모든 것』, 16.
7 비키, 존스, 『청교도 신학의 모든 것』, 16.
8 웨스트민스터 총회의 역사적 배경과 웨스트민스터 신조에 대한 설명으로는 아래 자료들을 참조

영국의 국왕이던 찰스 1세의 억압적인 종교 정책은 잉글랜드 국민과 스코틀랜드 국민 모두로부터 분노를 샀다. 저항은 먼저 스코틀랜드 쪽에서 일어났다. 스코틀랜드 전 국민은 1638년 장로교를 지키기 위해서 국민언약(the National Covenant)을 맺고, 찰스 1세를 대항하여 스코틀랜드 혁명을 일으켰다.9 왕은 군대를 보내 이를 진압하려 했으나, 오히려 스코틀랜드 군에 두 번이나 패배하고 말았다. 이로써 찰스 1세의 입지는 좁아졌다. 특히 계속해서 미뤄오던 의회를 개최하지 않을 수 없었다. 전비를 배상하기 위해 의회를 소집해야 했기 때문이다. 그리하여 열린 의회가 바로 장기의회(Long Parliament; 1640-1660년)이다.10 1640년 11월 3일에 열린 의회는 세 세력으로 구성되어 있었다. 장로교도들, 왕당파인 감독교회 지지자들, 크롬웰을 중심으로 하는 독립교회파들이 그들이다.11 상원과 하원 전체로 보자면 의회에는 왕당파보다

하라. 영어로 된 자료 중에 가장 권위 있는 자료는 아래의 것이다. Chad B. Van Dixhoorn, *The Minutes and Papers of the Westminster Assembly 1643-1652*, 5 vols. (Oxford: Oxford University Press, 2012); Chad B. Van Dixhoorn, "Westminster Assembly (act. 1643-1652)," *Oxford Dictionary of National Biography* (Oxford University Press, 2015), online ed.(A4 기본 프린팅으로 총 6쪽). Chad B. Van Dixhoorn, "Scottish Influence on the Westminster Assembly: A Study of the Synod's Summoning Ordinance and the Solemn League and Covenant," *Records of the Scottish Church History Society* 37 (2007), 55-88; Chad Van Dixhoorn, "Politics and Religion in the Westminster Assembly and the 'Grand Debate,'" in *Insular Christianity: Alternative Models of the Church in Britain and Ireland, c.1570-c.1700*, ed. Robert Armstrong and Tadhg Ó Hannracháin (New York: Manchester University Press, 2013), 129-48. 우리말로 된 자료는 아래와 같다. 로버트 레담, 『웨스트민스터 총회의 역사』, 권태경, 채천석 역(서울: 개혁주의신학사, 2014); 리차드 멀러, 로우랜드 워드, 『웨스트민스터 총회의 실천』, 곽계일 역(서울: 개혁주의신학사, 2014); 안토니 셀바지오, 『웨스트민스터 총회의 유산』, 김은득 역(서울: 개혁주의신학사, 2014); 김영재 편저, 『기독교 신앙고백』(수원: 영음사, 2011), 186-210; 유해무, 『헌법해설: 웨스트민스터 신앙고백서, 대소교리문답서』(서울: 고신총회, 2015); 김중락, 『스코틀랜드 종교개혁사』(안산: 흑곰북스, 2017); 김중락, "웨스트민스터 표준문서의 역사적 배경," 「re」 제 1호(2013), 72-81; 황희상, 『특강 종교개혁사─웨스트민스터 편』(흑곰북스, 2016); 김의환 편역, 『개혁주의 신앙고백』(대한예수교장로회총회, 2003), 10-29.

9 김중락, "웨스트민스터 표준문서의 역사적 배경", 76.

10 김영재 편저, 『기독교 신앙고백』, 188.

11 김영재 편저, 『기독교 신앙고백』, 188. 유해무, 『헌법해설』, 67에서 독립파는 1644년 1월에

는 장로교도들과 독립교회파 양측에 있던 청교도들이 더 많았다. 그리고 교회 정치적으로 보자면 의회는 독립교회를 지지하는 세력이 더 많았다. 왜냐하면 왕당파 역시 장로교주의보다는 에라스투스주의적 성격과 더 잘 맞는 독립교회 모델을 지지했기 때문이다.[12] 이것은 나중에 장로교파 목사가 다수를 차지했던 웨스트민스터 총회와 대조적이다.

　장기의회는 교회 개혁을 원했다. 하지만 국왕의 강력한 반대 때문에 진척이 없었다. 그래서 결국 왕당파와 나머지 의회파 사이에 내전이 발발했다. 이를 1642년 잉글랜드 혁명, 혹은 제1차 잉글랜드 내전(the First English Civil War, 1642-1646)이라고 부른다.[13] 전세는 내전 초기에는 의회파가 불리했다. 그러다가 1643년에 잉글랜드 청교도 지도자들과 스코틀랜드 장로교 지도자들 사이에 "엄숙동맹과 언약(Solemn League and Covenant)"을 맺고, 스코틀랜드 군이 의회파를 지원하면서부터 전세가 역전되었다.[14] 알렉산더 헨더슨과 다른 몇몇 사람들이 작성한 "엄숙동맹과 언약"은 1643년 8월 17일 스코틀랜드 교회의 승인을 받았으며, 잉글랜드 의회와 웨스트민스터 총회는 1643년 9월 25일에 그것을 승인했다.[15] 잉글랜드와 스코틀랜드가 모두 이 협정서에 서명한 후 1644년 1월 스코틀랜드는 잉글랜드에 군대를 파견하여

웨스트민스터 총회의 권위에 비판적인 책(일명, "대토론[Grand Debate]"으로 통칭됨)을 제출하면서 자기들을 "이견을 가진 형제들(Dissenting Brethren)"로 불러 달라고 요청하였으나, 회의는 이들의 항거에도 불구하고 1644년 2월 21일에 장로교 제도를 결의했다고 요약한다.

12 밴 딕스호른은 "의회"에는 독립교회적 정치를 지지하는 사람들이 장로교 정치를 지지하는 사람들보다 더 많았다고 분석한다. Van Dixhoorn, "Politics and Religion in the Westminster Assembly and the 'Grand Debate,'" 145.

13 참고로 이 시기 잉글랜드 내전들의 연대표는 아래와 같다. 제 1차 잉글랜드 내전(1642-1646), 제 2차 잉글랜드 내전(1648-1649), 제 3차 잉글랜드 내전(1649-1651).

14 김중락, "웨스트민스터 표준문서의 역사적 배경", 77; Van Dixhoorn, "Westminster Assembly (act. 1643-1652)," *Oxford Dictionary of National Biography*, 1/6.

15 유해무, 『헌법해설』, 46에서는 헨더슨이 엄숙동맹과 언약의 초안을 작성하였다고 한다. 하지만 실제로 문서 작성에는 헨더슨 외에 여러 작성자들이 있었다.

왕당파와 싸웠으며 결국 국왕 찰스 1세는 1646년 이들에게 항복했다.[16]

장기의회는 찰스 1세에게 이미 1642년 10월에 종교회의의 개최를 요구했다. 하지만 왕은 결정을 미루다가 1643년 6월 22일에 회의 소집을 재가하지 않기로 결정했다. 그러나 의회는 왕의 승인 없이 상원의 동의를 얻어 종교회의를 개최했다.[17] 이렇게 해서 개최된 종교회의가 바로 1643년 7월 1일에 소집된 "웨스트민스터 총회(the Westminster Assembly of Divines; 1643-1652)"였다.[18] 총회의 참석자들은 약 150명(스코틀랜드 특사들 제외)으로 목사가 약 120명, 상원의원이 10명, 하원의원이 20명이었다.[19] 그리고

---

16 나중에 올리버 크롬웰(1599-1658)과 독립파는 잉글랜드를 장악하게 되자 장로파에 대해 거의 관심을 가지지 않았고 "엄숙동맹과 언약"을 아예 무시했다. 그러자 1647년 찰스 1세가 오히려 "엄숙동맹과 언약"을 받아들이고 스코틀랜드 군에게 군사적 지원을 받았으나, 결국 독립파에게 패배해 1649년 처형당했다. 참고로 올리버 크롬웰은 토머스 크롬웰(c. 1485-1540)의 후손이다. 토머스 크롬웰은 헨리 8세 시절 수석장관을 지낸 인물이다. 올리버 크롬웰은 보통 호국경 크롬웰이라고도 불린다. 그는 청교도 혁명으로 영국의 군주제를 폐한 1658년 9월 3일부터 1658년 9월 3일에 죽을 때까지 호국경으로 잉글랜드, 스코틀랜드, 아일랜드를 다스렸다.

17 김영재 편저, 『기독교 신앙고백』, 188에 따르면 의회는 다섯 번이나 종교회의 소집을 건의했으나 거부당했고, 여섯 번째 입안에는 상원의 동의를 얻어서 왕의 승인 없이 개최되었다고 한다(유해무, 『헌법해설』, 40도 참조). 이렇게 왕의 재가 없이 종교회의를 개최한 것에 대한 법적인 근거는 39개조 신조의 제21조항이다. 거기서 귀족들도 이런 회의를 소집할 수 있다고 말하는데, 이 경우 의회는 국왕의 권한을 대표하는 것이라고 볼 수 있다. 유해무, 『헌법해설』, 65.

18 전체를 번역하면 "웨스트민스터 성직자 총회"라고 할 수 있다. 이때 성직자(divine)는 신학자(theologian)와 거의 같은 말이다. 하지만 웨스트민스터 총회에 참석한 성직자들은 오늘날로 보자면, 목회자와 신학자가 두루 섞여 있었다. 물론 목회자라고 해서 신학적 소양이 떨어진다고는 볼 수 없었다. 대부분의 목회자들이 적어도 석사 학위는 소지한 사람들이었다. Van Dixhoorn, "Westminster Assembly (act. 1643-1652)," *Oxford Dictionary of National Biography*, 3/6. 웨스트민스터 총회가 마친 날짜에 대해서 김중락, "웨스트민스터 표준문서의 역사적 배경", 80에서는 1649년 2월 22일로 보고 있으나, Van Dixhoorn, "Westminster Assembly (act. 1643-1652)," *Oxford Dictionary of National Biography*, 5/6에서는 1649년 이후에도 드물게 모였으며 1652년 3월에 끝나게 되었다고 적고 있다. 유해무, 『헌법해설』, 64에서도 마지막 회의는 1649년 2월 22일이었지만, 총회는 1652년 3월 25일까지 존속하면서 목사 시취를 계속하였다고 적고 있다.

19 김영재 편저, 『기독교 신앙고백』, 188과 김중락, "웨스트민스터 표준문서의 역사적 배경", 77과 유해무,『헌법해설: 웨스트민스터 신앙고백서, 대소교리문답서』, 42에서는 목사(신학자)가 121명이라고 정확하게 명시하고 있으나, Van Dixhoorn, "Westminster Assembly (act. 1643-1652)," *Oxford Dictionary of National Biography*, 1/6에서는 "약 120명가

스코틀랜드 장로교회에서 파견한 8명의 대표도 있었다.[20] 121명의 잉글랜드 목사들 가운데에는 장로교 목사와 회중주의자와 에라스투스주의자가 있었다.[21] 웨스트민스터 "총회"의 다수는 장로파 목사들이었다. 하지만 "의회"의 다수는 에라스투스주의자들로 인해 독립교회파를 지지하는 사람들이 다수였다.[22] 웨스트민스터 총회에 대해 오랜 연구를 수행한 밴 딕스호른(Van Dixhoorn)은 에라스투스주의자들이 독립교회파를 지지했기에 "의회"에는 독립교회적 정치를 지지하는 사람들이 장로교 정치를 지지하는 사람들보다 더 많았다고 분석한다.[23] 딕스호른은 아래와 같이 주장한다.[24] 1. 상원은 결코 회중교회주의자(독립교회파)가 다수였던 적은 없다; 2. 하원은 때로는 장로교주의자가, 때로는 회중교회주의자가 다수를 차지했다; 3. 모든 경우에 하원의 대부분 구성원들은 에라스투스주의자(국교회주의자)였다; 하원에서는 "에라스투스주의적 장로교주의자" 혹은 "에라스투스주의적 회중교회주의자"가 다수였다; 4. 웨스트민스터 총회에서는 장로교주의자가 회중교회주의자보다 약 10대 1의 비율로 수가 많았다.

따라서 총회는 신학적으로는 개혁주의 신학을 관철할 수 있었으나, 교회

량"(approximately 120 clergymen)"이라고 적고 있다.

20 김영재 편저, 『기독교 신앙고백』, 188에서는 스코틀랜드 장로교회의 대표가 6명이라고 하지만, 김중락, 『스코틀랜드 종교개혁사』, 266-67과 김중락, "웨스트민스터 표준문서의 역사적 배경", 78에서는 총 8명의 특사가 파견되었다고 한다.

21 보통 "독립파"라고 불리는 자들은 "회중주의자들"이었고, 그들의 대표는 굿윈, 나이, 브리지 등이었다(비키, 존스, 『청교도 신학의 모든 것』, 제 39장 각주5). 그들은 자신들이 "독립파"보다는 "회중주의자"라고 불리기 원했다. "Dissenting Brethren", *An Apologeticall Narration*, 23.

22 김중락, 『스코틀랜드 종교개혁사』, 269.

23 Van Dixhoorn, "Politics and Religion in the Westminster Assembly and the 'Grand Debate,'" 145.

24 2018년 11월 27일 필자에게 보낸 이메일에서 말한 내용이다. 딕스호른은 이런 내용을 다음에서 역사적으로 자세히 기술했다. Van Dixhoorn, *The Minutes and Papers of the Westminster Assembly 1643-1652*, vol. 1의 Introduction(특히 1-58쪽).

정치적으로는 한계가 있게 되었다. 그러나 잉글랜드 정치 위정자들의 간섭이 그렇게 강하게 작용했음에도 불구하고 웨스트민스터 총회를 통해서 웨스트민스터 표준문서들 즉, 『웨스트민스터 신조』(1646)와 『웨스트민스터 대소교리문답서』(1648), 『예배모범』, 『장로교회 정치 조례』, 『시편찬송』 등이 작성된 것은 하나님의 도우심이라 하지 않을 수 없다. 웨스트민스터 총회는 처음에 의회로부터 잉글랜드 국교회의 "39개조 신조"의 개정작업에 대해 명령을 받고 개정에 착수했다(1643년 7월 5일). 하지만 이 신조의 제16항을 수정할 때에 의회가 총회로 하여금 교회정치 문제를 취급하라고 명령하는 바람에 중도에서 끝이 났다(1643년 10월 13일).[25] 처음 몇 주간을 허송한 것 같지만, 나중에 이 수정 작업의 영향이 웨스트민스터 신조들을 작성할 때에 나타난다.[26]

웨스트민스터 신앙고백서는 1647년 2월에 잉글랜드 상원을 통과하였고 8월 20일에 스코틀랜드 교회에 의해 채택되었다. 대교리문답은 1647년 10월 22일에 작성이 끝났다.[27] 대소교리문답은 잉글랜드 의회에서는 1648년 9월에 통과되었는데, 스코틀랜드 교회는 1648년 7월 2일(대교리문답)과 28일(소교리문답)에 채택하였다.[28] 밴 딕스호른에 따르면, "소교리문답", "대교리문답"이라는 명칭은 당시 영국 국교회에서 사용되던 『공동기도서』(The Book of Common Prayer) 안에 있던 "소교리문답"과 국교회가 특별하게 재가(裁可)했던 알렉산더 노웰(Alexander Nowell)의 『교리문답』[29]을 흉내 낸 것이다.[30]

사실 잉글랜드 의회는 웨스트민스터 신앙고백서를 즉시 승인해 주지 않았

---

25 샤프, 『신조학』(2000), 226-27.
26 유해무, 『헌법해설』, 45.
27 Van Dixhoorn, "Reforming the Reformation," 76-77.
28 Westminster Assembly, *The Westminster Confession of Faith: Edinburgh Edition* (Philadelphia: William S. Young, 1851), 11, 163-65, 385-87.
29 Alexander Nowell, *Catechism* (London: John Daye, 1575).
30 Van Dixhoorn, "Reforming the Reformation," 77n74.

다. 하원은 초기의 사본에 불만을 표시하고 신앙고백서의 진술을 뒷받침하는 성구를 기입하라고 요구했다(1647년 4월 22일).[31] 그 요구는 즉시 시행되었다 (1647년 4월 29일에 시행; 4개월 정도 걸림).[32] 이처럼 신앙고백서의 성구들을 작성자들이 적절하게 기입할 수 있었다는 것은 그 작성자들이 이미 성경에 근거하여 신앙고백서를 작성하였음을 반증해 주는 사례이다.[33]

한 가지 기억해야 할 것은 웨스트민스터 신앙고백서와 대·소교리문답은 함께 읽어야 한다는 것이다. 청교도들은 이 세 신조들의 유기적 연관성을 생각하면서 그것들을 작성했다. 그렇기에 같은 교리를 다루더라도 소교리문답에 실린 성경인용과 대교리문답에 실린 성경인용이 다른 경우가 많으며, 웨스트민스터 신앙고백서 또한 다른 구절들을 인용하고 있음을 알게 된다. 이 경우 소교리문답에 실린 성경구절들만 가지고 그 교리를 이해해서는 안 되고, 대교리문답 및 웨스트민스터 신앙고백서에 실린 구절들과 함께 이해해야 한다. 웨스트민스터 신조들을 작성한 청교도들은 당연히 자기 교회의 신자들이 웨스트민스터 신앙고백서와 대·소교리문답을 함께 읽을 것으로 기대하면서 그렇게 유기적인 관계 속에서 신조들을 작성하였기 때문이다.

또한, 웨스트민스터 신조들을 제대로 이해하기 위해서는 그것을 작성한 사람들의 신학에 대한 깊은 이해가 있어야 한다. 웨스트민스터 신조나 대·소교리문답 정도를 가지고 "웨스트민스터 신학"의 모든 특징을 말하려는 것은 불합리하다. 웨스트민스터 신조와 교리문답은 웨스트민스터 총회 참석자들의 신학

---

31 김영재 편저, 『기독교 신앙고백』, 189.

32 샤프, 『신조학』(2000), 229.

33 신앙고백서의 원래 본문에서는 성경 구절이 빠져있었음을 지적하면서 웨스트민스터 신조가 성경에 근거하여 나온 것이 아니라는 주장은 전혀 근거가 없다. 총회 참석자들의 토론과정과 신조의 형성과정을 역사적으로 고찰해 보면 주도적으로 신조를 작성한 자들은 모두 성경에 정통하였고, 성경에 근거하여 각 항목들을 작성하였음을 알 수 있다.

"전부"가 아니라 "핵심"을 간단한 형태로 요약한 것이기 때문이다.

III. 웨스트민스터 신조에 나타난 신앙론

이제 웨스트민스터 신조들에서 신앙론이 어떻게 나타나는지 살펴보겠다. 이상에서 보듯이 청교도들은 격동적인 역사적 정황 속에서 많은 토론 가운데 이 신조들을 작성하였다. 특히 그들에게 신앙론은 매우 중요한 주제였다. 신앙에 대한 관점에 따라서 다른 교리 특히 구원론 역시 영향을 받기 때문이다. 웨스트민스터 신앙고백서 14장 1항에서는 구원 얻는 믿음에 관해 다음과 같이 기술한다.[34]

> 택함 받은 자들이 자신의 영혼을 구원에 이르게 하는 일을 가능하게 하는 이 믿음의 은혜는 그들 마음속에서 일하시는 성령님의 사역이며, 통상적으로 말씀 사역을 통해 일어나고, 말씀과 성례의 시행과 기도로 말미암아 증가되고 강화될 수 있습니다.

이 항목에서 강조되는 사실은 세 가지이다. 첫째, 구원 얻는 믿음은 은혜에 근거한다. 그것은 택함의 결과로 주어진다. 둘째, 구원 얻는 믿음은 성령과 말씀의 역사로 주어진다. 셋째, 구원 얻는 믿음은 은혜의 방편인 말씀과 성례와 기도로 증가되고 강화된다. 전체적으로 볼 때, 이 항목에서 가장 강조하는

---

34 이하에서 웨스트민스터 신조의 인용은 아래 책을 참조했다. 조엘 비키, 싱클레어 퍼거슨, 『개혁주의 신앙 고백의 하모니』, 신호섭 역(서울: 죠이북스, 2023). Westminster Assembly, *The Westminster Confession of Faith: Edinburgh Edition* (Philadelphia: William S. Young, 1851).

것은 구원 얻는 믿음은 하나님의 은혜로 주어진다는 사실이다. 웨스트민스터 신학자들은 믿음이 인간의 행위에 근거해서 주어지는 것이 아님을 분명히 한다. 이것은 웨스트민스터 소교리문답 86문답에서 "예수 그리스도 안에 있는 믿음"을 "구원 얻는 은혜"로 규정하고, "오직 그리스도만을 영접하고 그분만 의지하는 것"으로 정의 내리는 것과 일맥상통한다. 같은 맥락에서 웨스트민스터 대교리문답 72문답은 "의롭게 하는 믿음"을 성령과 말씀으로 역사하는 "구원 얻는 은혜"로 규정한다. 죄인은 자신의 죄와 비참과 스스로를 잃어버린 상태에서 회복시킬 수 없는 무능력 가운데 있기에 이 은혜가 없이는 구원 얻는 믿음이 생겨날 수 없다고 강조한다.

웨스트민스터 신앙고백서 14장 2항은 구원 얻는 믿음이 지닌 특성을 신자의 편에서 기술한다.

> 이 믿음으로 말미암아 그리스도인은 말씀 안에 계시된 것은 무엇이든지 말씀 안에서 말씀하시는 하나님의 권위 때문에 참된 것으로 믿습니다. 그리고 그 성경 말씀이 포함하고 있는 각각의 특정한 본문 말씀에 따라 다르게 행동하는데, 명령에는 순종하고 경고에는 두려워 떨며, 이 세상에서의 생명과 오는 세상에서의 생명을 위해 하나님의 약속들을 붙잡습니다. 그러나 구원을 얻는 믿음의 주요 행위는 은혜 언약의 효력으로 말미암아 칭의와 성화와 영원한 생명을 위해 오직 그리스도만을 영접하고 받아들이고 의지하는 것입니다.

이 항목에서 드러나는 구원 얻는 믿음의 특징은 한마디로 말해서 말씀과 그리스도를 붙잡는 믿음이라는 사실이다. 그 믿음은 하나님의 말씀에 철저하게 순종하려는 특징을 지닌다. 또한 구원 얻는 믿음에 수반되는 것은 칭의, 성화, 영생인데, 이 세 가지는 모두 그리스도를 영접하고 받아들이고 의지하는 데서 주어진다.

이어지는 3항에서 구원 얻는 믿음과 견인, 그리고 확신의 문제가 결부되어 나타난다.

> 이 믿음은 정도에 따라 달라서 약하기도 하고 강하기도 합니다. 또한 종종 여러 방식으로 공격당하여 약해지기도 하지만, 결국 승리합니다. 우리 믿음의 주요 또 온전하게 하시는 이인 그리스도를 통해 완전한 확신에 이르기까지 이 믿음은 여러 방법을 통해 자라갑니다.

구원 얻는 믿음은 때로 약해지기도 하고 강해지기도 한다. 그것은 1항에서 밝혔듯이 은혜의 방편을 사용함에 증가되기 때문이다. 하지만 중요한 것은 구원 얻는 믿음은 결국 승리한다는 사실이다. 그리고 완전한 확신에 이르기까지 자라나간다는 사실이다.

유사한 맥락에서 웨스트민스터 소교리문답 85문답과 대교리문답 153문답은 구원받기 위해서 하나님께서 요구하시는 것은 외적인 방편들을 부지런히 사용하는 것이라고 밝히고 있다. 특히 대교리문답 73문답은 인간의 선행이 인간을 의롭게 만들 수 없음을 분명히 한다. 오직 믿음만이 수단이 되어 그리스도의 의를 받아들이게 한다.

이처럼 청교도들에게 구원 얻는 믿음의 시작과 지속과 완성은 오직 하나님의 은혜에 달려 있었다. 이것은 예지예정론을 주장하면서, 믿음의 시작을 인간에게 두는 아르미니우스파와는 다른 결론이다. 예를 들어 웨스트민스터 총회에 참석했던 청교도 안토니 버지스(Anthony Burgess)는 칭의의 원인을 다음과 같이 파악한다. 칭의의 유효적 원인은 삼위일체 하나님이고, 형상적 혹은 공로적 원인은 그리스도의 의와 그의 능동적/수동적 순종이고, 도구적 원인은 믿음

이며, 목적 원인은 하나님의 영광이다.35

하지만 아르미니우스 신학의 경우, 믿음은 형상적 혹은 공로적 원인이 된다. 따라서 믿음은 인간의 행위로 여겨지며, 칭의를 얻는 공로가 된다. 물론, 아르미니우스는 믿음을 공로라고 직접적으로 표현하지는 않는다. 오히려 아르미니우스는 믿음은 공로 대신 오는 것이라고 주장한다.36 그는 믿음이 받아들여지거나 믿음에 저항할 수 있긴 하지만, 그럼에도 불구하고 여전히 믿음은 순전한 선물이며 공로도 아니고 공로에 따라 주어지는 것이 아니라고 주장한다.37 하지만 그의 신학을 논리적으로 추적하다 보면, 믿음은 칭의의 공로적 조건이 된다.38 이렇게 아르미니우스와 아르미니우스파는 구원론적 신인협력설39을 주장했는데, 웨스트민스터 신조들은 그러한 견해를 강력하게 거부하고 있다.

Ⅳ. 구원의 확신과 신앙론

35 Anthony Burgess, *The True Doctrine of Justification Asserted and Vindicated from the Errors of Papists, Arminians, Socinians, and Antinomians, in Thirty Lectures at Lawrence Jury* (London: Robert White, for Thomas Underhil, 1648), 2, 170, 182, 257; 박재은, 『칭의, 균형있게 이해하기』(서울: 부흥과개혁사, 2016), 21, 153n4에서 재인용.

36 Richard A. Muller, *God, Creation, and Providence in the Thought of Jacob Arminius* (Grand Rapids, MI: Baker, 1991), 163을 참조하라.

37 Jacobus Arminius, *The Works of James Arminius*, trans. James Nichols and William Nichols, London ed., 3 vols. (Grand Rapids, MI: Baker, 1986), 3:583. Keith D. Stanglin, *Arminius on the Assurance of Salvation: The Context, Roots, and Shape of the Leiden Debate, 1603-1609* (Leiden: Brill, 2007), 98에서 재인용.

38 Keith D. Stanglin and Thomas H. McCall, *Jacob Arminius: Theologian of Grace* (New York: Oxford University Press, 2012), 136.

39 Keith D. Stanglin, "Arminius and Arminianism: An Overview of Current Research," in *Arminius, Arminianism, and Europe: Jacobus Arminius (1559/60-1609)*, ed. Theodoor Marius van Leeuwen, Keith D. Stanglin, and Marijke Tolsma, Brill's Series in Church History 39 (Leiden: Brill, 2009), 3-24에서, 특히 8쪽에 있는 리처드 멀러의 주장을 참조하라.

구원의 확신 교리는 청교도 신앙론에서 매우 중요한 주제이다. 근래에 와서 여러 학자는 청교도의 구원의 확신론은 칼빈의 신학과 단절되는 지점이라고 주장한 적이 있다. 예를 들어 바실 홀(Basil Hall)이나 R. T. 켄달(Kendall)은 청교도의 확신론은 실험주의적 주관주의에 빠져 버렸고, 그 결과 웨스트민스터 신앙고백서는 신앙과 확신을 강하게 분리고 말았다고 주장했다. 홀과 켄달에 따르면, 그 결과 청교도의 신앙론은 칼빈의 신앙론과 크게 단절되어 버렸다는 것이다.[40] 보다 최근에 조엘 비키(Joel Beeke)는 홀과 켄달의 주장을 비판하고, 확신론에 있어서 칼빈과 웨스트민스터 신앙고백서는 사실상 연속선상에 있음을 설득력 있게 보여주었다. 이 글에서는 지면 관계상 그 논쟁을 다 소개할 수는 없으며, 청교도의 확신론의 주요 골자를 소개함으로써 청교도 신앙론의 중요한 단면을 보여주고자 한다.[41]

---

40 Basil Hall, "Calvin against the Calvinists," in *John Calvin*, ed. G. E. Duffield (Appleford: Sutton Courtenay, 1966) 19-37; R. T. Kendall, "Living the Christian Life in the Teaching of William Perkins and His Followers," in *Living the Christian Life* (London: Westminster Conference, 1974), 45-60; R. T. Kendall, *Calvin and English Calvinism to 1649* (New York: Oxford University Press, 1979); R. T. Kendall, "The Puritan Modification of Calvin's Theology," in *John Calvin: His Influence in the Western World*, ed. W. Stanford Reid (Grand Rapids, MI: Zondervan, 1982), 199-214. Joel R. Beeke, "Personal Assurance of Faith: The Puritans and Chapter 18.2 of the Westminster Confession," *Westminster Theological Journal* 55, no. 1 (1993), 1-30 (2쪽 각주4에서 재인용). 이 소논문과 아래의 박사논문을 혼동해서는 안 된다. Joel R. Beeke, "Personal Assurance of Faith: English Puritanism and Dutch 'Nadere Reformatie': From Westminster to Alexander Comrie (1640-1760)" (Ph.D. diss., Westminster Theological Seminary, 1989).

41 참고로 조엘 비키는 켄달과 같거나 비슷한 주장을 제시한 학자들로 아래의 학자들을 언급한다. Brian Armstrong, Karl Barth, John Beardslee, M. Charles Bell, Ernst Bizer, James Daane, Johannes Dantine, Edward Dowey, Otto Gründler, Philip Holtrop, Walter Kickel, Jürgen Moltmann, Wilhelm Niesei, Pontien Polman, Jack Rogers, Hans Emil Weber. Beeke, "Personal Assurance of Faith: The Puritans and Chapter 18.2 of the Westminster Confession," 2n4.

웨스트민스터 신앙고백서가 작성되기 이전에 이미 청교도들은 확신론에 대해 많은 글을 남겼다. 조엘 비키가 조사한 바에 따르면, 웨스트민스터 총회에 참석한 신학자들 가운데 적어도 25명이 신앙론과 확신론에 대한 글을 썼다.[42] 그들은 모두 다양한 관점에서 신앙론과 확신론을 제시했지만, 중심적인 부분에서는 교리적 일치를 이뤘다.[43]

첫째, 청교도들은 구원 얻는 신앙과 확신은 구분되어야 한다고 주장했다. 물론 구원 얻는 신앙은 신뢰와 확신을 포함한다. 하지만 구원에 대한 온전한 확신은 신앙의 열매이지 신앙의 본질은 아니다. 다시 말해서 구원에 대한 확신이 없다고 해서 구원을 못 받는 것은 아니라는 뜻이다. 잉글랜드의 시인이자 칼빈주의 침례교 작가였던 앤 더튼(Anne Dutton, 1692-1765)은 존 웨슬리에게 쓴 개인적인 서신에서, "믿음은 확신에서 분리될 수 있다. 혹은, 처음 활동할 때 믿음은 확신에 앞선다."라고 말하면서, 신앙과 확신을 구분하는 청교도적 관점을 대변했다.[44] 웨스트민스터 총회에 참석한 신학자였던 사무엘 러더포드(Samuel Rutherford)는 믿음은 확신을 포함하지만, 믿음의 성질을 생각할 때 확신과 믿음은 구분되어야 한다고 주장했다.[45] 웨스트민스터 신학자들

---

42 아래의 청교도들이 그들이다. John Arrowsmith, William Bridge, Anthony Burgess, Cornelius Burgess, Jeremiah Burroughs, Richard Byfield, Joseph Caryl, Daniel Cawdrey, Thomas Gataker, George Gillespie, Thomas Goodwin, William Gouge, William Greenhill, Robert Harris, John Ley, John Lightfoot, Philip Nye, Edward Reynolds, Samuel Rutherford, Henry Scudder, Obadiah Sedgwick, William Spurstowe, William Twisse, Richard Vines, and Jeremiah Whitaker. Beeke, "Personal Assurance of Faith: The Puritans and Chapter 18.2 of the Westminster Confession," 4에서 재인용.

43 이하에서 나열된 네 가지 특징들과 청교도들의 작품은 모두 Beeke, "Personal Assurance of Faith: The Puritans and Chapter 18.2 of the Westminster Confession," 4-10에 나오는 내용을 요약하거나 새롭게 재구성한 것이다.

44 조엘 비키, 『믿음의 확신을 누리는 삶』, 김효남 역(서울: 좋은씨앗, 2023), 185-86.

45 Samuel Rutherford, *Christ Dying and Drawing Sinners to Himselfe* (London: J. D. for Andrew Cooke, 1647), 85.

(Westminster Divines) 중 한 사람이었던 안토니 버지스는 그리스도께 붙어 있는 신앙과 그리스도 안에 있는 신앙의 확신은 다르다고 주장했다. 때때로 신앙의 확신은 죄로 인하여 손상당하기도 하기 때문이다.[46]

둘째, 청교도들은 확신이 삼위일체의 공동사역이지만 세 위격 중에서도 특히 성령의 경륜적 사역이라고 강조했다. 성령은 하나님의 약속을 그리스도 안에서 적용하시는 분이다. 성령은 말씀을 신자의 양심 가운데 증언한다. 성령은 신자가 선행과 순종 가운데 살아가도록 돕는다. 이러한 일들을 하면서 성령은 신자가 신앙의 확신을 얻도록 한다.[47] 폴 베인(Paul Bayne)이 요약하듯이, 성령은 다양한 수단을 통해서 신자가 구원의 확신에 이르도록 역사한다.[48]

셋째, 청교도들은 확신이 성령의 인(seal) 치시는 사역이며, 그것은 은혜 언약과 그리스도의 구속 사역에 근거하고 있다고 가르쳤다. 청교도들은 은혜 언약과 그리스도의 구속 사역이 하나님의 영원한 선택에서 드러난 주권적이고 선하신 뜻과 사랑에 토대를 두고 있다고 가르쳤다. 제레마이어 버로우스(Jeremiah Burroughs)와 존 프레스톤은 은혜 언약이 근거가 되어 구원의 확신이 주어지는데, 하나님은 은혜 언약을 파기하지 않을 것이기 때문이라고 설명했다.[49]

넷째, 청교도들에 따르면, 확신은 신자의 삶에서 완벽하게 이뤄지지는 않는

---

46 Anthony Burgess, *Spiritual Refining or a Treatise of Grace and Assurance* (repr. Ames, IA: International Outreach, 1990), 672.

47 Beeke, "Personal Assurance of Faith: The Puritans and Chapter 18.2 of the Westminster Confession," 6.

48 Paul Bayne, *A Helpe to trve Happinesse. Or, a briefe and learned exposition of the maine and fundamental points of Christian religion* (London: I. H. for W. Bladen, 1622), 191.

49 Jeremiah Burroughs, *An Exposition of the Prophecy of Hosea* (repr. Beaver Falls, PA: Soli Deo Gloria, 1988), 590; John Preston, *The New Covenant or the Saints Portion: A Treatise Unfolding the all-sufficiencie of God, Man's uprightness, and the Covenant of Grace*, 10th ed. (London: I. D. for Nicholas Bourne, 1639), 224-27.

다. 모든 신자는 어느 정도 의심과 시험에 시달리기 때문이다. 하지만 확신은 절대 가볍게 무시할 것은 아니고, 언제나 진지하게 추구되어야 할 것이다. 특히 청교도들은 확신을 얻기 위해서 은혜의 방편을 부지런히 사용하도록 권면했다.[50] 구원의 확신을 누리는 신자는 겸손하며, 자기를 부인하고, 하나님의 뜻을 두려움 가운데 받들며, 하나님을 기쁘시게 섬기며, 하나님과 신자들을 신실하게 사랑하고, 그리스도를 열렬하게 사모하며, 성령의 도움을 받으며 평화와 기쁨 속에서 살아가며, 선을 행한다.[51]

이처럼 웨스트민스터 신앙고백서가 작성되기 전에도 여러 청교도들은 확신론에 있어서 이상과 같은 일치를 이루었다. 그렇다면 웨스트민스터 신앙고백서 제18장에 나오는 확신론이 청교도들의 신학을 어떻게 반영하고 있을까? 아래와 같이 네 가지 특징을 지적할 수 있다.[52]

첫째, 웨스트민스터 신앙고백서 18장에 나오는 확신론은 인간 중심적이지 않고 하나님 중심적이다. 신자는 자신의 내면을 주목함으로써 확신을 얻게 되는 것이 아니다. 오히려 신자는 그리스도 안에서 나타난 하나님의 신실하심을 바라보면서 확신을 얻게 된다. 웨스트민스터 총회 신학자인 에드워드 레이놀즈(Edward Reynolds)는 "약속 없이 소망하는 것은 마치 닻을 물에 두고 파도를 잡으려 하면서 배가 안전하기를 기대하는 것이다... 약속은 우리 정화의 작용인이며, 우리 신앙의 목표이다. 우리는 약속 없이 감히 믿으려 해서는

---

50 William Gouge, *A Learned and very useful Commentary on the whole Epistle to the Hebrews, being the substance of thirty years Wednesdayes lectures at Black-fryers* (repr.; Grand Rapids, MI: Kregel, 1980), 426.

51 Charles Lloyd Cohen, *God's Caress: the Psychology of Puritan Religious Experience* (New York: Oxford University Press, 1986), 101을 참조하라.

52 이하의 네 가지 특징 및 인용한 작품들은 Beeke, "Personal Assurance of Faith: The Puritans and Chapter 18.2 of the Westminster Confession," 11-15에 나오는 내용을 요약하거나 새롭게 재구성한 것이다.

안 된다."라고 적고 있다.[53]

둘째, 하나님의 약속에 확신의 근거를 두면서 웨스트민스터 신앙고백서 18장 2절은 하나님의 오래 참으심과 신자의 견인 사이의 연결을 강조한다. 이것은 웨스트민스터 신앙고백서 3장 8절의 가르침, 즉 "하나님의 뜻을 주목하고 그 뜻을 순종하는 자는 효력 있는 소명의 확실성으로부터 자신의 영원한 선택을 확신할 수 있다."라는 내용과 상관성을 가진다. 웨스트민스터 총회의 의장이었던 윌리엄 트위스(William Twisse)는 롬 8:30[54]에 나오는 황금사슬을 가장 확신하는 방법은 경험적 확신과 하나님의 약속을 엮어 짜는 것이라고 보았다.[55]

셋째, 웨스트민스터 신앙고백서 제18장 2절에 나오는 확신론은 삼위일체론적이다. 사무엘 러더포드는 자신의 『교리문답』 제31장에서 구원의 확신에 대해 다룬다.[56] 제361문답에서 그는 칭의의 두 번째 열매는 구원의 확신이라고 가르친다. 또한 제363문답에서는 구원을 확신하는 근거들이 하나님의 작정, 하나님의 능력, 하나님의 맹세, 그리고 그리스도의 기도라고 가르친다. 제364문답에서 구원의 확신에 대한 우리 안의 근거는 "하나님의 성령께서 끝까지 우리 안에 거하신다는 것"이라고 가르친다. 특히 성령은 우리의 영과 더불어

---

53 Edward Reynolds, *Three Treatises of The Vanity of the Creature. The Sinfulnesse of Sinne. The Life of Christ* (London: B. B. for Rob Bastocke and George Badger, 1642), 1.340, 342.

54 [롬 8:30, 개역개정] 또 미리 정하신 그들을 또한 부르시고 부르신 그들을 또한 의롭다 하시고 의롭다 하신 그들을 또한 영화롭게 하셨느니라.

55 William Twisse, *The Doctrine of the Synod of Dort and Arles, reduced to the practise* (Amsterdam: G. Thorp, 1631), 146-48; William Twisse, *A treatise of Mr. Cottons, Clearing certaine Doubts Concerning Predestination, Together with an Examination Thereof* (London: Printed by J. D. for Andrew Crook, 1646), 63, 94-95, 104-113.

56 사무엘 러더포드, 『사무엘 러더포드의 교리문답』, 정성호 역(군포: 도서출판 다함, 2022), 133-37(361-372문답)을 보라.

우리가 하나님의 자녀이며 상속자라고 증언하신다. 그리스도 자신이 모든 약속의 총체, 기원, 인장, 보고가 되신다.[57]

넷째, 웨스트민스터 신앙고백서 18장 2, 3, 4절에 나오는 확신론은 청교도의 "실천적 삼단논법"(*syllogismus practicus*)을 거부하지 않지만, 그것을 절대화하지는 않는다. 실천적 삼단논법이란 선택의 확신을 얻기 위해서 만든 논리적인 삼단논법을 뜻한다.[58] 가장 단순한 형태는 프란키쿠스 투레티누스의 『변증신학강요』(4.13.4)에 나온다. "누구든지 참되게 믿고 회개하는 자는 예정되었다. 지금 나는 믿고 있다. 따라서 나는 예정되었다."라는 삼단논법이다.[59] 웨스트민스터 신앙고백서 18장 3절은 확신이 많은 어려움을 겪은 후에야 비로소 소유할 수 있는 것이라고 가르친다. 또한 18장 4절에는 신자가 확신이 흔들리기도 하며, 심지어 흑암 속에서 빛도 없이 행하는 지경까지 될 수도 있다고 지적한다. 하지만 18장 2절은 확신의 근거가 성령의 증거에 기초하고 있기에 성령이 신자의 유업의 보증이 되신다고 분명히 가르친다. 따라서 확신의 근거는 신자의 행위가 아니라, 성령이심을 웨스트민스터 신앙고백서는 확고하게 한다. 신앙의 목표는 그리스도이다. 하나님의 약속의 말씀은 신자로 하여금 그리스도를 바라보게 한다. 따라서 말씀 가운데 그리스도만 의지하고 붙드는 신자는 확신에서 떨어져 나가지 않을 것이다.

---

57 Reynolds, *Three Treatises of The Vanity of the Creature*, 1.365.
58 Richard A. Muller, *Dictionary of Latin and Greek Theological Terms: Drawn Principally from Protestant Scholastic Theology* (Grand Rapids, MI: Baker Academic, 2017), 350–351. 보다 자세한 논의는 아래 글을 보라. 리처드 멀러, "칼빈과 베자, 이후 개혁신학의 구원의 확신과 '실천적 삼단논법'," 『칼빈과 개혁전통』, 김병훈 역(서울: 지평서원, 2017), 411-64.
59 프란키쿠스 투레티누스, 『변증신학강요』, 박문재, 한병수 역(서울: 부흥과개혁사, 2017), 572 (4.13.4): "Quisquis vere credit et resipiscit electus sit; Atqui ego credo etc.; Ergo electus sum."

V. 구원의 서정과 신앙론

이제 마지막으로 "구원의 서정"(*ordo salutis*) 교리와 신앙론의 관계를 살펴보겠다. 최근의 개혁파 교의학 혹은 조직신학 서적들은 구원의 서정 교리를 당연한 것으로 여기면서 다룬다. 가령, 헤르만 바빙크의 경우 소명, 중생, 믿음, 회개, 칭의, 성화, 견인, 영화의 단계를 제시한다.[60] 하지만 구원의 서정 교리에 대한 반대도 있었다. 저명한 리츨 학파 교의학자인 율리우스 카프탄(Julius Kaftan)은 전통적인 구원의 서정 교리는 내적 통일성을 결여하고 있으며 폐지되어야 마땅하다고 주장했다. 그는 소명을 은혜의 방편인 말씀이라는 항목에서 다룬다. 또한 그는 중생, 칭의, 신비적 연합을 그리스도의 구속 사역에서 다루며, 회심과 성화는 기독교 윤리학에 속하는 것으로 분류한다.[61] 하지만 카프탄의 견해는 구원의 서정 교리에 대한 오해에서 비롯된 것이다. 오히려 제대로 정립된 구원의 서정 교리는 신자의 신앙에 큰 도움을 준다. 물론 성경은 완벽한 구원의 순서를 명시적으로 제시하고 있지는 않다. 하지만 분명한 것은 성경 역시 구원의 순서에 대한 충분한 기초를 제공해 준다는 사실이다.[62]

청교도들은 로마서 8장 28-30절(혹은 29-30절)을 "황금사슬"이라고 부르면서, 구원의 서정에 대한 기초적인 교리를 제시했다. 리처드 멀러에 따르면, "구원의 서정"이라는 용어 자체는 18세기 초 루터파 정통주의자들이 교의학적

---

60 헤르만 바빙크, 『개혁교의학』, 박태현 역(서울: 부흥과개혁사, 2011), 3:607-743(제49장, "구원의 서정", ##410-432)을 보라. 바빙크의 설명에서 "입양(양자 됨)"은 칭의 안에 포함된 것으로 봐야 한다.

61 Julius Kaftan, *Dogmatik*, 8th ed. (Tübingen: Mohr, 1920), 518-56 (§§54-57); 루이스 벌코프, 『조직신학』(합본), 권수경, 이상원 역(서울: 크리스챤다이제스트, 2000), 660.

62 벌코프, 『조직신학』, 661.

표준 용어로 사용하기 시작했다.[63] 그 이후에 그 교리는 다양한 용어로 불리기 시작했으니, "구원의 획득"(Heilsaneignung), "구원의 길"(Heilsweg), "구원의 서정"(Orde des Heils), "구원의 방법 혹은 길"(Way of Salvation), "신성한 순서"(göttlicher Ordnung)[64] 등의 용어로 불렸다. 하지만 17세기까지는 "구원의 서정"(ordo salutis)이라는 전문용어가 사용되지 않았다. 제베르크는 요한 프란츠 부데우스(Johann Franz Buddeus, 1667-1729)의 『교의신학강요』(Institutiones theologiae dogmaticae, 1723)에서 "ordo salutis"라는 용어가 처음 사용된 것을 확인하였다.[65]

존 페스코는 구원의 서정 교리에 대한 현대 학자들의 8가지 비판을 제시하고 그것에 대해 하나씩 반박했다. 그 8가지 비판은 다음과 같다.[66]

첫째, 구원의 서정 교리를 위해서 롬 8:30만 사용하는 것은 불충분하다.

둘째, 구원의 서정 교리는 불링거 같은 초기 종교개혁자의 작품에 맹아적 형태로 나타나긴 하지만, 궁극적으로 17-18세기 루터파 경건주의의 산물이며, 이후에 개혁파가 도입했다.

셋째, 구원의 서정 교리는 칼빈의 신학을 떠난 것이며, 개혁파 신학을 왜곡한다. 베르카우브르(Berkouwer)는 구원의 서정 교리가 성경에는 낯선 것이며

---

63 리처드 멀러, "'황금 사슬'과 구원의 인과관계: 개혁파 구원의 서정(Ordo Salutis)의 시작," 『칼빈과 개혁전통』, 김병훈 역(서울: 지평서원, 2017), 273-41(276쪽을 보라). 아울러 아래 저술도 구원의 서정 교리에 대한 비판과 거절에 대해 다룬다. John V. Fesko, "Rejection and Criticism of the Ordo Salutis," in Beyond Calvin: Union with Christ and Justification in Early Modern Reformed Theology (1517-1700) (Göttingen: Vandenhoeck & Ruprecht, 2012), 53-75.

64 필립 슈페너의 『신앙론』(Glaubenslehre, 1710)에 나오는 용어다. 멀러, "'황금 사슬'과 구원의 인과관계," 277.

65 Reinhold Seeberg, "Heilsordnung," in Realencyklopädie für protestantische Theologie und Kirche, ed. Johann Jakob Herzog, vol. 7 (Leipzig: J. C. Hinrichs' Buchhandlung, 1899), 593-94. 멀러, "'황금 사슬'과 구원의 인과관계," 277에서 재인용.

66 Fesko, "Rejection and Criticism of the Ordo Salutis," 74-75.

신학이 아니라 인간학에 속한다고 주장했다.

넷째, 그리스도와의 연합 교리와 구원의 서정 교리는 서로 상충한다.

다섯째, 구원의 서정 교리는 구속을 그리스도와의 연합과 함께 동시적으로 보기보다 단계별 순서로 나누어 논리적, 시간적 또는 인과적 구조를 제시한다.

여섯째, 구원의 서정 교리는 전가된 의라는 비성경적인 개념을 보호하기 위해 만들어졌다.

일곱째, 구원의 서정 교리는 진정한 성경신학에서 제외되어야 하는데, 성경신학(또는 구속사)이 조직신학을 규제하기 때문이다.

여덟째, 구원의 서정 교리는 구속의 순서 있는 적용, 구속의 적용이라는 두 가지 구분되는 의미가 있다.

이러한 비판에 대해서 존 페스코는 상세하게 대답한다.[67] 그의 주장은 아래와 같이 요약된다.

첫째, 구원의 서정 교리는 롬 8:30에만 근거하는 것이 아니다. 초기 근대의 개혁 신학자들은 하나의 교리를 형성하기 위해서 다양한 구절들을 엮어 짜면서 형성했기 때문이다.

둘째, "구원의 서정"이라는 용어는 불링거뿐 아니라, 피터 마터 버미글리, 아우구스틴 말로랏(Augustin Marlorat, 1506-1560) 등의 작품에서도 발견된다. 그리고 그 개념 자체는 아우구스티누스의 신학에서 이미 발견된다.[68]

---

67 John V. Fesko, "The Development and Use of the Ordo Salutis," in *Beyond Calvin: Union with Christ and Justification in Early Modern Reformed Theology (1517-1700)* (Göttingen: Vandenhoeck & Ruprecht, 2012), 76-102.

68 Augustine of Hippo, "Lectures or Tractates on the Gospel according to St. John," in *St. Augustin: Homilies on the Gospel of John, Homilies on the First Epistle of John, Soliloquies*, ed. Philip Schaff, trans. John Gibb and James Innes, vol. 7, A Select Library of the Nicene and Post-Nicene Fathers of the Christian Church, First Series (New York: Christian Literature Company, 1888), 173 (tractate 26.15): "And thus He would have this meat and drink to be understood as meaning the fellowship

셋째, 구원의 서정 교리는 칼빈의 신학에도 맹아적으로 나타난다. 칼빈이 롬 8:30에 대해서 주석한 부분을 보면 알 수 있다.

넷째, 멜란히톤, 칼빈, 불링거, 버미글리, 잔키우스, 말로랏 등은 모두 구원의 서정 교리와 그리스도와의 연합 교리를 함께 제시할 수 있었다.69

다섯째, 폴라누스의 경우를 보면 구원의 서정 교리를 그리스도와의 연합과 함께 동시적으로 볼 수 있는 설명을 제시하고 있다.70

여섯째, 전가된 의라는 개념이 비성경적이라는 주장은 근거가 없으며, 구원의 서정 교리는 의의 전가 교리를 합리화시키기 위해서 나온 교리가 아니다. 오히려 헤이코 오버만의 주장에 따르면, 초기 근대 개혁신학자들은 그리스도의 의가 우리의 고유재산(our property)은 아니지만, 우리의 소유(our possession)라는 뜻으로 의의 전가 개념을 설명한 것을 알 수 있다.71

일곱째, 구원의 서정 교리는 오히려 성경이 제시하는 구원에 대한 가르침을 이해하도록 돕는 교리이다.

여덟째, 구원의 서정 교리는 구속의 순서 있는 적용을 말하기는 하지만, 구속의 적용을 일관성 있게 이해하고 또한 총체적으로 이해하도록 돕는 교리이다.72

---

of His own body and members, which is the holy Church in his predestinated, and called, and justified, and glorified saints and believers. Of these, the first is already effected, namely, predestination; the second and third, that is, the vocation and justification, have taken place, are taking place, and will take place; but the fourth, namely, the glorifying, is at present in hope; but a thing future in realization." (밑줄은 연구자의 것)

69 Fesko, "The Development and Use of the Ordo Salutis," 82.

70 Fesko, "The Development and Use of the Ordo Salutis," 83.

71 Heiko Oberman, "'Iustitia Christi' and 'Iustitia Dei': Luther and the Scholastic Doctrine of Justification," *Harvard Theological Review* 59/1 (1966), 21, 25; cf. Daphne Hampson, *Christian Contradictions: The Structures of Lutheran and Catholic Thought* (Cambridge: Cambridge University Press, 2001), 24.

72 이 부분은 주로 리처드 개핀의 주장에 대한 논박이다. Fesko, "The Development and

이상과 같이 구원의 서정 교리가 성경적이며 또한 교부적 근거와 종교개혁신학적 근거가 있는 교리라고 한다면, 청교도의 신앙론을 다루는 이 글에서는 그 교리와 믿음의 관계는 어떠한지를 묻고자 한다.

여러 청교도 가운데 윌리엄 에임스는 구원의 서정 교리를 아주 친절하게 잘 다룬 사람으로 유명하다. 그는 자신의 주저, 『신학의 정수』에서 그리스도께서 주시는 구속의 적용을 설명하면서, 예정, 부르심, 칭의, 양자 됨, 성화, 영화의 순서로 구원론을 다뤘다.[73] 『신학의 정수』에서 에임스가 "구원의 서정"이라는 표현을 문자적으로 사용한 것은 아니다. 하지만 그가 다룬 내용은 이 글에서 다루는 구원의 서정 교리와 사실상 동일하다.

에임스는 예정론을 다루면서, 하나님께서 작정에서는 수단 이전에 목적을 의도하셨지만, 실행에 있어서는 수단을 의도하시고 그 수단들을 쓰셔서 목적으로 인도한다고 주장한다. 그러면서 살후 2:13을 인용하는데, 하나님은 우리가 믿음을 통하여 구원을 얻게 하셨다고 설명한다(25.14).[74] 따라서 믿음은 구원을 얻는 수단이 된다.

에임스는 구속의 적용을 구체적으로 말하면서, 두 부분의 적용이 있다고 주장한다. 하나는 그리스도와의 연합이요, 다른 하나는 그러한 연합에서 유래하는 유익들에 참여하는 것이다(26.1).[75] 그리스도와의 연합은 부르심에 의해 성취된다(26.3). 부르심은 구속의 적용에서 가장 중요한 것이며, 선택이 시행되는 첫 번째 행위다(26.5; 고전 1:26-28). 부르심은 두 가지로 구성되는데,

---

Use of the Ordo Salutis," 65-66.

73 윌리엄 에임스, 『신학의 정수』, 서원모 역(서울: 크리스챤다이제스트, 1992 [중쇄 2007]).

74 에임스, 『신학의 정수』, 206 (25.14). 이 문장을 포함해서 이하에서 문장 뒤에 나오는 괄호 안의 숫자는 『신학의 정수』의 장과 절이다.

75 에임스의 신학을 보더라도 그리스도와의 연합 교리와 구원의 서정 교리를 대립시키려는 입장이 잘못되었다는 것을 알 수 있다.

하나는 그리스도의 제시이며, 다른 하나는 그리스도를 영접하는 것이다(26.7). 그리스도를 제시하는 것은 그리스도에 대한 진리를 믿도록 제시하는 것이다. 이 진리가 바로 신앙의 대상이 된다(26.9). 그리스도의 제시는 외적인 제시 즉 복음이 있으며, 내적인 제시 즉 영적인 감화가 있다(26.10, 11, 14). 그리스도를 제시받은 인간은 은혜로 인해 그를 영접하게 된다. 이를 수동적 영접이라고 하는데, 여기에서 인간은 오직 순종하는 역할만 수행한다(26.20, 21, 25). 반면에 능동적 영접이란 부르심을 받은 자가 그리스도를 자신의 구주로 전폭적으로 의뢰하는 신앙적 행위다(26.26). 이러한 신앙을 갖기 위해서는 이미 의지가 전환되어야 가능하다. 따라서 신앙은 회개와 결합되기 마련이다(26.29). 이런 점에서 회개는 신앙과 동일한 원인과 원리를 가지는데, 양자 모두 하나님의 자유로운 선물이기 때문이다(26.30). 신앙은 그리스도를 통해 하나님을 지향하며, 하나님과 화해를 추구한다(26.30). 회개는 하나님께 죄를 범한 것을 인정하며 하나님의 선한 의지에 자신의 의지를 맞추는 과정이다(26.30). 이 부분에서 에임스는 회개와 믿음 둘 중에 무엇이 먼저인지를 다룬다. 그에 따르면,

> 회개가 율법과 연관된 걱정, 근심, 두려움으로 구성되는 한, 회개는 예비하고 준비시키는 원인으로서 본성의 질서에 있어서 신앙보다 선행하며, 심지어 중생하지 못한 자에게서도 발견된다. 하지만 회개가 인간을 효과적으로 그리고 진정으로 하나님에 대해 범한 죄로부터 돌이키게 하는 것을 의미할 때, 이는 신앙 이후에 오며 원인에 대한 결과로 신앙에 의존하며 신앙을 가진 자에게 속한다(26.31).[76]

---

[76] 에임스, 『신학의 정수』, 213-14 (26.31).

만일 회개가 율법에 대한 두려움에 그친다면 이것은 믿음보다 먼저 오는 것이다. 하지만 효과적인 회개는 믿음에 의존하며, 믿음 이후에 오는 것이다.[77] 회개는 신앙보다 먼저 인식되는 경우가 있다. 왜냐하면 죄인은 죄를 뉘우치고 중지했다고 느끼기 전까지는 그리스도 안에서 하나님과 화해했다고 인식하기 쉽지 않기 때문이다(26.34). 하지만 신앙이 먼저 오고 회개가 뒤따른다고 보는 것이 올바른 이해다.

이어서 에임스는 칭의를 다루는데, 칭의 역시 신앙과 매우 밀접한 관련성을 지닌다. 그에 따르면, "칭의란 하나님이 신앙에서 포착된 그리스도로 인해 신자를 죄와 사망을 면하게 하고 그를 의롭고 생명을 받을 만한 가치가 있다고 간주하는 하나님의 은혜로운 판단"이다(27.6; 롬 3:22, 24). 즉 칭의는 판결을 선언하는 것이다(27.7). 에임스에 따르면, 아퀴나스와 그의 추종자들은 칭의를 불의의 상태에서 의의 상태로 실제적인 전이로 파악하고 있는데, 이것은 오류이다(27.8). 에임스는 칭의를 여러 가지로 나눈다. 첫째로, 칭의는 하나님의 작정 안에 있었다(27.9; 갈 3:8). 둘째로, 칭의는 그리스도께서 사망에서 일어났을 때 그에게 선언되었다(27.9; 고후 5:19). 셋째로, 칭의는 믿을 때 실제적으로 선언된다(27.9; 롬 8:1). 칭의는 은혜로운 판단인데, 하나님의 공의에 의해서가 아니라 하나님의 은혜에 의해서 주어지기 때문이다(27.10). 칭의는 그리스도 때문에 일어나며, 칭의에서는 그리스도의 의가 신자에게 전가된다(27.11, 12; 고후 5:21, 빌 3:9). 신앙은 도구적 원인으로 칭의에 선행한다(27.14). 믿음으로 그리스도를 붙잡을 때 그의 의가 전가된다(27.14). 의롭게 하는 믿음은 그리스도를 온전한 대상으로 바라본다(27.17). 칭의는 오직 그리스도 안에서만 구해진다(27.18). 의롭게 하는 믿음은 본성상 그리스도 안에

---

[77] 따라서, 위에서 바빙크가 소명(부르심), 중생, 믿음, 회개, 칭의, 성화, 견인, 영화의 순서로 구원의 서정을 다룰 때, 회개는 후자의 의미이며 믿음 뒤에 온다.

있는 은혜와 자비에 대한 견고한 확신을 야기시킨다(27.19). 하지만 확신의 느낌이 항상 현존하는 것은 아니며, 확신에는 수많은 단계들이 존재함을 기억해야 한다(27.19).[78] 믿음으로 의롭게 된 사람은 과거와 현재와 미래의 죄가 모두 사해진다(27.23; 요 5:24). 과거 혹은 현재의 죄는 미래의 죄가 사해지지 않는다면 완전히 사해질 수 없기 때문이다(27.23). 과거의 죄가 특별히 사해졌다면, 미래의 죄는 잠재적으로 사해졌다(27.24). 하지만 믿음으로 의롭게 된 자는 매일 사죄를 필요로 한다. 왜냐하면 은혜의 지속이 그들에게 필수적이기 때문이다(27.25). 칭의는 죄의 용서뿐 아니라 의의 전가까지도 내포한다(27.26; 롬 5:18, 계 19:8, 롬 8:3). 의의 전가는 죄의 용서와 함께 그리스도의 전적인 순종에서 일어난다(27.27).[79]

다음으로 에임스는 양자 됨을 다룬다. 양자 됨이란 "하나님께서 신자들을 그리스도로 인해 아들 됨의 영예를 주시는 하나님의 은혜로운 판단"이라고 그는 정의한다(28.1; 요 1:12). 이러한 판단은 칭의와 동일한 단계로 진행되는데, 우선 하나님의 예정 안에 있었고, 그리스도 안에 있었고, 신자들 가운데 실제로 이뤄진다(28.3). 양자 됨은 칭의 이후에 따라 나온다. 양자 됨에 의해 의롭게 되는 것이 아니라, 의롭게 되었기에 양자 됨이 이뤄진다(28.4). 소명과 칭의가 양자 됨의 근거가 되는데, 양자 됨의 권리는 신앙과 신앙의 의에 의해 획득되기 때문이다(28.5; 요 1:12). 양자 됨은 신앙에서 유래하고, 칭의는 신앙

---

78 이 점에 있어서 에임스의 주장은 웨스트민스터 신앙고백서의 가르침과 일치한다.

78 이 점에 있어서 에임스의 주장은 웨스트민스터 신앙고백서의 가르침과 일치한다.

79 그리스도의 능동적 순종과 수동적 순종에 대해서는 아래의 문헌을 보라. 우병훈, "교회사 속에 나타난 그리스도의 능동적 순종 교리: 초대교회부터 종교개혁기까지 주요 신학자들을 중심으로," 「갱신과부흥」 29 (2022), 7-70; 권경철, "웨스트민스터 표준문서와 그리스도의 '온전한 순종' 문제: 안토니 버지스(Anthony Burgess, 1600-1664)의 『참된 칭의 교리』로부터 단초 찾기," 「갱신과 부흥」 28 (2021), 143-72; 김병훈, "그리스도의 수동적 순종과 피스카토르(Johannes Piscator, 1546-1625)-논점정리," 「신학정론」 39/1 (2021), 241-271; 김재성, 『그리스도의 능동적 순종』(고양: 언약, 2021), 유창형, "죄사함과 의의 전가를 중심으로 한 칼빈의 칭의론과 그 평가," 「성경과 신학」 52 (2009), 1-35.

과 양자 됨 사이에 온다(28.6). 이후에 에임스는 인간 사회의 입양과 신적인 입양이 어떻게 다른지 설명한다(28.9, 10). 신적 입양에서는 생명의 상속자가 되며, 실제적인 관계성 속에서 내적 행동과 생명의 전달이 일어난다는 점이 다르다. 신적 입양은 결핍(상속자 부재)이 아니라 풍부한 선에서 유래한다 (28.15). 양자 됨은 그리스도로 인해 발생한다(28.11). 모든 신자는 그리스도 와의 연합으로 인해 하나님의 장자가 되었다고 말할 수 있다(28.13; 히 12:23). 아담은 은유적으로 하나님의 아들이라면, 신자는 본래적으로 하나님의 아들이 신 그리스도와의 신비적 연합과 교제로 하나님의 아들이 된다(28.14). 신자들 은 하나님의 가족으로 받아들여진다(28.18; 갈 6:10). 상속자의 신분을 받게 된다(28.19; 롬 8:17). 또한 성령의 증거가 신자들에게 주어진다(28.22; 롬 8:15-16, 23, 갈 4:5-7). 그것은 믿음으로 주어지는데, 성령은 중생과 회심의 사역을 행한 자들에게 인침을 선물로 주신다(28.24). 구원의 확신은 의롭게 하는 믿음과는 구별되며, 그 믿음의 열매이다(28.24; 엡 1:13). 양자 됨의 열매 는 죄로부터 벗어나는 자유, 그리스도와 함께 선지자와 제사장과 왕이 되는 것이며, 피조물을 다스리는 것이다(28.25-27).

또한, 에임스는 성화를 다루는데, 이 부분에서도 믿음이 연관된다. 성화는 "인간 안의 죄의 부정으로부터 하나님의 형상의 성결로 이행하는 실제적인 변화"로 정의된다(29.4; 엡 4:22-24). 성화에서 신자는 죄책과 오염에서 해방 되고, 하나님의 형상이 회복된다(29.5). 성화는 실제적인 변화다(29.9). 성화 는 전인과 관련된다(29.10; 살전 5:23). 성화는 영혼에서 먼저 발생하고, 그다 음에 몸으로 진전한다(29.11). 성화의 목적은 하나님의 형상의 성결(엡 4:24), 율법을 지킴(약 1:25), 새 생명을 누림(롬 6:4), 새로운 피조물이 됨(고후 5:17), 하나님의 성품에 참여함(벧후 1:4)이다(29.14). 성화의 단계는 유아기와 장성한 사람의 단계가 있다(29.16). 성화는 죄 죽임과 의 살림으로 구성된다 (29.17-26). 죄 죽임의 공로적, 모범적 원인은 그리스도의 죽음이며(29.19), 의 살림의 모범적 원인은 그리스도의 부활이다(29.25). 죄 죽임의 주요 동인은 하나님의 영이며(29.20), 집행적 원인(the administering cause)은 신앙이 다(29.21). 의 살림의 주요 동인은 성령이며(29.26), 집행적 원인은 신앙이다 (29.27). 성화는 이 땅에서는 불완전하지만, 그럼에도 불구하고 성화된 자들은 완전을 지향한다(29.29; 요일 1:8, 마 5:48, 고전 13:11, 벧후 3:18). 신자 안에는 영적인 전쟁이 지속된다(29.31; 갈 5:17). 성도들의 최고의 선행도 여전히 육에 의해 오염되어 있기에 사죄가 필요하다(29.34). 하지만 성도의 선행을 죄라고 부를 수는 없다(29.35). 반면, "악인들에게서 발견되는 양심과 의지 사이의 갈등은 육에 대한 영의 투쟁이 아니라 정욕하는 육에 대한 두려워 하는 육의 투쟁이다"(29.37).

그리스도께서 주시는 구속의 적용을 다루는 항목들의 마지막 부분에서 에임 스는 영화를 다룬다. 영화의 정의는 "인간 안에서의 비참함 혹은 죄의 형벌로부 터 영원한 행복으로의 진정한 변화"이다(30.1; 롬 8:30). 영화의 목적은 지복, 축복, 영생, 우리 주와 구주 예수 그리스도의 나라 그리고 불멸의 상속이다 (30.7; 엡 1:3, 요 3:36, 6:47, 벧후 1:3, 11, 벧전 1:4, 5:10). 완전한 영화는 영혼과 몸에서 모든 불완전한 것들을 제거하고 전적인 완전성을 선사하는 데 있다고 말한다(30.33). 그리고 그러한 완전한 영화는 몸과 분리된 후 영혼에게 즉시 수여된다고 주장한다(30.34; 고후 5:2, 빌 1:23, 히 12:23). 하지만 에임 스는 영화의 첫 단계(the first degree of glorification)는 그리스도 안에서 그리고 그리스도와 신자들과의 교제 안에서 현현되는 하나님의 사랑을 파악하 고 인지하는 것이라고 설명한다(30.8; 롬 5:5). 그리고 영화의 두 번째 단계

(the second degree of glorification)는 하나님께서 자기 백성에게 예비하신 모든 좋은 것에 대해 의심하지 않는 소망과 기대를 가지는 것이라 설명한다(30.10; 롬 5:2). 바로 여기에서 견인과 구원에 대한 확신이 온다고 주장한다(30.12; 롬 8:38). 에임스에 따르면, 이러한 확신은 하나님의 언약이 정당하게 이해되는 신앙과 회개를 인지할 때 일어난다(30.16; 고후 13:5). 그는 계속해서 이렇게 주장한다.

> 만약 이들 중 하나라도 결핍되어 있다면 확신은 사라지게 되며, 언약의 약속을 정당하게 이해하는 자는 자신 안에서 진정한 신앙과 회개를 인지하기 전에는 자신의 구원을 확신할 수 없다. 어떤 사람이 진정으로 믿고 회개한다고 느끼더라도, 믿고 회개하는 자들을 하나님께서 종말까지 보존할 것이라는 것을 언약에 의해 이해하지 못한다면, 자신의 견인과 구원에 대해 확신할 수 없다(30.17).

따라서, 구원의 확신은 신앙 안에서 선한 양심을 지닌 자, 즉 죄에 대해 양심의 가책을 느끼는 자만이 가질 수 있다(30.18).[80] 이런 점에서 신앙과 선한 양심은 구원의 확신과 비례적이라고 말할 수 있다(30.19). 이러한 신앙과 회개에 대한 의식이나 관심 없이 구원을 소망하는 자들은 거짓으로 소망하는 것이요, 그러한 거짓 소망에 의해 멸망당하고 만다(30.20). 이처럼 에임스는 영화의 단계를 다루면서 구원의 확신을 다루며, 그와 함께 신앙과 양심이라는 주제를 연결다.

요약하자면, 윌리엄 에임스는 그리스도께서 주시는 구속의 적용이라는 측면에서 구원의 서정에 해당하는 부르심, 회개, 칭의, 양자 됨, 성화, 영화를 다루

---

80 초기 근대 개혁신학의 양심론에 대한 설명은 아래를 보라. 헤르만 바빙크, 『개혁과 윤리학』, 박문재 역(서울: 부흥과개혁사, 2021), 292-302.

는데, 각 단계마다 신앙과 연관하여 설명한다.[81] 신앙은 구원을 얻는 수단이
된다. "부르심"에서 신앙의 대상은 그리스도이다. 부르심에서 능동적 영접은
그리스도를 전적으로 의지하는 신앙적 행위이다. "회개"는 신앙과 동일한 원인
과 원리를 가진다. 효과적인 회개는 신앙에 의존한다. 믿음은 "칭의"의 도구적
원인이 된다. 그리스도의 의의 전가는 믿음으로 그리스도를 붙잡을 때 발생한
다. "양자 됨"은 신앙과 신앙의 의에 의해 획득된다. 구원의 확신은 의롭게
하는 믿음과는 구분되며 그 열매이다. "성화"는 죄 죽임과 의 살림으로 구성되
는데, 양측의 봉사적 원인은 신앙이다. "영화"의 완성은 미래에 이뤄지지만,
이 땅에서 이뤄지는 영화의 단계에서 구원의 확신이 있는데, 신앙은 바로 그
확신과 비례적인 관계에 있다.

VI. 반지가 그 보석을 꽉 쥐고 있듯이

청교도들은 구원받는 믿음이 오직 은혜로부터 생겨나고, 또한 오직 은혜만
바라본다는 사실을 매우 강조하였다. 구원받는 믿음은 말씀과 그리스도를 동시
에 견고하게 붙든다. 구원 얻는 믿음은 성령의 사역이며, 은혜의 방편에 의해
강화된다. 하지만 구원받는 믿음은 때로 약해지기도 하고 강해지기도 하지만,
결국에는 승리한다. 왜냐하면 그 믿음은 하나님의 은혜로 주어진 선물이기
때문이다.

청교도들은 구원 얻는 믿음과 확신을 구분한다. 확신은 믿음의 열매라고
가르친다. 또한 확신이 삼위의 공동사역에 근거하지만, 특히 성령의 경륜적

---

81 Kim, *Salvation by Faith*, 제6장과 7장에서는 토머스 굿윈의 신학에서 구원의 서정이 신앙과
어떻게 연결되는지 상세하게 다루고 있다.

사역임을 강조했다. 성령은 확신을 통해 인을 치신다. 확신은 이 땅에서 결코 완전해지지는 않지만, 그럼에도 불구하고 신앙인은 견고한 확신 가운데 전진할 수 있다. 웨스트민스터 신앙고백서 제18장은 이러한 확신에 대해 철저하게 하나님 중심적으로 잘 가르치고 있다.

청교도들은 구원의 서정을 신앙과 잘 결합시켰다. 예를 들어 윌리엄 에임스는 부르심, 회개, 칭의, 양자 됨, 성화, 영화를 신앙과 연결하여 설명했다. 소명에서 신앙은 그리스도를 유일한 대상이자 목적으로 바라본다. 신앙 없는 회개는 없다. 반대로 참된 믿음은 회개로 나타난다. 신앙은 칭의의 도구적 원인이다. 양자 됨 역시 신앙에 의해 주어진다. 성화의 전체 과정에서 죄를 죽이고 의를 살리는 것을 시행하는 원인은 신앙이다. 구원의 확신 가운데 있는 신자는 영화를 소망하며 살아간다.

청교도의 신앙론에 따르면, 반지가 그 보석을 꽉 쥐고 있듯이 참된 믿음은 그리스도를 단단히 붙잡고 있다. 참된 믿음은 우리를 그리스도와 연결하는 끈이며, 그리스도와 우리를 묶는 띠가 된다. 참된 믿음은 그리스도의 풍요로움을 우리에게로 전달하는 통로이다. 참된 믿음은 홀로 존재하지 않는다. 참된 믿음은 구원의 서정의 전체 단계에서 작용한다. 무엇보다 믿음의 열매로 나타나는 구원의 확신에 사로잡힌 성도는 겸손 가운데 그리스도를 위해서 살기 위해 부단히 노력하게 된다. 따라서 청교도 신앙론은 신자들로 하여금 율법주의의 스킬라와 무율법주의의 카리브디스를 피하여 최종적 완성의 땅에 이를 때까지 굳건한 믿음 가운데 전진하도록 도와준다.

〈참고문헌〉

굿윈, 토머스. 『믿음의 본질 1, 2』. 임원주 역. 서울: 부흥과개혁사, 2013.

권경철. "웨스트민스터 표준문서와 그리스도의 '온전한 순종' 문제: 안토니 버지스(Anthony Burgess, 1600-1664)의 『참된 칭의 교리』로부터 단초 찾기." 「갱신과 부흥」 28 (2021), 143-72.

김병훈. "그리스도의 수동적 순종과 피스카토르(Johannes Piscator, 1546-1625)-논점정리." 「신학정론」 39/1 (2021), 241-271.

김영재 편저. 『기독교 신앙고백』. 수원: 영음사, 2011.

김의환 편역. 『개혁주의 신앙고백』. 대한예수교장로회총회, 2003.

김재성. 『그리스도의 능동적 순종』. 고양: 언약, 2021.

김중락. "웨스트민스터 표준문서의 역사적 배경." 「re」 제 1호 (2013), 72-81.

_____. 『스코틀랜드 종교개혁사』. 안산: 흑곰북스, 2017.

레담, 로버트. 『웨스트민스터 총회의 역사』. 권태경, 채천석 역. 서울: 개혁주의 신학사, 2014.

멀러, 리차드, 로우랜드 워드. 『웨스트민스터 총회의 실천』. 곽계일 역. 서울: 개혁주의신학사, 2014.

멀러, 리처드. "'황금 사슬'과 구원의 인과관계: 개혁파 구원의 서정(*Ordo Salutis*)의 시작." 『칼빈과 개혁전통』. 김병훈 역. 서울: 지평서원, 2017.

_____. "칼빈과 베자, 이후 개혁신학의 구원의 확신과 '실천적 삼단논법'." 『칼빈과 개혁전통』, 김병훈 역. 서울: 지평서원, 2017.

바빙크, 헤르만. 『개혁교의학』. 총4권. 박태현 역. 서울: 부흥과개혁사, 2011.

_____. 『개혁파 윤리학』. 박문재 역. 서울: 부흥과개혁사, 2021.

박재은. 『칭의, 균형있게 이해하기』. 서울: 부흥과개혁사, 2016.

_____. 『칭의, 균형있게 이해하기』. 서울: 부흥과개혁사, 2016.

벌코프, 루이스. 『조직신학』(합본). 권수경, 이상원 역. 서울: 크리스챤다이제스
트, 2000.

비키, 조엘, 싱클레어 퍼거슨. 『개혁주의 신앙 고백의 하모니』. 신호섭 역. 서
울: 죠이북스, 2023.

비키, 조엘, 마크 존스. 『청교도 신학의 모든 것』. 김귀탁 역. 서울: 부흥과개혁
사, 2015.

셀바지오, 안토니. 『웨스트민스터 총회의 유산』. 김은득 역. 서울: 개혁주의신
학사, 2014.

에임스, 윌리엄. 『신학의 정수』. 서원모 역. 서울: 크리스챤다이제스트, 1992
[중쇄 2007].

오웬, 존. 『칭의론』. 박홍규 역. 서울: 퍼플, 2019.

우병훈. "교회사 속에 나타난 그리스도의 능동적 순종 교리: 초대교회부터 종교
개혁기까지 주요 신학자들을 중심으로." 「갱신과 부흥」 29 (2022),
7-70.

유창형. "죄사함과 의의 전가를 중심으로 한 칼빈의 칭의론과 그 평가." 「성경
과 신학」 52 (2009), 1-35.

유해무. 『헌법해설: 웨스트민스터 신앙고백서, 대소교리문답서』. 서울: 고신총
회, 2015.

투레티누스, 프란키스쿠스. 『변증신학강요』. 박문재, 한병수 역. 서울: 부흥과
개혁사, 2017.

황희상. 『특강 종교개혁사—웨스트민스터 편』. 흑곰북스, 2016.

Arminius, Jacobus. *The Works of James Arminius*. Translated by James Nichols and William Nichols. London ed. 3 vols. Grand Rapids, MI: Baker, 1986.

Augustine of Hippo. "Lectures or Tractates on the Gospel according to St. John." In *St. Augustin: Homilies on the Gospel of John, Homilies on the First Epistle of John, Soliloquies*, edited by Philip Schaff, translated by John Gibb and James Innes. Vol. 7. A Select Library of the Nicene and Post-Nicene Fathers of the Christian Church, First Series, 1-452. New York: Christian Literature Company, 1888.

Ball, John. *A treatise of Faith Divided into Two Parts the First Shewing the Nature, the Second, the Life of Faith: Both Tending to Direct the Weak Christian*. London: Printed for Edward Brewster, 1657.

Bavinck, Herman. *Reformed Dogmatics*. Ed. John Bolt. Trans. John Vriend. Vol. 1. Grand Rapids, MI: Baker Academic, 2003.

――――――――. *Reformed Dogmatics*. Ed. John Bolt. Trans. John Vriend. Vol. 3. Grand Rapids, MI: Baker Academic, 2006.

Bayne, Paul. *A Helpe to trve Happinesse. Or, a briefe and learned exposition of the maine and fundamental points of Christian religion*. London: I. H. for W. Bladen, 1622.

Beeke, Joel R. "Personal Assurance of Faith: English Puritanism and

Dutch 'Nadere Reformatie': From Westminster to Alexander Comrie (1640-1760)." Ph.D. diss., Westminster Theological Seminary, 1989.

_____. "Personal Assurance of Faith: The Puritans and Chapter 18.2 of the Westminster Confession." *Westminster Theological Journal* 55, no. 1 (1993), 1–30.

Burgess, Anthony. *Spiritual Refining or a Treatise of Grace and Assurance*. Repr. Ames, IA: International Outreach, 1990.

_____. *The True Doctrine of Justification Asserted and Vindicated from the Errors of Papists, Arminians, Socinians, and Antinomians, in Thirty Lectures at Lawrence Jury*. London: Robert White, for Thomas Underhil, 1648.

Burroughs, Jeremiah. *An Exposition of the Prophecy of Hosea*. Repr. Beaver Falls, PA: Soli Deo Gloria, 1988.

_____. *The Ninth, Tenth, and Eleventh books of Mr Jeremiah Burroughs: Containing Three Treatises: I. Of Precious Faith. II. Of Hope. III. The Saints Walk by Faith on Earth; by Sight in Heaven. Being the Last Sermons that the Author Preached at Stepney, Neer London*. London: Printed by Peter Cole, 1655.

Cohen, Charles Lloyd. *God's Caress: the Psychology of Puritan Religious Experience*. New York: Oxford University Press, 1986.

"Dissenting Brethren." *An Apologeticall Narration*. London: for Robert Dawlman, 1643.

Downe, John. *A Treatise of the True Nature and Definition of Justifying Faith: Together with a Defence of the Same, against the Answere of N. Baxter*. Oxford: Printed by Iohn Lichfield for Edward Forrest, 1635.

Fesko, John V. "Rejection and Criticism of the Ordo Salutis." In *Beyond Calvin: Union with Christ and Justification in Early Modern Reformed Theology (1517-1700)*, 53-75. Göttingen: Vandenhoeck & Ruprecht, 2012.

_____. "The Development and Use of the Ordo Salutis." in *Beyond Calvin: Union with Christ and Justification in Early Modern Reformed Theology (1517-1700)*, 76-102. Göttingen: Vandenhoeck & Ruprecht, 2012.

_____. T*he Theology of the Westminster Standards: Historical Context and Theological Insights*. Wheaton, IL: Crossway, 2014.

Gleason, Randall C. *John Calvin and John Owen on Mortification: A Comparative Study in Reformed Spirituality*. New York, NY: Peter Lang, 1995.

Goodwin, Thomas. *The Object and Acts of Justifying Faith*. Edinburgh; Carlisle, PA: Banner of Truth Trust, 1985.

Gouge, William. *A Learned and very useful Commentary on the* whole *Epistle to the Hebrews, being the substance of thirty years Wednesdayes lectures at Black-fryers*. Repr.; Grand Rapids, MI: Kregel, 1980.

Hall, Basil. "Calvin against the Calvinists." In *John Calvin*, edited by G. E. Duffield, 19-37. Appleford: Sutton Courtenay, 1966.

Heiko Oberman, "'Iustitia Christi' and 'Iustitia Dei': Luther and the Scholastic Doctrine of Justification," *Harvard Theological Review* 59/1 (1966): 21, 25; cf. Daphne Hampson, *Christian Contradictions: The Structures of Lutheran and Catholic Thought* (Cambridge: Cambridge University Press, 2001.

Hodge, Charles. *Systematic Theology*. Vol. 3. Oak Harbor, WA: Logos Research Systems, Inc., 1997.

Horton, Michael S. *The Christian Faith: A Systematic Theology for Pilgrims on the Way*. Grand Rapids, MI: Zondervan, 2011.

Kendall, R. T. *Calvin and English Calvinism to 1649*. New York: Oxford University Press, 1979.

_____. "Living the Christian Life in the Teaching of William Perkins and His Followers." In *Living the Christian Life*, 45-60. London: Westminster Conference, 1974.

_____. "The Puritan Modification of Calvin's Theology." In *John Calvin: His Influence in the Western World*, edited by W. Stanford Reid, 199-214. Grand Rapids, MI: Zondervan, 1982.

Kim, Hyonam. *Salvation by Faith: Faith, Covenant and the Order of Salvation in Thomas Goodwin 1600-1680*. Göttingen: Vandenhoeck & Ruprecht, 2019).

Muller, Richard A. *Dictionary of Latin and Greek Theological Terms: Drawn Principally from Protestant Scholastic Theology*. 2nd ed. Grand Rapids, MI: Baker, 2017.

_____. *God, Creation, and Providence in the Thought of Jacob Arminius*. Grand Rapids, MI: Baker, 1991.

Owen, John. *An Exposition of the Epistle to the Hebrews*. Ed. William H. Goold, 7 vols. London; Edinburgh: Johnstone and Hunter, 1855.

_____. *The Works of John Owen*. Ed. William H. Goold. Vol. 5. Edinburgh: T&T Clark, 1862.

Preston, John. *The Breast-plate of Faith and Love a Treatise Wherein the Ground and Exercise of Faith and Love, as They are Set upon Christ Their Object, and as They are Expressed in Good Works, is Explained*. London: Printed by George Purslow, 1651.

_____. *The New Covenant or the Saints Portion: A Treatise Unfolding the all-sufficiencie of God, Man's uprightness, and the Covenant of Grace*, 10th ed. London: I. D. for Nicholas Bourne, 1639.

Reynolds, Edward. *Three Treatises of The Vanity of the Creature*.

The Sinfulnesse of Sinne. The Life of Christ. London: B. B. for Rob Bastocke and George Badger, 1642.

Rogers, John. *The Doctrine of Faith Wherein are Practically Handled Ten Principall Points, which Explain the Nature of Vse of It*. London: Printed for N.N. and William Sheffard, 1627.

Rutherford, Samuel. *Christ Dying and Drawing Sinners to Himselfe*. London: J. D. for Andrew Cooke, 1647.

Seeberg, Reinhold. "Heilsordnung." In *Realencyklopädie für protestantische Theologie und Kirche*. Edited by Johann Jakob Herzog, Vol. 7. Leipzig: J. C. Hinrichs' Buchhandlung, 1899.

Stanglin, Keith D. and Thomas H. McCall. *Jacob Arminius: Theologian of Grace*. New York: Oxford University Press, 2012.

Stanglin, Keith D. *Arminius on the Assurance of Salvation: The Context, Roots, and Shape of the Leiden Debate, 1603-1609*. Leiden: Brill, 2007.

_____. "Arminius and Arminianism: An Overview of Current Research." In *Arminius, Arminianism, and Europe: Jacobus Arminius (1559/60-1609)*, edited by Theodoor Marius van Leeuwen, Keith D. Stanglin, and Marijke Tolsma, 3-24. Brill's Series in Church History 39. Leiden: Brill, 2009.

Twisse, William. *A treatise of Mr. Cottons, Clearing certaine Doubts*

Concerning Predestination, Together with an Examination Thereof. London: Printed by J. D. for Andrew Crook, 1646.

_____. *The Doctrine of the Synod of Dort and Arles, reduced to the practise.* Amsterdam: G. Thorp, 1631.

Van Dixhoorn, Chad B. *The Minutes and Papers of the Westminster Assembly 1643-1652.* 5 Vols. Oxford: Oxford University Press, 2012.

_____. "Politics and Religion in the Westminster Assembly and the 'Grand Debate.'" In *Insular Christianity: Alternative Models of the Church in Britain and Ireland, c.1570-c.1700*, edited by Robert Armstrong and Tadhg Ó Hannracháin, 129-48. New York: Manchester University Press, 2013.

_____. "Scottish Influence on the Westminster Assembly: A Study of the Synod's Summoning Ordinance and the Solemn League and Covenant." *Records of the Scottish Church History Society* 37 (2007): 55-88.

_____. "Westminster Assembly (act. 1643-1652)." In *Oxford Dictionary of National Biography.* Oxford University Press, 2015.

Westminster Assembly. *The Westminster Confession of Faith: Edinburgh Edition.* Philadelphia: William S. Young, 1851.

Woo, B. Hoon. *The Promise of the Trinity: The Covenant of*

Redemption in the Theologies of Witsius, Owen, Dickson, Goodwin, and Cocceius. Göttingen: Vandenhoeck & Ruprecht, 2017.

프란시스 튜레틴의 신앙론

이신열

Francis Turretin(1623–1687)

고신대학교 신학과에서 교의학 교수로 재직하고 있다. 저서로는 『창조와 섭리』, 『칼빈신학의 풍경』, 『종교개혁과 과학』, 『개혁신학의 관점에서 본 기독교윤리학』, 『한권으로 읽는 튜레틴 신학』(공저)이 있으며, 역서로는 낸시 피어시(Nancey Pearcey)와 찰스 택스턴(Charles Thaxton)이 공저한 『과학의 영혼』(*The Soul of Science*), 『성찬의 신비』(저자:키이스 매티슨), 『구약 윤리학 - 구약의 하나님은 윤리적인가?』(저자:폴 코판), 등이 있다. 기독교와 과학의 관계, 오순절 및 은사주의 신학에 대한 개혁주의적 비판, 칼빈신학의 현대적 함의 등이 주요 연구 분야이다.

이신열

I. 시작하면서

튜레틴은 17세기 제네바의 개혁신학자로서 칼빈(John Calvin, 1509-1564)이 설립한 제네바 아카데미(Geneva Academy)에서 가르쳤다.[1] 그의 주저(opus magnum)로 널리 알려진 『변증신학강요』(*Institutes of Elenctic Theology*, 1687-1689)는 3권으로 구성된 개혁교의학으로 당대 제네바를 중심으로 개혁신학을 고찰하되 로마 가톨릭(Roman Catholics), 루터파(Lutherans), 아르미니우스주의자(Arminians), 소시니우스주의자 (Socinians) 등과의 논쟁이 핵심적인 사안으로 17세기 제네바의 대표적 교의학적 저작은 문답형식으로 구성되었다.[2]

개혁파 정통주의 신학자로서 튜레틴은 16세기 대표적 종교개혁가 칼빈의 개혁주의적 입장을 견지하면서 소시니우스주의자들과 아르미니우스주의자들의 최소주의(minimalism)에 나타난 교리적 결함(defect)을 지적하고 비판할 뿐 아니라, 로마 가톨릭과 강경파 루터주의자들의 최대주의(maximalism)가 지닌 위험성을 경계했다.[3] 여기에서 소시니우스주의자들의 최소주의는 교리의 실천적 부분만을 채택하고 이론적 부분을 소홀히 하는 경향을 가리킨다. 아르

---

[1] 그의 생애에 대한 최근의 연구로는 다음을 참고할 것. Nicholas A. Cumming, *Francis Turretin (1623-87) and the Reformed Tradition* (Leiden/Boston: Brill, 2020), 22-69.

[2] 그의 『변증신학강요』에 대해서는 다음을 참고할 것. Cumming, *Francis Turretin(1623-87) and the Reformed Tradition*, 70-111; 권경철, "『변증신학강요』의 상황과 배경: "독자에게 부치는 서문"을 중심으로", 이신열 외, 『한 권으로 읽는 튜레틴 신학』(안산: 크리스천르네상스, 2023), 19-41.

[3] Francis Turretin, *Institutes of Elenctic Theology*, vol. 1, trans. George Musgrave Giger (Philipsburg, NJ: P & R, 1992), 48. topic 1, 질문 14, 섹션 1-3. 이하 *IET*로 약칭하여 표기하되 권과 페이지 번호 다음에 괄호 안에 주제(topic), 질문(question), 그리고 섹션 번호를 괄호 안에 표기함. Manfred Svensson, "Fundamental Doctrines of Faith, Fundamental Doctrines of Society: Seventeenth-Century Doctrinal Minimalism," *Journal of Religion* 94/2 (2014), 171.

미니우스주의자들은 다양한 교리적 가르침 가운데 신적 약속에 대한 신뢰, 신적 명령에 대한 순종, 그리고 성경에 대한 적절한 경외감, 이 세 가지에 집중하고 나머지 부분들은 경시하는 경향을 가리킨다. 이와 달리 최대주의는 로마 가톨릭 교회가 가르치는 것은 무엇이든지 이를 교리화 하려는 경향을 지칭하며, 강경파 루터란들은 모든 교리적 오류(error)를 이단으로 치부하여 이 오류를 극대화시키는 경향을 지니고 있음을 뜻한다. 튜레틴은 이런 양 극단에 맞서서 그의 개혁파 정통주의 신학이 일종의 중도적 입장을 취한다는 사실을 그의 주저 『변증신학강요』를 통해서 성경적으로 그리고 합리적으로 입증한 것으로 볼 수 있다.

이 글에서는 『변증신학강요』를 중심으로 그의 신앙론(doctrine of faith)에 대해서 구원론의 맥락 속에서 고찰하되 튜레틴의 입장이 어떻게 17세기의 최소주의와 최대주의에 나타난 신학적 오류를 지적하고 비판하는 가운데 개혁파 정통주의적 신앙론을 구현해 나갔는가를 고찰하고자 한다. 이 목적을 위해서 다음의 몇 가지 단락으로 나누어서 살펴보게 될 것이다: 『변증신학강요』에 나타난 신학 이해(신앙과 이성의 관계를 중심으로), 신앙의 정의, 신앙의 종류, 신앙의 행위, 신앙의 대상과 주체, 그리고 신앙의 확실성과 인내.

II. 『변증신학강요』에 나타난 신학 이해: 신앙과 이성의 관계를 중심으로

튜레틴의 주저(opus magnum) 『변증신학강요』는 모두 3권으로 구성되어 있는데 그는 먼저 서문에서 이 저작의 제목이 암시하는 바와 같이 신학의 체계를 정확하고 완전하게 다룬 것은 아니라고 겸손하게 밝힌다.[4] 그는 20개의 주제를 선정하여 자신의 신학을 집대성했는데 여기에 신학의 거의 모든 교리들이 총망라되었다고 볼 수 있다.[5]

그 가운데 신앙론은 제 2권에 위치한다. 제 1권은 모두 10개의 주제(topic), 제 2권은 11번째 주제에서 17번째 주제까지 도합 7개의 주제로, 그리고 제 3권은 18번째 주제에서 20번째 주제까지로 상대적으로 적은 3개의 주제로 각각 구성된다. 신앙론은 15번째 주제로서 소명(calling)과 함께 고찰되는데 바로 앞(14번째) 주제는 그리스도의 중보자 직분이며 다음(16번째) 주제는 칭의에 해당된다.

이 주제들 가운데 신앙은 어떤 위치를 차지하는가? 이에 대한 해답을 추구하는데 중요한 것은 신앙과 이성의 관계이다. 양자에 대한 고찰은 첫 번째 주제인 '신학'에서 먼저 다루어지는데 여기에서 튜레틴은 소시니우스주의자들에 맞서는 견해를 내세웠다. 그는 신앙이 이성에 의해서 결정된다는 이들의 주장과는 달리 신앙이 이성에 의해 결정되거나 좌지우지 되지 않으며 이를 초월하고 이성이 신앙에 종속되어야 한다고 주장했다(고후 10:3-5).[6] 왜냐하면 이성, 즉 불신자들의 이성은 법과 관련하여 눈이 멀기 때문이며(엡 4:17-18; 롬 1:27-28, 8:7), 특히 복음과 관련해서는 더욱 그러하기 때문이다. 신앙의 신비

---

4 *IET* 1:xl.

5 20개의 주제는 다음과 같다: 1) 신학, 2) 하나님의 말씀인 성경, 3) 한 분이시며 삼위이신 하나님 4) 일반적 차원의 하나님의 작정과 특별한 차원의 예정 5) 창조 6) 하나님의 실제적 섭리 7) 천사 8) 타락 이전 인간의 상태와 자연 언약 9) 일반적 그리고 특별한 죄 10) 죄 상태에서 인간의 자유의지 11) 하나님의 율법 12) 신구약 성경 속의 은혜언약과 이중적 경륜 13) 그리스도의 인격과 상태 14) 그리스도의 중보자 직분 15) 소명과 신앙 16) 칭의 17) 성화와 선행 18) 교회 19) 성례 20) 종말. 이 주제들을 체계화시키는 원리는 철학적이지 않고 성경적이다. 그러므로 특정한 주제가 신학 전체를 지배하는 통제의 원리로 작용하지 않는다. Richard A. Muller, *Post-Reformation Reformed Dogmatics: Holy Scripture: The Cognitive Foundation of Theology, vol. 2* (Grand Rapids: Baker Book House, 1993), 198-205.

6 *IET* 1:24-25 (1.8.5).

는 중생하지 않은 자들이 추구할 수 있는 이성의 영역을 벗어난다. 또한 '나는 이해하기 때문에 믿어야 한다(credere debeam, quia ita intelligo)'는 명제에 근거해 신앙이 최종적으로 이성에 의존하는 것은 아니라고 볼 수 있다. 만약 이성이 신앙의 원리라면 모든 종교는 자연적이며 자연적 이성과 빛에 의해서 증명 가능해야 하지만 실상은 그렇지 않다는 것이 분명하다.

그렇다면 신앙과 이성의 관계는 무엇인가? 튜레틴은 이성을 신자들이 사용하는 신앙의 도구이지만, 신앙의 토대와 원리는 아니라고 보았다.[7] 신학도 이성을 도구로 사용하지만 이성에 의해서 지배되지 않는데 그 이유는 이성이 아니라 신앙이 신학의 원리로 작용하기 때문이다.[8] 또한 그는 신앙을 이성에 종속시키려는 소시니우스주의자들에 대해서 경계해야 할 뿐 아니라 신앙과 이성을 서로 무관한 것으로 간주하는 다양한 그룹들, 즉 이성이 신앙에 기여하는 것이 전혀 또는 거의 없다고 주장하는 자들의 오류에 대해서도 지적한다.[9] 튜레틴은 신앙과 이성의 관계를 신앙이 전적으로 이성에 의존한다거나, 신앙은 이성과 아무런 관련이 없기 때문에 이성이 신앙에 기여하는 바가 없다고 주장하는 양극단을 피하는 태도를 견지한다. 이런 이유에서 하나의 명제는 신앙과 관련되고 또 다른 명제는 이성과 관련되는 혼합된 삼단논법(mixed syllogism)의 경우에도 결론은 항상 신앙에 근거하여 내려진다. 왜냐하면 신학은 이성적이며

---

[7] *IET* 1:25 (1.8.7); 2:584 (15.14.3).

[8] *IET* 1:27 (1.8.17).

[9] *IET* 1:28 (1.9.1). 이은선, "튜레틴의 『변증신학강요』의 신학방법론: 신학 서론(prolegomena)의 분석", 「역사신학논총」 2 (2000), 75. 튜레틴은 이 그룹에 속하는 자들로 재세례파, 바이겔주의자들(Weigelians), 루터파, 그리고 로마 가톨릭을 명명한다. 바이겔주의자들은 발렌틴 바이겔(Valentin Weigel, 1533-1588)을 추종하는 신비주의자들인데 주로 영적 연금술(spiritual alchemy)과 관련된 사고를 발전시켰다. 그는 16세기 독일의 신학자, 철학자로서 신지학(theosophy)의 선구자이기도 했는데 약 6,000쪽에 달하는 원고를 남겼다. 다음을 참고할 것. Douglas H. Shantz, "Valentin Weigel," Ronald K. Rittgers and Vince Everner eds., *Protestants and Mysticism in Reformation Europe* (Leiden/Boston: Brill, 2019), 243-64.

이성을 도구로 사용하지만 결코 이성이 그 원리로 작용하지 않기 때문이다. 튜레틴은 이를 신학과 철학의 관계로 확장하여 다음과 같이 설명한다.

> 모든 명제가 서술어가 아닌 주어로부터 호칭(denomination)을 가져 오기 때문에 이런 종류의 혼합된 삼단논법의 경우에 결론은 신학적이며 신앙적이다. 따라서 비록 서술어가 철학적이거나 자연의 빛에서 비롯되었다 하더라도, 주어는 신학적이며, 명제도 신학적이다. 그러므로 이런 종류의 결론에 대해 주어지는 동의는 거기에 주어진 명제의 성격을 따르기 때문에 지식이 아니라 신앙의 동의에 해당된다.[10]

튜레틴에게 신앙과 이성의 관계는 신학과 철학의 관계, 그리고 더 나아가서 그가 추구하는 신학의 원리로 이어지며 이는 곧 그의 신학 전체의 구성 원리로 귀결된다. 이 점에 있어서 신앙과 이성의 관계는 튜레틴의 신학 전체의 구성을 이해하는데 결정적인 역할을 차지한다는 사실을 파악할 수 있다.

III. 신앙의 정의: 선택과 은혜언약의 관점에서

튜레틴은 구원론의 일부로서 '소명과 신앙'이라는 15번째 주제에서 신앙을 구원론과 관련된 덕(virtue)의 관점에서 다음과 같이 제시한다: "신자의 모든 의무를 형식적으로 포함하거나 결과적으로 그리고 필연적으로 취합하는 보편적 덕".[11]

---

10 *IET* 1:27 (1.8.16).
11 *IET* 2:559 (15.7.2). 스위스의 17세기 개혁신학자 볼레비우스(Johannes Wollebius)는 신앙, 특히 구원하는 신앙(saving faith)을 다음과 같이 정의한다. "선택된 인간이 복음을 통해 알려진

선택을 다루는 '일반적 의미에서 하나님의 작정과 특별한 의미에서 예정'이라는 12번째 주제에서 간략하지만 선택과 신앙의 관계를 다룬다. 그리고 은혜언약을 다루는 '은혜언약과 신구약 성경에서의 이중적 경륜'이라는 12번째 주제에서 이에 대한 고찰이 주어져 있다. 이 두 주제에 대해서 간략하게 살펴보는 가운데 그가 말하는 신앙의 정의를 도출하고자 한다.[12]

1. 선택과의 관계 속에서

튜레틴은 선택이 신앙을 근거로 이루어졌다는 펠라기우스주의자들의 주장에 대해서 반박한다. 이 반박을 통해서 그는 선택이 믿음이나 공로에 근거한 것이 아니라 전적으로 하나님의 은혜에 기인한 것이라고 답변한다. 여기에서 선택과 관련하여 신앙은 어떻게 정의되는가? 이에 대해서 튜레틴은 신앙이 선택의 조건 또는 원인이 아니라 수단 또는 도구에 해당된다고 밝힌다. 신앙은 선택의 열매이자 결과이지 원인이나 조건이 아니라고 정의한다.[13]

2. 은혜언약과의 관계 속에서

그리스도에 관한 무상의 약속을 자신에게 적용하고 거기에서 가장 복된 평화를 발견하게 되는 소명의 선물"로 보았다. Johannes Wollebius, "Compendium Theologiae Christianae," in John W. Beardslee, III ed., *Reformed Dogmatics: Seventeenth-Century Reformed Theology through the Writings of Wollebius, Voetius, and Turretin* (Grand Rapids: Baker Book House, 1977), 161.

12 튜레틴이 주장하는 신앙과 성령과의 관계에 대한 간략한 고찰로는 다음을 참고할 것. 이신열, "튜레틴의 성령론", 이신열(편),『종교개혁과 성령』, 개혁신앙과 신학 총서 (부산: 고신대학교개혁주의학술원, 2019), 351-56.

13 *IET* 1:357 (4.11.10). 다른 곳에서는 신앙이 '구원'의 원인이 아니라 결과이자 도구라고 주장한다. 1:363 (4.11.31).

비치(Mark Beach)는 은혜언약과의 관계를 통해서 살펴본 튜레틴의 신앙의 정의를 다음 5가지로 나누어서 요약적으로 제시하는데 여기에도 신앙의 수단성 또는 도구성이 강조됨과 동시에 기독론적이며 구원론적인 함의를 지니고 있다.[14] a) 신앙은 오직 하나님의 은혜로 구성된다. 왜냐하면 신앙이 하나님이 주시는 것을 받는데 그 원래적 성격이 놓여 있기 때문이다. b) 신앙은 죄의 흔적 속에 놓인 인간에게만 적용되는데 칭의의 첫 번째 순간에 신앙을 지닌 죄인에게서 하나님을 기쁘시게 하는 유일한 요소는 신앙이다. c) 신앙은 그리스도의 만족과 공의에 의해서만 성립될 수 있다. 왜냐하면 그리스도께서 신앙을 우리에게 적용하시기 때문이다. d) 신앙은 하나님으로부터 수여된 신적 선물로써 영생으로 구성된다. 왜냐하면 복음에 나타난 그런 선물을 포괄하기 때문이다. e) 신앙은 복음의 약속으로만 구성된다. 왜냐하면 생명은 율법을 지키는 방식으로 성취되는 어떤 것이 아니라, 사람 앞에 이미 획득된 것이기 때문이다.

IV. 신앙의 종류

튜레틴은 신앙의 종류에 대해서 고찰하기에 앞서 먼저 신앙의 필요성과 위엄(dignity)에 대해서 간략하게 다루고 있다.[15] 신앙의 필요성에 대한 논의는 기독론적이며 구원론적인 함의를 지니고 있는데 이는 "그리스도만이 구원의 원인"이라는 사실에서 출발한다. 신앙은 그리스도가 제공하는 구원에서 비롯

---

14 J. Mark Beach, *Christ and the Covenant: Francis Turretin's Federal Theology as a Defense of the Doctrine of Grace* (Göttingen: Vandenhoeck & Ruprecht, 2007), 184-85.
15 *IET* 2:559 (15.7.2).

하여 그리스도에게로 나아가는 유일한 수단이며 길에 해당된다. 튜레틴은 그리스도에게로 '나아감'이라는 주제를 그리스도와 연합(unio cum Christo)과 연결시키며 동일시한다. 달리 말하면, 신앙은 우리를 그리스도와 연합시키는 도구에 해당된다고 볼 수 있다. 이렇게 신앙으로 발생하는 그분과 연합의 결과로서 그는 우리 안에 거하신다는 사실(엡 3:17) 또한 확인된다. 그 외에도 신앙은 구원이 우리에게 약속으로 제공되는 은혜언약의 조건이자, 선택의 열매(딛 1:1)이며, 칭의의 수단(롬 5:1)이고, 성화의 원리(행 15:9)로 작용할 뿐 아니라 구원의 무오한 수단(요 3:16)이기도 하다.

그렇다면 튜레틴은 어떤 종류의 신앙에 대해서 설명하는가? 그보다 한 세대 이상 앞서 활동했던 스위스의 개혁파 정통주의자 볼레비우스(Johannes Wollebius, 1589-1629)는 신앙을 크게 다음의 5가지로 구분해서 설명한다: 첫째, 교리로서의 신앙(= 암묵적 신앙), 둘째, 역사적 신앙, 셋째, 일시적 신앙, 넷째, 기적의 효력을 믿는 신앙, 다섯째, 구원에 이르는 신앙.16 이와 유사하게 튜레틴도 신앙의 종류를 다음 5가지로 나누어서 제시한다: 첫째, 암묵적 신앙, 둘째, 역사적 신앙, 셋째, 일시적 신앙, 넷째, 기적적 신앙, 다섯째, 칭의하며 구원에 이르는(justifying and saving) 신앙.17 여기에서 두 17세기 정통파 개혁신학자가 분류한 신앙의 종류가 거의 일치한다고 볼 수 있는데 이를 개별적으로 좀 더 자세하게 살펴볼 필요가 있다.

먼저 암묵적 신앙에 대해서 볼레비우스는 간략하게 언급하지만, 튜레틴은 이를 '카르보나리우스'(Carbonarius)의 신앙이라는 별칭으로 표현하는데 그가 이 용어를 사용한 이유는 교회의 신앙 가르침에 아무런 지식 없이 동의하기만 한다는 로마 가톨릭의 이 개념이 신앙에 오히려 독으로 작용할 수 있다는

---

16 Wollebius, "Compendium Theologiae Christianae," 161-63.
17 *IET* 2:559-60 (15.7.4); 2:565 (15.9.3)

경고로 보인다.[18] 항론파(Remonstrants)는 일시적 신앙과 칭의하는 신앙 사이의 차이가 무엇인가에 대해서 질문한다. 왜냐하면 성도의 배교를 염두에 둔다면 일시적 신앙과 칭의하는 신앙 사이에 차이가 존재하지 않고 궁극적으로 양자가 동일하기 때문이다.[19] 이에 대해서 튜레틴을 위시한 정통주의자들은 양자의 차이는 구체적이고 본질적이며 이 차이를 다음과 같이 설명한다. 칭의하는 신앙은 선택의 특별 은혜에서 비롯되지만, 일시적 신앙은 유기된 자들에게도 주어지는 일반 은총(common grace)을 따라 주어진 것에 지나지 않는다.[20] 역사적 신앙에 대해서 볼레비우스와 튜레틴 둘 다 관련 성경구절을 언급하는 정도로 설명할 따름이지 구체적 해설은 제공하지 않았다. 그런데 기적적 신앙에 대한 논의에서 두 신학자의 견해에 나타난 공통점으로서 이 신앙에 대한 긍정적 차원과 부정적 차원을 함께 논의한다는 점을 생각해 볼 수 있다. 마 10:8과 관련해서 볼레비우스는 이 신앙에 대한 긍정적인 차원을 언급하는 마 17:20에 대해서 언급한 후, 가룟 유다를 포함한 유기된 자들에게도 일시적으로 주어졌다는 부정적 차원도 언급한다.[21] 튜레틴도 이 신앙에 대해서 볼레비우스와 마찬가지로 부정적 평가를 견지한다. 12 제자들에게 주어진 기적을 행하는 은사는 참된 교회에 속한 것이 아니라는 주장을 뒷받침하기 위해서 이것이 마술사 시몬(행 8:18)에게도 속한 것이라고 보았다.[22] 계속해서 튜레틴은 신앙의 지식적 측면에 대한 해설에서 기적적 신앙을 은사의 관점에서 접근하지 않고 이 신앙과 은사로서 주어지는 기적적 신앙을 별개의 것으로 간주한

---

18 여기에서 '카르보나리우스'는 포도송이에 작용하여 이를 썩게 만드는 병균의 일종이다.

19 *IET* 2:587-88 (15.15.1).

20 *IET* 2:588 (15.15.2). 이 사실을 성령론적으로 표현하면 다음과 같다. "구원하는 신앙의 원리는 중생과 양자의 영(요 3:5; 롬 8:15)이지만, 일시적 신앙은 조명의 영(히 6:4)에 해당된다." 2:588 (15.15.4).

21 Wollebius, "Compendium Theologiae Christianae," 161-62.

22 *IET* 3:131 (18.14.18).

다.[23]

그렇다면 위에 언급된 5가지 종류의 신앙은 동일한 하나의 신앙이 아니라 서로 다른 신앙에 해당된다고 볼 수 있다. 이에 반대하는 대표적 인물로는 로마 가톨릭 신학자 벨라민(Robert Bellarmine, 1542-1621)을 들 수 있다.[24] 벨라민은 이 신앙들은 하나의 동일한 신앙이라고 주장하는데 그 근거는 역사적 신앙을 지닌 불신자들에게 일시적 신앙이 발견되며 이들에게는 구원하는 신앙이 없다는 사실에 놓여 있다고 보았던 것이다. 이에 대해서 튜레틴은 칭의하는 신앙 속에 기적적 신앙이 발견될 수도 있지만 기적적 신앙이 불신자들에게도 주어졌다는 사실을 언급하면서 벨라민의 주장에 나타난 논리적 문제점을 지적하고 비판한다.[25]

V. 신앙의 행위

튜레틴의 신앙의 행위에 대한 고찰은 앞서 언급된 5가지 종류의 신앙 가운데 칭의하는 신앙에 국한하여 이루어진다. 이 사실은 그가 칭의하는 신앙을 참된 신앙으로 간주하고 있음에 대한 증거에 해당된다고 볼 수 있다. 튜레틴은 이 신앙에 나타난 행위를 6가지로 나누어서 고찰한다.[26] 6가지 행위에 대해서 설명하기 전에 먼저 신앙의 행위는 직접적(direct) 행위와 반사적(reflective) 행위로 구분되는데 이 두 가지 행위에 근거해서 6가지 행위가 분류된다.[27]

---

23 *IET* 2:566 (15.9.11). 그의 은사론 이해에 관해서는 다음을 참고할 것. 이신열, "튜레틴의 성령론", 362-68.
24 Robert Bellarmin, "De Justificatione," 1.4. in *Opera* 4:464-65. *IET* 2:560 (15.7.5).
25 *IET* 2:560 (15.7.6).
26 *IET* 2:561-64 (15.8.5-14).

여기에서 직접적 행위는 사람이 복음에 제시된 하나님의 약속을 믿는 것을 지칭하며, 반사적 행위는 이렇게 그가 믿는 것을 아는 것을 의미하는데, 달리 말하면 자신이 믿는 행위에 대해서 반추하는 행위를 가리킨다. 6가지 신앙의 행위를 살펴보면 다음과 같다.[28]

1. 지식(notitia)

진리, 특히 하나님의 말씀에 계시된 신적이며 초자연적인 진리가 신앙의 대상이므로, 이에 대한 이해를 위해서는 지식이 필수적이다. 여기에서 지식이란 언급된 문장들에 대한 여자적 의미 뿐 아니라 신성과 우리가 믿어야 할 것에 대한 무오한 진리에 대한 지식까지 포함한다.

2. 동의(assensus): 이론적 및 확신적이고 실천적

튜레틴은 동의를 두 가지 세부 항목으로 나누어서 다루는데 이론적이며 실천적인 것으로 구분된다. 먼저 이론적 동의란 우리가 아는 것을 참되고 신적인 것으로 수용하는 것을 가리키는데 튜레틴은 이를 '역사적'이라고 부른다. 철학

---

27 *IET* 2:561 (15.8.4). 이는 6가지로 언급되었는데 실제로는 7가지로 나타난다. 왜냐하면 두 번째 행위인 동의가 이론적 동의와 신앙적이며 실천적 동의로 구분되어 별개로 다루어지기 때문이다. 이 글에서는 이 둘을 하나로 묶어서 다루어 6가지로 다루고자 한다. 이 6가지 가운데 첫 5가지는 신앙의 직접적 행위이며, 마지막 6번째 행위가 반사적 행위에 해당된다.

28 이 부분은 다음을 참고해서 작성되었음. J. W. Maris, "Rationaliteit en existentialiteit bij Franciscus Turretinus: Het geloofsbegrip in de 'Institutio Theologiae Elencticae'," in J. W. Maris, H. G. L. Peels and H. J. Selderhuis eds., *Om de Kerk, theologische opstellen, aangeboden aan prof. dr. W. van't Spijker bij zijn afscheid als hoogleraar aan de Theologische Universiteit te Apeldoorn* (Leiden: J. J. Groen en zoon, 1997), 67-69.

자들의 주장에 의하면 동의에는 세 가지 정도의 완성도가 존재한다: 견고함(firmness), 확실성(certainty), 그리고 증거(evidence)의 세 가지 요소가 있는데 튜레틴은 이 가운데 증거를 제외한 나머지 두 가지가 신앙의 동의에 포함될 수 있다고 보았다. '증거'의 경우 이성에 근거한 것이 아니라 증언(testimony)에 근거한 것이므로 수용될 수 없지만, 견고함과 확실성은 신적이며 무오한 말씀에 기초해 있기 때문이라고 주장한다.

확신적이고 실천적인(fiducial and practical) 동의는 일종의 설득(persuasion)에 해당된다. 그 내용은 우리가 복음이 참될 뿐 아니라 우리의 사랑과 욕망에, 그리고 사죄와 모든 신자들에게 제공되는 구원의 시여와 관련한 은혜의 약속에 가장 합당하다고 판단하는 것을 가리킨다. 롬 4:21에 언급된 '완전히 확신하다(plerophoretheis)'라는 표현이 이 개념을 잘 드러낸다고 볼 수 있는데 튜레틴은 이는 출항했던 배가 항해를 완전히 마치고 돌아올 것에 대한 아무런 의심 없는 신뢰에서 비롯되었다고 보았다.[29]

3. 피난(refuge)

피난의 행위는 앞서 언급된 완전한 신뢰에 근거한 설득으로서 확신적이며 실천적인 동의의 행위에서 비롯된다. 이는 자기 자신 대신에 그리스도 안에서 사죄와 구원을 찾는 행위를 가리킨다. 이 개념을 설명하기 위해서 성경이 주로 사용하는 단어들은 그리스도께 '접근하다', 또는 '나아가다'(마 11:28; 롬 5:2; 엡 2:18), 하나님을 '추구하다', '찾다'(사 55:6), 그리고 '의에 주리고 목마르다'(마 5:6; 사 42:1,2; 계 22:17; 사 55:1,2).

---

29 *IET* 2:562 (15.8.7).

4. 수용(reception)과 연합(union)

수용과 연합은 우리가 그리스도를 찾고 그에게로 날아갈 뿐 아니라, 우리에게 제공된 그를 받아들이고 우리에게 적용하여 우리를 그에게 밀착시켜서 그와 연합하는 것을 뜻한다. 튜레틴은 여기에서 '수용'을 칭의하는 신앙의 형식적이고 주요한 행위로 이해한다.[30] 또한 이 행위는 그리스도께 의존하는 행위로서 영혼이 '~에 기대다', '쉬다'라는 동사들에 의해서 묘사되기도 한다. 이 연합의 결과로 그리스도께서 우리 안에 사시고(엡 3:17), 우리가 그리스도 안에 사는(요 15:5) 상호적인 행위로 나타난다. 이 두 개념의 결과적 적용으로 그리스도의 축복에 참여하고, 다양한 구원의 은덕들(칭의, 양자 삼음, 성화, 그리고 영화)도 참여하게 된다.

5. 반사(reflex)

반사는 신앙의 감정에서 비롯되는데 앞서 언급된 설득, 피난, 수용이라는 신앙의 직접적 행위와 대조를 이룬다. 달리 말하면 반사의 행위는 신자가 자신이 행하는 신앙의 행위들을 되돌아보고, 자신이 믿는다는 것을 깨닫고, 자신이 믿는다는 이유로, 스스로 믿는다고 결론을 내리는 행위를 지칭한다. 이 행위의 결과로서 신자는 그리스도의 모든 복에 참여하게 되고 그가 제공하는 행복을 누릴 수 있게 된다. 이 행위는 사도 바울의 "내가 그리스도와 함께 못 박혔나니 그런즉 이제는 내가 사는 것이 아니요 오직 내 안에 그리스도께서 사시는 것이

---

30 *IET* 2:563 (15.8.9).

라 이제 내가 육체 가운데 사는 것은 나를 사랑하사 나를 위하여 자신을 버리신 하나님의 아들을 믿는 믿음 안에서 사는 것이라."(갈 2:20)는 고백을 통해서 가장 선명하게 드러난 것으로 볼 수 있다.

6. 확신(confidence)과 위로(consolation)

마지막 신앙의 행위로서 확신과 위로는 앞서 언급된 다양한 행위들이 지닌 객관적 내용 대신에 주관적 감정으로 채워지는데 이는 기쁨, 즐거움, 안정감, 평화, 그리고 묵종(acquiescence)의 결과를 가져온다. 신앙을 통해서 그리스도와 상호적 교제를 누리게 되어 그분과의 가장 친밀한 연합과 그에 대한 사랑을 의식하고 그리스도 안에서 기뻐하고 즐거워하며 모든 원수들을 경멸하고 이들에게 도전하고 그리스도 안에서 주어진 것들 가운데 진정으로 만족을 누릴 수 있게 된다.

VI. 신앙의 대상과 주체

1.신앙의 대상

튜레틴은 신앙의 대상을 하나님을 포함한 인격적 존재로 생각하지 않고 구체적 사실로서 간주하고 이에 대한 설명을 시도한다. 물론 하나님, 즉 삼위일체 하나님이 신앙의 대상인데 이는 구체적으로 인격적 대상에 해당된다. 튜레틴은 삼위일체 하나님을 신앙의 '주요한' 또는 '제일의'(primary) 대상이라고 부른다.31 여기에서 '주요한'의 의미는 두 가지로 이해될 수 있다. 첫째, 삼위 하나님이 신앙의 가장 중요한 대상으로서 그를 믿지 않고 고백하지 않는 것은 참된 하나님을 저버리고 우상을 세우는 것과 같다. 둘째, 신앙의 대상에는 인격적 존재이신 삼위 하나님과 더불어 그에 대한 성경적이며 구체적인 지식이 포괄된다는 사실을 암시한다. 신앙은 하나님이 누구이신가를(quis sit) 아는데 그치지 않고 그가 스스로를 삼위일체적 하나님으로 계시하셨다는 사실을 대상으로 삼는다.

튜레틴은 '소명과 신앙'이라는 15번째 주제에서 삼위일체 하나님을 신앙의 대상으로 제시하거나 설명하지 않고 이 하나님이 어떤 분이신가를 보여주는 가르침 또는 하나님에 관한 진리에 주목한다. 이에 대해서 다음의 4가지 명제가 제시되는데 여기에서 튜레틴의 관점은 그 대상이 전적으로 진리이어야 한다는 점에 집중된다고 볼 수 있다.32

첫째, 신앙의 대상은 참되고 거기에 그릇된 것이 전혀 발생하지 아니한다. 이 명제는 자기 아들 이삭을 희생제물로 바치라는 명령(창 22:2)을 받은 아브라함의 경우를 통해서 분명하게 설명된다. 아브라함은 참된 것만을 믿어야 했는데 여기에서 참된 것, 즉 진리는 하나님께서 그에게 아들 이삭을 죽이라고 명령하셨고 그의 생사여부를 하나님께 맡기라는 것이었다. 그렇다면 진리가 아닌 거짓은 무엇인가? 여기에서 거짓은 이삭이 죽임을 당하는 것이었다. 이삭의 죽음이 명령되었지만, 그것은 사실로 실현되지 않았다.

둘째, 신앙의 대상은 기록된 하나님의 말씀인데 이는 계시의 분량에 따른다. 신앙과 지식은 서로 다른 것인데 전자는 초자연적 은혜와 말씀을 들음으로써 계시를 통해서 주어진다.

---

31 *IET* 1:262 (3.24.8).
32 *IET* 2:571-75 (15.11.1-21).

셋째, 신앙의 대상은 내용적이거나 형식적이다. 여기에서 '내용적'이란 믿어지는 것을 가리키는데 예를 들면, 하나님의 모든 말씀과 거기에 나타난 율법이나 복음에 관한 모든 명제들과 그 결과들을 생각할 수 있다. 달리 말하면, 신앙과 실천에 관한 교리는 하나님의 말씀으로 직접 표현된 명제들 뿐 아니라 성경에서 도출된 결과들을 통해서도 적법하게 증명된다.[33]

넷째, 신앙의 대상은 일반적이며 상식적이거나 적절하고 특별하다. 여기에서 '일반적'이란 하나님의 모든 말씀이 우리가 믿을 수 있도록 주어진다는 사실을 가리키는데 이 말씀은 구체적으로 역사적 사실들, 예언들, 가르침과 명령들, 약속과 위협을 뜻한다.

마지막으로 튜레틴은 그리스도를 신앙의 두 번째(secondary) 대상으로 간주하는 소시니우스주의자들에게 답한다. 우리가 하나님과 그리스도를 우리 신앙의 대상이라고 말할 때, 이들은 그리스도의 신성을 부인하는 방식으로 접근하는 경우에 해당된다. 튜레틴은 이들이 하나님을 신앙의 첫 번째(primary) 대상으로, 그리스도를 두 번째 대상으로 간주한다고 보았다. 이들은 성부 하나님을 우리 신앙의 첫째 그리고 제일가는 원인으로, 그리스도를 두 번째 간접적이고 수단적인 원인으로 이해하여 그리스도에 대한 믿음을 통해서 우리가 하나님께로 인도함을 받는다고 주장한다. 소시니우스는 부예크(Wujek)에 대한 경고로서 성부 하나님께 드리는 예배는 최고의 신적 예배인 반면에, 그리스도께 드리는 예배는 종속적이며, 간접적인 신적 예배에 해당된다는 사고를 전개한다.[34] 튜레틴은 소시니우스주의자들이 그리스도를 성부 하

---

33 *IET* 1:37-43 (1.12.1-35).

34 Faustus Socinius, "Responsio ad libelum Jacobi Wuieki Jesuitae," *4 Opera omnia*, 2:557-67. *IET* 2:574 (15.12.16). 부예크(1541-1597)는 폴란드 예수회 신부로서 성경을 폴란드어로 번역해서 널리 알려진 인물이었는데 그는 소시니우스가 지닌 유니테리언(unitarian)적 경향에 대해서 반대했다. 그는 1593년에 폴란드어 성경을 완역해서 클레멘트 8세로부터 크게 칭찬을 받았고 이 성경은 그 이후에 여러 차례 재인쇄되었다. A. J. Maas, "Versions

나님 아래로 종속시키는 경향을 강력하게 논박하면서 삼위일체론의 기본 진리 가운데 하나인 삼위의 동등성에 호소한다. 튜레틴은 사도신경이 고백하는 바와 같이, 신앙의 대상으로서 삼위일체의 각 위격은 질서에 있어서 서로 구별되지만 그 본질에 있어서는 서로 동등하다는 전통적인 입장을 강력하게 옹호했다.

2. 신앙의 주체

신앙의 주체라는 주제에서 튜레틴은 유아(infants)의 신앙에 대해서 고찰한다.[35] 이 문제는 유아가 신앙을 지닐 수 있는가를 다루고 있는데 먼저 그는 유아가 실제적 신앙을 지닐 수 없다는 재세례파들과 이들의 주장에 반대하는 루터파들의 주장에 대해서 반박한다. 재세례파들은 유아들이 모든 종류의 신앙을 지닐 수 없다는 전제하에 이들에게 세례가 시행되어서는 안된다는 유아세례에 대해서 반대하는 입장을 취한다. 루터파들은 몸펠다르덴시회의 (Mompeldardensi Colloquy, 1588)에서 유아들에게 중생하는 은혜가 제공되었지만 이들이 실제적 신앙을 지닌다는 견해를 내세운다. 튜레틴은 이 두 견해를 비판하는 입장을 취한다. 유아들이 배아적이며(seminal), 과격하고 (radical), 습관적인(habitual) 신앙을 포함한 모든 종류의 신앙의 가능성을 부인하는 재세례파에 대해서 반대할 뿐 아니라, 실제적 신앙을 부인하는 루터파들의 견해를 반박한다.[36]

---

of the Bible," in Charles G. Herbermann ed., *The Catholic Encyclopedia, vol. 15* (New York: Robert Appleton Company, 1912), 6.

35 *IET* 2:583-93 (15.14.1-14).

36 루터란 입장에서 유아세례에 대하여 성경신학적, 교리사적 평가를 시도한 글로는 다음을 참고 할 것. Ulrich Zimmermann, *Kinderbeschneidung und Kindertaufe: exegetische, dogmengeschichtliche und biblisch-theologische Betrachtungen zu einem alten Begründungszusammenhang* (Münster: LIT Verlag, 2006).

먼저 루터파들의 실제적 신앙이 존재하지 않는다는 견해에 대해서 튜레틴은 이들이 사실상 어떤 사물에 대한 실제적 지식을 전혀 인정하지 않는 비현실적인 태도에 대해서 비판한다. 신앙의 주체가 지식이 아니지만 지식에 의존하지 않는 신앙은 올바른 신앙이 아니라는 그의 입장을 견지한다. 달리 말하면, 지식의 활용 없이는 실제적 신앙이 존재하지 않는다는 것이 튜레틴의 강조점이었다고 볼 수 있다. 따라서 그는 배아적이며 습관적인 신앙에 대해서 긍정하는 태도를 견지한다.

재세례파들의 유아세례 부정에 대해서 튜레틴은 이 세례의 원인이 실제적 신앙이 아니며[37] 모든 믿는 자들에게 세례를 베풀라는 그리스도의 일반적 명령과 그리스도께서 부모와 자녀들과 맺으신 언약에 기초한 것이라는 주장을 내세운다. 그들은 유아들이 아직 신앙이 무엇인가에 대한 지식이 부족하기 때문에 세례를 받을 수 없다는 주장에는 그리스도의 명령과 언약에 대한 부정이 담겨져 있음을 파악할 수 있다.

그렇다면 튜레틴을 포함한 개혁파 스콜라주의자들은 무엇에 근거해서 유아가 실제적 신앙을 지닐 수 있다고 보았는가? 루터란들과 재세례파들 모두가 유아의 실제적 신앙에 대해서 반대하는 입장을 취했지만 그는 성령의 역사를 통해서 유아들도 실제적 신앙을 지닐 수 있다고 주장했다.[38] 왜냐하면 신앙은 궁극적으로 인간의 일이 아니라 하나님의 일이며 성령 하나님께 효과적으로 의존적이기 때문이다. 물론 신앙이 어느 정도 이성에 도구적으로 그리고 주체

---

37 *IET* 3:419 (19.20.18).

38 볼레비우스는 성령의 '역사'라는 표현 대신에 성령의 '내적 능력'(inner power)이라는 표현을 사용한다. Wollebius, "Compendium Theologiae Christianae," 131. 그는 성령의 '내적' 능력이 유아들에게 유효하지만, 이들은 아직 이에 대한 '외적' 증거를 가지고 있지는 않다고 설명한다. 튜레틴도 유아세례에 대한 설명에서 유사한 방식으로 유아세례를 성령론적으로 설명한다. *IET* 3:419 (19.20.18): " ... in the internal power of the Spirit, not in the external demonstration of work."

적으로 의존적이므로, 이성이 제외된 상태에서 실제적 신앙이 발생하지 않는다고 보았다. 루터란과 재세례파들의 주장에 대한 반박에서 결정적으로 중요한 포인트는 성령의 역사인데 이 역사는 인간의 이성을 초월하면서도 이성과 더불어 역사하는 양면성을 지닌다고 볼 수 있다.

VII. 신앙의 인내와 확실성

튜레틴은 신앙의 인내를 먼저 고찰하고 이에 근거하여 확실성에 대해서 살펴보는 방식을 선택한다.[39] 구원의 서정(ordo salutis)의 관점에서 생각해 본다면, 성도의 인내 또는 신앙의 인내가 가장 마지막에 위치하기 때문에 신앙의 인내를 가장 나중에 다루는 것이 일반적이라고 볼 수 있다. 그러나 튜레틴은 신앙의 확실성이 신앙의 인내의 열매 또는 결과로서 주어지는 것이 아니라 논리적 사고에 근거하여 확실성에 대한 인내의 우선성이라는 순서를 택한 것으로 볼 수 있다. 왜냐하면 신앙은 본질적으로 하나님의 약속을 바라고 그 실현을 기다리는 인내와 불가분의 관계 속에 놓여 있기 때문이다.

1. 인내

신앙의 인내에 대한 튜레틴의 논의는 펠라기우스주의자들, 로마 가톨릭, 소시니우스주의자들, 재세례파들, 그리고 항론파들이 신앙의 정통적 이해로부터 이탈했다는 사실에서 출발한다. 이들의 주장을 반박하기 위해서 그는 이

---

[39] *IET* 2:593-616 (15.16.1-47); 2:616-31 (15.17.1-37).

인내의 증거를 7가지로 나누어서 제시한다. 이 7가지 가운데 첫 4가지는 삼위일체 하나님과의 관계에서 비롯된 증거이며 나머지 3가지는 신자의 삶과 관계된 것이다. 이 7가지에 대한 고찰에서 예비적으로 파악할 수 있는 것은 신앙의 인내가 우선적으로 신자 자신이 지닌 신앙적 인내를 지칭하는 것이 아니라 하나님의 인내에 대해서 말한다는 사실이다. 따라서 신앙의 인내는 일차적으로 하나님의 인내이며 이차적으로 신자의 인내에 해당된다. 튜레틴이 제시한 7가지 증거들을 차례대로 살펴보면 다음과 같다.

첫째, 신앙의 인내에 대한 증거는 성부 하나님의 선택에서 비롯된다. 둘째, 이 증거는 그리스도의 공로와 효능에서 비롯된다. 셋째, 이 증거는 성령의 보호하심(guardianship)과 인치심(sealing)에서 비롯된다. 넷째, 이 증거는 은혜 언약의 성격에서 비롯된다.[40] 은혜 언약의 주된 성격은 인간 구원과 관련된 삼위일체적 성격을 드러내는데 튜레틴은 이를 다음과 같이 표현한다.

> 하나님은 구속을 성취하기 위해서 우리에게 자신들을 주시는 한도 내에서 개별적으로 우리 소유이시며, 인격적으로도 우리 소유이시다: 성부는 선택하심으로, 성자는 구속하심으로, 성령은 성화하심으로서. 우리를 자기 가족으로 받아주실 때 그는 우리 아버지가 되시며, 우리를 염두에 두고, 아끼시며 사랑하신다(요일 3:1). 성자는 우리를 위한 만족을 이루시기 위한 보증이 되기 위해서 자기를 주실 때 보증(suretyship)에 의해서 우리 소유가 되신다. 그리고 머리로서 우리를 다스리시고 일깨우신다. 그의 가르침의 빛으로 구원을 계시하시는 선지자로서, 그의 공로로 구원을 획득하신 우리 제사장으로서, 그리고 그의 영의 효력으로서 구원을 적용하실 때 왕이 되심으로서 그는 우리의 소유가 되신다. 성령은

---

40 튜레틴이 제시한 순서는 은혜언약이 먼저 오고 그 다음에 성령의 보호하심이 주어지는데 여기에서 언약의 성격에 나타난 삼위일체적 성격을 강조하기 위해서 그 순서를 바꾸어서 제시했다.

우리에게 보내어지시고 자신을 희생자로서 우리에게 제공하실 때, 그리고 그의 성전으로서 우리 안에 거주하시고 그의 복, 빛, 기쁨, 자유, 거룩함, 그리고 행복으로서 우리를 부요하게 하실 때, 우리 소유가 되신다.[41]

달리 말하면, 이 언약의 성격은 삼위일체 하나님의 경륜적 사역의 성격을 그대로 반영한다고 볼 수 있다. 다섯째, 신앙의 인내에 대한 또 다른 증거는 (구원의) 선물 주심의 영속적 성격에서 비롯된다. 튜레틴은 이 선물 수여에 있어서 하나님 편에서 아무런 후회하심이 없음을 강조한다(롬 11:29). 이는 하나님께서 구원을 허락하시는 것에 영속성(perpetuity)이라는 주제가 제시된 이유는 이 주제가 신앙의 인내라는 결과를 가져오기 때문이다. 여섯째, 신앙의 인내에 대한 증거는 배교자들에 대한 심판에서 비롯된다. 배교자들은 결국 하나님의 심판을 받게 될 것이지만, 구원의 완성에 이른 자들에게는 영생의 상급이 주어지게 된다. 일곱째, 신앙의 인내에 대한 증거는 부조리함 (absurdities)으로 나타난다. 여기에서 튜레틴은 배교로 발생하는 5가지 현상들을 지적하는데 이를 통해서 신앙의 인내가 증명된다고 보았다. a) 후회하심이 없는 하나님의 작정과 선물은 인간의 불확실한 의지에 의해서 중단된다. b) 하나님께서 그의 백성들의 확실한 위로를 위해서 엮으신 구원의 수단에 나타난 고리(chain)가 끊어진다. c) 복음의 교리가 단지 추측으로 바뀌며 구원에 대한 확신과 확실성은 상처받은 영혼으로부터 빼앗김을 당한다. d) 유기된 자와 선택된 자 사이의 구분이 사라지고, 대신에 난잡한 방식으로 (promiscuously) 무차별적으로 그리고 아무렇게나 사람들이 구원받을 자와

---

41 *IET* 2:181 (12.2.21). 다른 곳에도 언약의 성격과 삼위일체의 그것 사이에 조화로운 관계가 설정된다. 2:175 (12.2.7). 이 단락에서는 세례가 삼위 하나님의 이름으로 베풀어지는 것에 주목하면서 이를 통해서 성부의 자비, 성자의 은혜, 그리고 성령의 능력이 주어진다고 설명한다.

받지 못할 자로 수용되고 제외된다. e) 구원의 모든 계획들이 소용없게 된다. 만약 한 신자가 신앙에서 이탈할 수 있다면, 선택받은 자들이 없게 될 것이며, 이는 모든 신자들에게도 적용될 수 있다.

2. 확실성

신앙의 확실성에 대한 질문과 비판은 로마 가톨릭과 항론파들에 의해 제기되었다. 첫째, 로마 가톨릭은 신자가 추측적(conjectural) 또는 도덕적(moral) 확실성을 제외하면 그의 신앙에 대한 확실성을 지닐 수 없다고 주장한다. 벨라민은 확실성이 확보될 수 없는 경우를 몇 가지로 나누어서 설명한다. 첫째, 신자 자신의 의로움에 대한 확실성이 담보되지 않는다. 둘째, 어떤 사람도 이를 지닌다고 하더라도 이를 확정적으로 지닐 수는 없다. 셋째, 일반적인 방식으로 이를 지닌다는 것은 적절하지 않다. 넷째, 하나님에 의해 칭의가 계시로 주어지지 않는 한, 몇 사람을 제외하고 이를 지니기는 불가능하다.[42]

1545년부터 1563년까지 개최되었던 로마 가톨릭의 트렌트 공의회는 신앙의 확실성과 소망 또는 신뢰(trust)의 확실성을 구분한다. 전자는 하나님의 말씀과 약속에만 의존하고 다른 어떤 토대도 없으므로 이 확실성은 절대적이며 무오할 뿐 아니라 모든 의심과 두려움이 제외된다고 공의회는 주장한다. 후자는 전자와 달리 이중적 토대위에 세워져 있는데 두 토대는 신적 약속과 인간의 경향성에 해당된다. 그러므로 후자에서 두려움은 완전히 제외되지 않는다고 볼 수 있으며 이런 맥락에서 이 확실성은 상대적으로 그리고 추론적 확실성으로 볼 수 있다.

---

[42] Bellarmine, "De Justificatione," 3.6.8. in *8 Opera,* 4: 541-42, 542-44. *IET* 2:616 (15.17.2).

또한 아르미니우스주의자들은 로마 가톨릭과 크게 다르지 않지만 레이든 (Leiden) 대학의 법학 교수로서 아르미니우스의 추종자였던 코르비누스 (Johannes Arnoldi Corvinus, 1582-1650)는 뮬랭(Pierre Du Moulin, 1568-1658)과의 논쟁 중에 신앙의 확실성은 절대적이지 않고 조건적이라고 주장했다.[43]

튜레틴은 벨라민을 위시한 로마 가톨릭들과 코르비누스를 포함한 아르미니우스주의자들의 반론들에 대해서 개혁파 정통주의자들의 견해를 제시하는 것으로 답변한다. 그의 답변에 나타난 정통주의자들의 견해는 신앙의 확실성은 인간과 관련해서 무오하지 않지만 하나님과 관련해서 무오하다는 것으로 축약될 수 있다. 그러나 이 두 가지 확실성 모두 하나님의 은혜와 사죄에 대해서 확신할 수 있으며 확신해야 한다고 보았다. 튜레틴은 이 확실성의 증거로서 다음 6가지를 언급하는데 이는 다음과 같다: 신앙의 성격, 성령의 증거와 인치심, 성도의 예(example), 성도의 기도, 성령의 열매, 그리고 부조리함. 이를 차례대로 간략하게 살펴보는 가운데 튜레틴의 신앙의 확실성에 대한 이해에 조금이나마 다가가고자 한다. 첫째, 신앙의 성격은 앞서 언급된 신앙의 두

---

43 *Petri Molinaei novi anatomici mala encheiresis* (1622), 690. *IET* 2:617 (15.17.5). 코르비누스가 작성한 이 단행본은 뮬랭의 *Anatome Arminianismi* (1619)에 대한 답변으로 작성되었다. John Platt, *Reformed Thought and Scholasticism: the Arguments for the Existence of God in Dutch Theology, 1575-1650* (Leiden: E. J. Brill, 1982), 184, 코르비누스는 원래 칼빈주의자였으나 나중에 아르미니우스주의자가 되었고 그를 변호하는 *Defensio Sententiae D. Jacobi Arminii de praedestinatione, gratia Dei, libero hominis arbitrio, &c., adversus ejusdem a D. Daniele Tileno theologo Sedanensi editam Considerationem* (1613)을 남겼다. 이 단행본의 제목에 언급된 틸레누스는 실레누스 (Silenus) 출신의 칼빈주의자로서 프랑스 세당(Sedan)에서 활동했는데 코르비누스의 논지에 설득 당해 아르미니우스주의자가 되었다고 전해진다. 코르비누스에 대해서는 다음을 참고할 것. Donald Sinnema, "The French Reformed Churches, Arminianism, and the Synod of Dort (1618-1619)," in *The Theology of the French Reformed Churches: From Henri IV to the Revocation of the Edict of Nantes* (Grand Rapids: Reformation Heritage Books, 2014), 99-100.

가지 행위, 즉 직접적 행위와 반사적 행위에 대한 논의에서 비롯된 것이다. 신자는 자신이 믿는다는 사실을 신앙에 대한 반사적 행위를 통해서 깨닫게 된다. 둘째, 성령의 증거와 인치심을 통해서 신자는 신앙의 대상에 대해서 확증할 수 있을 뿐 아니라 신앙의 주체에 대한 확실성을 지닐 수 있게 된다. 여기에서 성령의 인치심이 성령의 증거와 함께 언급되는 이유는 인치심을 통해서 신자들이 다른 사람들과 구분됨에서 찾을 수 있다. 이 구분의 구체적 내용은 신자들이 구속의 날까지 인치심을 받았다는 사실에 기인한 것이다(엡 1:13; 4:30). 이와 관련하여 튜레틴은 성령의 증거와 인치심에 대해서 '무너뜨릴 수 없는'(indestructible, akatalyton)이란 표현을 사용했던 사실을 상기시킨다.44 셋째와 넷째는 성도의 예들과 그들의 기도인데 이는 성경에 나타난 신앙의 확실성을 지니고 살아갔던 인물들의 경우를 구체적으로 설명한 것으로 볼 수 있다. 다섯째, 성령의 열매가 어떻게 신앙의 확실성을 현실적으로 표현하는가에 대한 설명을 제공한다. 여섯째, 부조리함은 튜레틴의 대적자들의 다양한 주장들을 언급하고 이에 나타난 모순성을 지적한다.

VIII. 마치면서

지금까지 이 글에서는 튜레틴은 당대에 유행하던 최소주의와 최대주의의 오류에 맞서서 튜레틴은 그가 추구하는 개혁파 정통주의 신학이 얼마나 성경적이며 합리적인가를 올바르게 입증한 것으로 보인다. 이에 대한 구체적인 예를 그의 신앙론에서 발견하여 이를 여섯 개의 소단락으로 나누어서 고찰했다.

---

44 *IET* 2:602 (15.16.20).

첫째, 그의 『변증신학강요』 속에서 신앙이 차지하는 위치가 무엇인가를 규명하기 위해서 신학서론에 해당하는 그것과 이성의 관계를 집중적으로 고찰해 보았다. 둘째, 신앙의 정의를 간략하게 제시한 후에 선택과 은혜언약과의 관계 속에서 신앙을 살펴보았다. 셋째, 신앙의 종류는 일차적으로 직접적 신앙과 반사적 신앙으로 나누어지는데 튜레틴은 이 예비적 고찰에 근거해서 그 종류를 다음과 같이 5가지로 나누어서 제시하는데 이는 17세기의 또 다른 개혁파 정통주의신학자 볼레비우스가 제시한 것과 상당히 유사하다: 암묵적 신앙, 역사적 신앙, 일시적 신앙, 기적적 신앙, 그리고 칭의하며 구원에 이르는 신앙. 넷째, 신앙의 행위는 전통적으로 분류되어 왔던 것(지식, 동의, 확신) 외에 튜레틴은 몇 가지를 더 추가하는데 이는 지식, 동의, 피난, 수용과 연합, 반사, 그리고 확신과 위로의 6가지로 구성된다. 다섯째, 신앙의 대상과 주체에 대한 논의에서 먼저 튜레틴은 전자가 삼위 하나님이라는 차원을 넘어서서 이 하나님이 어떤 분이신가를 보여주는 가르침 또는 하나님에 관한 진리에 주목하면서 이에 대한 다음 4가지 명제를 제시한다: 1) 참되고 거기에 그릇된 것이 전혀 발생하지 아니한다. 2) 기록된 하나님의 말씀인데 이는 계시의 분량에 따른다. 3) 내용적이거나 형식적이다. 4) 일반적이며 상식적이거나 적절하고 특별하다. 그리고 신앙의 주체에 대한 논의는 유아의 신앙 여부로 제한된다. 튜레틴은 유아가 어떤 종류의 신앙도 지닐 수 없다는 재세례파들의 주장과 실제적 신앙을 지닐 수 없다는 루터파들의 주장에 맞서 유아의 신앙이 성령의 역사에 의해 실제적 신앙에 해당된다고 주장한다. 여섯째, 신앙의 인내와 확실성에 대한 논의에서 튜레틴은 먼저 이 인내가 다음 7가지 사실에 의해서 증명된다고 보았다: 1) 성부 하나님의 선택 2) 그리스도의 공로와 효능 3) 성령의 보호하심과 인치심 4) 은혜언약의 성격, 특히 삼위일체적 성격 5) 구원 선물 주심의 영속적 성격 6) 배교자들에 대한 심판 7) 배교의 부조리함. 그리고 튜레틴은 신앙의 확실성도 다음 6가지 사실에 의해 증명된다고 주장한다: 1) 신앙의 성격 2) 성령의 증거와 인치심 3) 성도들의 예 4) 성도들의 기도 5) 성령의 열매 6) 부조리함.

〈참고문헌〉

권경철. "『변증신학강요』의 상황과 배경: "독자에게 부치는 서문"을 중심으로". 이신열 외. 『한 권으로 읽는 튜레틴 신학』. 안산: 크리스천르네상스, 2023.

이신열. "튜레틴의 성령론". 이신열 (편). 『종교개혁과 성령』. 개혁신앙과 신학 총서. 부산: 고신대학교개혁주의학술원, 2019.

이은선. "튜레틴의 『변증신학강요』의 신학방법론: 신학 서론(prolegomena)의 분석." 「역사신학논총」 2 (2000).

Beach, J. Mark. *Christ and the Covenant: Francis Turretin's Federal Theology as a Defense of the Doctrine of Grace*. Göttingen: Vandenhoeck & Ruprecht, 2007.

Cumming, Nicholas A. *Francis Turretin (1623-87) and the Reformed Tradition*. Leiden/Boston: Brill, 2020.

Maas, A. J. "Versions of the Bible." in Charles G. Herbermann ed. *The Catholic Encyclopedia, vol. 15*. New York: Robert Appleton Company, 1912.

Maris, J. W. "Rationaliteit en existentialiteit bij Franciscus Turretinus: Het geloofsbegrip in de 'Institutio Theologiae Elencticae'." In J. W. Maris, H. G. L. Peels and H. J. Selderhuis eds. *Om de Kerk, theologische opstellen, aangeboden aan prof. dr. W. van't Spijker bij zijn afscheid als hoogleraar aan de Theologische Universiteit te Apeldoorn*. Leiden: J. J. Groen en zoon, 1997.

Muller, Richard A. *Post-Reformation Reformed Dogmatics: Holy Scripture: The Cognitive Foundation of Theology, vol. 2.* Grand Rapids: Baker Book House, 1993.

Platt, John. *Reformed Thought and Scholasticism: the Arguments for the Existence of God in Dutch Theology, 1575-1650.* Leiden: E. J. Brill, 1982.

Shantz, Douglas H. "Valentin Weigel." In Ronald K. Rittgers and Vince Everner eds. *Protestants and Mysticism in Reformation Europe.* Leiden/Boston: Brill, 2019.

Sinnema, Donald Sinnema. "The French Reformed Churches, Arminianism, and the Synod of Dort (1618-1619)." In *The Theology of the French Reformed Churches: From Henri IV to the Revocation of the Edict of Nantes.* Grand Rapids: Reformation Heritage Books, 2014.

Svensson, Manfred. "Fundamental Doctrines of Faith, Fundamental Doctrines of Society: Seventeenth-Century Doctrinal Minimalism." *Journal of Religion* 94/2 (2014).

Turretin, Francis. *Institutes of Elenctic Theology*, 3 vols. Trans. George Musgrave Giger. Philipsburg, NJ: P & R, 1992-94.

Wollebius, Johannes. "Compendium Theologiae Christianae." In John W. Beardslee, III ed. *Reformed Dogmatics: Seventeenth-Century Reformed Theology through the Writings of*

Wollebius, Voetius, and Turretin. Grand Rapids: Baker Book House, 1977.

Zimmermann, Ulrich. *Kinderbeschneidung und Kindertaufe: exegetische, dogmengeschichtliche und biblisch-theologische Betrachtungen zu einem alten Begründungszusammenhang.* Münster: LIT Verlag, 2006.